Pornographie –
Die Macht der Darstellung

Susanne Kappeler

Pornographie – Die Macht der Darstellung

Frauenoffensive

1. Auflage 1988

Originaltitel: The Pornography of Representation
Veröffentlicht bei Polity Press/Basil Blackwell, Oxford

(Kellerstraße 39, 8000 München 80)

ISBN 3-88104-177-X

Satz: TypeSet Fotosatz GmbH, Ismaning
Druck: Clausen & Bosse, Leck
Umschlaggestaltung: Elisabeth Petersen, Netterndorf

Inhalt

Zum Einstieg

Eine feministische Kritik muß sich zuerst einmal mit den Begriffen auseinandersetzen, mit denen die Pornographie debattiert wird. Pornographie ist nicht einfach eine Sache, die in der Welt klar umrissen ist, über die wir uns alle gemeinsam unterhalten. Vielmehr wird der Begriff „Pornographie" in verschiedenen Zusammenhängen und durch verschiedene Diskurse unterschiedlich definiert. In fast jeder Diskussion wird festgestellt, daß es keine klare und schon gar keine allgemeingültige Definition gibt. Jede Diskussion definiert jedoch ihr Thema, das sie mit „Pornographie" bezeichnet, auf ihre Weise – wenn nicht ausdrücklich, so durch den Diskussionszusammenhang. Es ist deshalb wichtig, daß wir uns über diese Definitionen, auch die unausgesprochenen, die dem Begriff „Pornographie" je nach Gebrauch unterliegen, klarwerden und sie voneinander unterscheiden. Erst dann beginnen wir auch zu verstehen, mit welchen anderen gesellschaftlichen Phänomenen das Phänomen „Pornographie" verknüpft ist, welchen Interessen es dient und welche Argumente es ermöglichen, stützen und verteidigen.

Pornographiebefürworter wie Pornographiegegner/innen gehen fast einhellig von der Annahme aus, Pornographie sei eine Frage der Sexualität. Die traditionelle Betonung liegt auf „Obszönität": der unmoralischen oder „schmutzigen" Qualität des abgebildeten „Sex". Die feministische Opposition hat die Betonung auf die Gewalt verschoben: die gewalttätige Qualität des abgebildeten Sex. Sie sieht die Gefahr der Pornographie darin, daß die im Inhalt der Pornographie abgebildeten Praktiken zu Praktiken in unserem Leben werden. Dies gibt uns weniger einen neuen Ansatz zum Problem der Pornographie als eine neue politische Grundlage zur Moral in bezug auf Gewalt und ihre Verknüpfung mit „Sexualität".

Auf der anderen Seite verneinen Zensurexperten und Pornographiebefürworter, daß eine Kausalverbindung zwischen Pornographie und kriminellen Sexualdelikten in der Realität nachgewiesen sei. Sie postulieren eine absolute Trennung zwischen Phantasie und Realität. Pornographische Darstellungen gehören für sie zu einem abgesonderten Bereich der Phantasie, der keine Einwirkung auf die Realität hat. Wir sollten uns deshalb dieses Phantasiereich genauer ansehen: Woher kommt es und wo genau befindet es sich, wenn es nicht zur Realität gehört?

Meines Erachtens ist es nötig, die Grundlagen der Argumentation zu verschieben und zu erweitern. Pornographie ist nicht ein Fall von Sexualität; sie ist eine Form der Darstellung. Darstellung, nicht „Sex", sollte der größere Zusammenhang sein, in dem wir Pornographie analysieren. Die traditionelle Debatte hat sich auf „Porno" konzentriert, auf Kosten der „graphie", der Darstellung, was sich in der üblichen Abkürzung zu „Porno" widerspiegelt. „Porno" wird infolgedessen gleichbedeutend mit „Sex" – für Befürworter „Sex", den sie wollen. Für die Opposition „obszöner Sex" oder „gewalttätiger Sex" – Formen der Sexualität, die wir ablehnen. Wir wollen sie nicht im Leben, deshalb wollen wir sie auch nicht in der Darstellung.

Das Thema dieser Untersuchung ist Pornographie als Darstellung in Wort und Bild, d.h. Darstellungspraktiken, nicht Sexualpraktiken. Der Faktor der Darstellung muß in den Vordergrund gerückt werden: Es handelt sich nicht nur um Inhalte. Sex oder Sexualpraktiken existieren nicht einfach und warten darauf, dargestellt zu werden. Vielmehr besteht ein dialektisches Verhältnis zwischen Darstellungspraktiken, die Formen der Sexualität konstruieren, und wirklichen Sexualpraktiken, die sich an Darstellungen und Vorstellungen orientieren und inspirieren, die kulturell erlernt sind und die wiederum dargestellt werden. Die beiden Praktiken beeinflussen sich gegenseitig, sind symbiotisch voneinander abhängig.

Darstellungsformen haben ihre eigene Geschichte; doch wir haben uns so an sie und ihre Medien gewöhnt, daß uns ihre Konventionen sowie die Medien ganz „natürlich" vorkommen und uns die Darstellungen transparent erscheinen, als gäben sie einen Blick auf die Scheinrealität des Inhalts, die uns als schlichte Spiegelung der Realität vorkommt. Die Literatur und die bildenden Künste sind die Fachgebiete der Darstellung und verkörpern die Geschichte der Darstellungsformen. Ihre Konzepte von Realismus bestimmen unsere alltägliche Auffassung von Darstellung als in Form und Inhalt teilbar. Ziel des Realismus ist, uns das Medium und die Konventionen der Darstellung übersehen und den Inhalt als ein Spiegelbild der Realität verstehen zu lassen. „Realismus" heißt, „wirklichkeitsgetreu" abzubilden, als würde dem Leben ein Spiegel vorgehalten. Die Frage, wer den Spiegel vorhält, warum und in welchem Winkel, sollte dabei möglichst nicht aufkommen – schon gar nicht in der Weise, daß der Spiegel (die Darstellung) oder die „Realität" problematisiert werden könnten.

In der Literatur- und Kunstwissenschaft sowie der Fotografie- und Filmtheorie hat sich die Analyse des Realismus und des Verhältnisses zwischen Form und Inhalt beträchtlich über diesen einfachen Entwurf hinausentwickelt. Doch die Begriffe „wirklichkeitsgetreuer Realismus" und „Form und Inhalt" haben sich bleibend in unseren Alltagsvorstellungen eingenistet. Sie liegen den Einstellungen zur Pornographie zugrunde, die diese als fragwürdigen oder auch befreiungswürdigen Inhalt verstehen (Gewalt oder Sex). Sie liegen auch der offiziellen Zeitungspolitik und den Richtlinien der professionellen Verbände der Herausgeber und Journalisten zugrunde, die noch immer behaupten, eine „neutrale", „objektive", „unparteiische" und „transparente" Berichterstattung zu liefern, die die Geschehnisse der Welt „wahrheitsgetreu" spiegele. Wir müssen uns von diesen naiven und politisch äußerst wirksamen Begriffen der Darstellung lösen und uns die Einsichten der zeitgenössischen Analyse der Darstellung für eine feministische Kritik der Pornographie zunutze machen.

Darstellungen sind nicht einfach Spiegelungen der Realität. Jemand macht sie, und jemand schaut sie an – und beides geschieht durch ein komplexes Netz von Mitteln und Konventionen. Auch sind Darstellungen nicht einfach Phantasie, noch bestehen sie nur auf privater Leinwand oder persönlichem Notizpapier, sondern sie haben als Konsumgüter eine komplexe und kontinuierliche Existenz in der Realität. Sie sind realer als die „Realität", die sie darzustellen oder zu spiegeln vorgeben. Diese Faktoren widersprechen einer spontanen Unterscheidung zwischen Fiktion und Tatsache, Phantasie und Realität.

Eine erste Verlagerung der Diskussionsgrundlage für die feministische Kritik heißt, vom Inhalt weg- und zur Analyse der Darstellung überzugehen. Dieser Schritt führt uns jedoch aus der bequemen Abgeschiedenheit der Künste – den Lagerhäusern der (respektablen) Darstellungen – heraus und öffnet uns den Blick auf die Funktionen von Darstellungen in der Gesellschaft. Hauptfaktoren der Darstellung sind der Autor und der Betrachter: Handelnde, die nicht wie Charaktere klar im Inhalt der Darstellung angesiedelt und auf diesen beschränkt sind. Vielmehr sind es Rollen, die von Mitgliedern der Gesellschaft in einem spezifischen Zusammenhang eingenommen werden. Dieser Zusammenhang ist politisch: eine Frage der Klasse, Rasse und des Geschlechts. Er ist kulturell: eine Frage der Beziehung zwischen Darstellungen und einem allgemeinen Begriff der Kultur (und deren Verhältnis zur „Realität"). Und der Zusammenhang ist auch ökonomisch: eine Frage des Verhältnisses von kultureller Produktion und Austausch, von Herstellung und Vertrieb. Keine dieser Fragen ist unabhängig von den anderen; deshalb stellt sich uns das Problem, wie sie zu behandeln sind.

In meiner Untersuchung gehe ich auf zweierlei Weise vor: Einerseits versuche ich, das Gelände freizulegen und das Gestrüpp der Begriffe und Konzepte, die in der Pornographiedebatte als gegeben erscheinen, zu lichten; andererseits baue ich auf den Begriffen und Methoden der feministischen Kritik auf, um eine wirksame Kritik der Pornographie und der patriarchalen Kultur zu ermöglichen.

1. Problem

Realität und Fiktion

Anfang 1984 erschien in der Zeitung *The Guardian Weekly* ein Bericht mit dem Titel „Ein Mord in Namibia". Der vierundzwanzigjährige weiße Farmer van Rooyen hatte den achtzehnjährigen Thomas Kasire, einen neuen schwarzen Arbeiter auf seiner Farm, gefoltert und umgebracht. Dies kam so: Aufgrund von Kasires Dialekt und Herkunft beschuldigt ihn sein weißer Arbeitgeber, der nationalen Befreiungsbewegung SWAPO (South Western African People's Organisation) anzugehören.

> [Er] wirft Thomas Kasire eine schwere Kette um den Hals. Zwei Tage lang hält der weiße Farmer Thomas in Ketten im Hinterhof. Schließlich stirbt der gefolterte Thomas, während van Rooyens Saufkumpane applaudieren und Fotos schießen. Dies geschieht auf einer Farm in Namibia, im Jahre 1983.[1]

Drei Bilder illustrierten den Artikel. Eines zeigt den Mörder, „wie er vor Gericht erschien", in Anzug und Krawatte. Die beiden anderen Bilder sind vom „Schauplatz des Verbrechens": eine Nahaufnahme von Kasires Kopf, blutend, ein Ohr halb abgerissen, um den Hals eine schwere Eisenkette. Der Arm des weißen Folterers reicht, die Kette haltend, von links ins Bild hinein. Das andere Bild trägt die Unterschrift: „Das Opfer wird gezwungen, mit der zum SWAPO-Gruß geballten Faust zu posieren, während ein Freund des Mörders fotografiert."[2] Der Mörder selbst ist auch im Bild, er überragt den jungen schwarzen Mann, den er an der Kette hält. Er trägt Farmerkleidung und eine Mütze (es könnte auch eine paramilitärische Ausrüstung sein), und er blickt in die Kamera. Es scheint fast, als hielte nur die Kette des weißen Mannes den Schwarzen noch auf den Beinen.

Das Ereignis ist eine Kuriosität in der Kriminologie, denn die Bilder waren belastendes Beweismaterial:

> Ohne sie hätte das Gericht van Rooyen aller Wahrscheinlichkeit nach freigesprochen. Seine Erklärungen und die seiner weißen Freunde hätten mehr Geltung gehabt als die Zeugenaussagen der Schwarzen. So sicher sind sich die Weißen ihrer herrschenden Stellung im Apartheidssystem, daß, unglaublicherweise, der ganze Vorfall auf Wunsch van Rooyens fotografiert wurde.[3]

Das Zusammentreffen derartiger Gewalt mit ihrer Darstellung ist kein Zufall. Es ist keine Kuriosität im Bereich der Darstellung. Die Bilder sind nicht dokumentarisch, Schnappschüsse eines Journalisten oder Passanten, der zufällig zur rechten Zeit am rechten Ort war. Sie sind Kompositionen, bewußt gestaltete Darstellungen, die einer Gattung entsprechen. Das Opfer muß Posen einnehmen; der Folterer stellt sich mitunter selbst ins Bild, mit Bezug auf die Kamera. Ein weiterer weißer Mann steht hinter der Kamera und wählt den Bildausschnitt. Dies mag uns an Bilder von Anglern und Jägern erinnern, die lächelnd mit ihrem Fang für die Kamera posieren. Doch hier ist der Fang ein Mensch, ein Opfer, was uns auch an gewisse düstere Zeugnisse aus dem Vietnam-Krieg mahnen mag, nämlich jene Bilder, die das dokumentarische Muster sprengen: wo ein momentaner Sieger mit seinem besiegten Opfer kurz für die Kamera posiert, sie in Komplizenschaft zieht, westlicher Teilnahme gewiß. Die Bilder mögen uns, oder einige von uns, auch an Pornographie erinnern: anstelle des schwarzen Mannes eine Frau – die beiden weißen Männer unverändert auf ihren Plätzen, im Bild, hinter der Kamera.

Auch der schriftliche Bericht gleicht sich der entsprechenden literarischen Gattung an:

> Sonntagnachmittag – zwei weiße Gäste erscheinen auf der Farm. Thomas ist nun schon seit zwei Tagen ohne Wasser oder Nahrung im Hof angekettet. Van Rooyen bietet seinen Gästen Erfrischungen an, und schon bald beginnen sie, den Fang eines jungen „Terroristen" zu feiern. Das Opfer wird herbeigeholt und gezwungen zu posieren, während sich ein Gast van Rooyens Instamatic Kamera ausleiht. Kurz nachdem die Fotos gemacht sind, kommt ein fast unhörbares Schluchzen von Thomas Kasire. Mit

einem schwachen Schaudern fällt er zu Boden – leblos.[4]

Für „Thomas" und „boy"[5] setze man „Justine", „Emanuelle" oder „O" – das Opfer schon gekennzeichnet durch die reduzierte Identität eines Vornamens ohne Nachnamen. Für „Farm" setze man „Schloß", den aristokratischen Familiennamen des Besitzers behalte man bei, und schon hat man das perfekte Szenario Sadescher Libertinage, das Grundschema der Gattung, das Muster der Pornographie.

Fachmänner in Fragen der Pornographie, der Obszönität und der Zensur – Rechts- und Kunstexperten – werden behaupten, reale körperliche Gewalt gegen Menschen, wie beim „Mord in Namibia", habe mit Pornographie nichts zu tun. Reale Gewalt sei ein Fall für die Gerichte und Kriminologen: Sie sei Realität, nicht Fiktion.

Rechtsexperten befassen sich vorwiegend mit Realität, obwohl auch sie z.B. im Fall von Bedrohung, Verleumdung, übler Nachrede sowie in Zensurfragen mit einem Bereich der Darstellung zu tun haben, der nicht in einem eindeutigen Verhältnis zur Realität und zu Tatsachen steht. Kunstexperten hingegen befassen sich fast ausschließlich mit Fiktion, da das heutige Kunst- und Literaturverständnis Phantasie und Kreativität (zusammen mit dem qualitativen Urteil der „Vorzüglichkeit") als die bestimmenden Merkmale der Kunst hervorhebt.[6]

Wenn es sich nun um Pornographie handelt, so bieten sich Rechts- wie Kunstexperten als offensichtlich zuständig an, obwohl weder die einen noch die anderen als eigentliche Pornographiefachmänner gelten wollten. Während Kunstzuständige es verschämt unterlassen, die Pornographie zur Kunst zu rechnen (nicht „vorzüglich" genug), so sehen sie in ihr doch eine Verwandtschaft zum eigenen Fach. Auch haben sie noch in Erinnerung, wie bei den berühmten Prozessen gegen „unzüchtige Literatur" das Gesetz mit seinem Zensurarm in die Kunstdomäne eingriff.[7] So ziehen sie eine Grenze zwischen Fiktion und pornographischer Fiktion, scheinbar ohne den geringsten Verdacht eines Widerspruchs. Der liberale Zeitgeist, um eine möglichst klare Trennung der fachmännischen Kompetenzen bemüht, befürwortet die Beschränkung des Gesetzes auf eindeutige Tatsachen. Dementsprechend konzentriert sich das

Rechtswesen immer mehr auf einen faktischen Zusammenhang zwischen Fiktion (potentiellen Geschehnissen) und Realität (wirklichen Geschehnissen) und schließt damit die Pornographie an sich aus seinem Kompetenzbereich aus.

Dies erklärt auch die gegenwärtige Situation, in der sich Befürworter und Gegner der Pornographie gegenüberstehen, um einen „kausalen Zusammenhang zwischen Pornographie und Sexualverbrechen" entweder zu widerlegen oder nachzuweisen. Führt die Vorlage zur Handlung? Wird Inhalt in Tat umgesetzt? Hat ein Sexualverbrecher die Idee zu seinem Verbrechen aus einem Buch, Film oder Heft? Bei dieser Suche nach identischen Inhalten ist aber Pornographie an sich, Darstellung als solche, schon nicht mehr die Frage. Soziologen sollen Statistiken liefern: Sie beweisen nichts. Vielleicht ist es eher Sache der Psychologen? Psychiatrische Gutachten verkünden: „Keine Korrelation."[8] Aus dieser Aufteilung der Fachkompetenzen geht klar hervor, daß Darstellung an sich nicht als Teil des Realen verstanden wird: Als Fiktion steht sie im Gegensatz zur Realität und umfaßt, außer im dargestellten Inhalt, anscheinend kein Tun, keine Tätigkeit und keine Handlung.

Beim Mord an Thomas Kasire war das Posieren für Aufnahmen ein wesentlicher Bestandteil seiner Folterung – letztlich die Todesursache. Bei der Ermordung des Thomas Kasire war das Fotografieren ein wesentlicher Teil der Folter und ein wesentlicher Teil des Spaßes an ihr. Diese Art von Gewalt besteht aus zwei Teilen: dem Tun und dem Genießen des Tuns, der Tat und ihrer Würdigung. Heute nennen wir so etwas allgemein Sadismus. Genuß, laut de Sade, setzt eine anspruchsvolle intellektuelle Struktur voraus, mehr als schiere Befriedigung. Zur Würdigung braucht es ein Publikum. Mit Zuschauern wird die Folter zur Kunst, der Folterer zum Autor, das Publikum zu Kennern und Liebhabern. Diese Struktur liegt in unserem Fall vor: Es gibt einen Gastgeber, den Besitzer der Farm, und es gibt Gäste. Ein weißer Mann, der Gastgeber, ist der Zeremonienmeister[9], der außerdem im Inhalt des Bildes den Folterer „spielt". Ein weiterer weißer Mann, sein Gast, steht hinter der Kamera und betätigt sich bei der Herstellung des Bildes. Die beiden sehen sich an. Der weiße Mann im Bild wird aus dem Bild heraustreten und sich zum anderen hinter der Kamera gesellen, um die

Szene, die sie geschaffen haben, zu würdigen. Der Gastgeber und sein Gast mischen sich im Publikum, werden eins als Publikum, aber der Gastgeber bleibt der Urheber des Festes, bei welchem sie gemeinsam „feiern".

Das Opfer tritt nicht aus dem Bild heraus, das Opfer ist tot. In diesem Fall tatsächlich, im allgemeinen Fall der Darstellung so gut wie tot, denn für das Opfer gibt es im weiteren Fortleben des Bildes keine Rolle mehr einzunehmen. Und ist das Opfer nicht tot, so ist dies zu bedauern, denn es sollte es eigentlich sein, laut Marquis de Sade:

> Keine Frau auf der Welt hätte jemals Ursache gehabt, sich über meine Dienste zu beklagen, wenn ich sicher gewesen wäre, sie hinterher umbringen zu können.[10]

Eine interessante Wortwahl: „Ursache" (von „Dienst" ganz zu schweigen).

Das Fest der weißen Männer, ihre Handlung, die Folterung und den Mord von Thomas Kasire zusätzlich darzustellen, wird von beiden Expertenlagern übersehen. Angesichts der „reellen", körperlichen Gewalt im Prozeß der Darstellung finden die Kunstfachmänner, es handle sich bei ihr nicht mehr um Fiktion, sondern Realität. Der Fall wird den Gerichten abgetreten, wo die Bilder zu Beweismaterial werden – ein Glücksfall für den Staatsanwalt, der sie als Spiegel der Realität, als Abbild des Verbrechens behandelt. Van Rooyen wird des Mordes angeklagt; seine Tat, pornographische Bilder, Verwandte der „Snuff"-Filme, herzustellen, bleibt unbeachtet und ungestraft.

Fachmänner für Kunst und Literatur werden sagen, dieser Fall zähle nicht, weil er wirklich geschah (das Opfer ist wirklich tot). Fiktion hat immer schon ein getrübtes Verhältnis zur Realität gehabt, ihr Bemühen um Realismus ist hauptsächlich darauf angelegt, das eigene Unterfangen in einer zunehmend weltlichen Kultur zu rechtfertigen und ihm eine gewisse Relevanz zu sichern. Aber sie will sich nicht als Teil, sondern als Gegenteil der Realität verstehen: zusätzlich zur Realität, ohne Funktion in der Realität, keinem Zweck dienend. Als Muße und Genuß hebt sie sich ab von der Arbeit und dem Nutzen des Realen. Darin liegt ihre Schönheit, die Schönheit und das Privileg der schönen Kunst. Müßigkeit und Überschüssigkeit werden zum Kennzeichen der Kunst und ihrer Erhabenheit.

Überschüssigkeit und Müßigkeit kennzeichnen die Fotografie des Mörders. Sie sind zusätzliches Vergnügen, wie übrigens auch die Folter selbst, die ja nichts mit der Bekämpfung sogenannter Terroristen oder mit sonst einem realen Zweck zu tun hat. Sie dienen der Muße und dem Vergnügen des weißen Mannes (der Vorfall findet am Wochenende statt, Freitag bis Sonntag)[11]: eine Form seines freien Selbstausdrucks, Bestätigung seiner Subjektivität.

Van Rooyens Herstellung von Bildern ist Fiktion *par excellence*. Die Bilder sind *gemacht* (Fiktion von *fingere* = machen, formen, gestalten), sorgfältig nach den Regeln der Ästhetik und der Darstellung komponiert. Und wahrlich übertrifft dabei die Fiktion der Darstellung die Realität: Thomas Kasire lebt weiter als Abbild, aber Thomas Kasire ist tot. Die Fiktion erfreut sich eines heiteren Lebens in der Realität.

2. Problem

Menschenrechte

So wie das Problem der Pornographie heute debattiert wird, ist es unlösbar. Progressive und Konservative gruppieren sich zu traditionellen Gegnerpaaren, „pro oder contra", während Liberale und Intellektuelle diskutieren. Wie sie es alle sehen, geht es bei Pornographie um Sexualität: Progressive und die meisten Liberalen sind „dafür" und für ihre „Befreiung". Konservative sind eher gegen Befreiung und zudem sehr um die öffentliche Moral besorgt. Ein weiteres Problem ist die freie Meinungsäußerung: Kommt es zu dieser Frage, werden Liberale und Intellektuelle fast radikal. Konservative sind nicht so sicher, ob Freiheit gut für alle sei, und ziehen es vor, sie zu regeln. So stimmen sie alle herzlich überein, Pornographie sei eine Sache der Moral und der Zensur oder der sexuellen Befreiung und der freien Meinungsäußerung, je nach politischer Färbung. Feministinnen – Radikale aus der Sicht des Patriarchats – ordnen sich nur mit Unbehagen in diese Matrix ein: Je nachdem, wo sie sonst noch engagiert oder verpflichtet sind, fallen auch sie ins eine oder andere Lager. Es kann sein, daß sie als radikale Gegnerinnen mit der konservativen Mary Whitehouse für „Abschaffung" oder Zensur plädieren. Sind sie dem Liberalismus und der Kultur verbunden (ganz zu schweigen von der sogenannten sexuellen Revolution der sechziger Jahre), bestreiten sie vielleicht, daß Pornographie überhaupt ein Thema sei.

Am 30. Dezember 1983 genehmigte der Stadtrat von Minneapolis mit knapper Mehrheit ein neues Gesetz, das „bestimmte Arten der Pornographie zu einer Verletzung der Bürgerrechte von Frauen" erklärt.[1] Von besonderer Bedeutung an dieser neuen Verordnung – für deren Entwurf der Stadtrat zwei Feministinnen, die Juristin Catharine MacKinnon und die Schriftstellerin und Aktivistin Andrea Dworkin, hinzugezogen hatte – ist ihre neue Definition der Pornographie: Statt wie üblich als Frage des Obszönen, der Zensur und des Jugendschutzes, wird sie hier als eine Frage der Bürgerrechte definiert, und zwar der Bürgerrechte von Frauen. Aufschlußreich ist im übrigen, wie diese Abstimmung die traditionellen politischen Kategorien von konservativ, liberal und progressiv sprengte (im amerikanischen Sprachgebrauch allerdings umfaßt „liberal" das ganze Spektrum von Mitte bis radikal). Die Redakteure des *Minneapolis Star and Tribune* berichten:

> Sollte [der Bürgermeister] sein Veto einlegen, so wird die Gesetzesvorlage vor den neuen Stadtrat kommen, der am nächsten Dienstag sein Amt antritt. Befürworter [der neuen Verordnung] befürchten, der neue Rat werde der Vorlage weniger positiv gegenüberstehen.
>
> Die neuen Stadträte werden allgemein als *liberaler* angesehen, insbesondere in Fragen der Bürgerrechte, und als der Verordnung nicht wohlgesonnen.[2] (Meine Hervorhebung)

Je liberaler anscheinend die Räte, insbesondere in Sachen Bürgerrechte, desto weniger wohlgeneigt den Bürgerrechten von Frauen. Der Bericht fährt fort:

> Die gestrige Abstimmung war im wesentlichen ein Bündnis zwischen *Feministinnen* und den *Moralisch-Konservativen*. Zwei Feministinnen... stimmten jedoch dagegen. Auch zwei *Männer*, die sich sonst für moralisch-konservative Maßnahmen starkmachen, stimmten dagegen.
>
> Der Presseverband von Minnesota (Minnesota Newspaper Association) lehnte die neue Vorlage ab, und die Bürgerrechtsvereinigung (Civil Liberties Union) erklärte ebenfalls, sie werde die Verordnung anfechten. Beide haben Bedenken wegen Zensur.[3] (m.H.)

Obgleich Pornographie hier zu einer Frage der Bürgerrechte von Frauen geworden ist, sehen die meisten Konservativen sie weiterhin als eine Frage der Moral und stimmen dementsprechend. So stimmen sie mit den Feministinnen – und für deren radikalen neuen Vorschlag, die Bürgerrechte von Frauen im Gesetz zu verankern.

Zwei *Frauen* („Feministinnen") stimmen jedoch dagegen. „[Eine von ihnen] sagte, obwohl sie Feministin sei, habe sie Bedenken, was dies für den Kampf um die Menschenrechte bedeute ... Es ist Zensur."[4] Dabei handelt es sich hier gerade nicht um Zensur, denn das Gesetz soll einzelnen Frauen, die durch ein bestimmtes pornographisches Produkt geschädigt wurden, die Möglichkeit geben, gegen Produzenten und/oder Vertreiber dieses Produktes in einem Zivilprozeß zu klagen. Für die zitierte (Rats)Frau jedoch stehen Bürgerrechte von Frauen gegen „Menschenrechte", und ihre Loyalität gegenüber den Menschenrechten siegt über ihr Interesse an den Bürgerrechten von Frauen – scheinbar ohne jeglichen Verdacht eines Widerspruchs. Umgekehrt stimmen zwei *Männer*, die als Konservative normalerweise für die Verordnung („für Moral") stimmen würden, dagegen. Ihre Loyalität gegenüber dem Patriarchat (Männerrechten, „Menschenrechten") siegt über ihre moralisch-konservativen Interessen. Einer von ihnen sagt, er und seine Berater – „Dutzende von Leuten, Juristen, Mitglieder der Bürgerrechtskommission, ein Richter" (merke: Fachmänner) – würden „die Pornographie keineswegs befürworten, nur glaubten sie nicht, daß dies der richtige Weg sei ... Falls wir verlieren, könnte im Land ein Bild von uns entstehen, daß die Stadt machtlos sei, etwas gegen die Pornographie zu unternehmen."[5] Erfolgreich zu sein ist wichtiger als die Sache, deren Erfolg gewünscht wird, als erfolgreich *gesehen zu werden* ein weit dringlicheres Anliegen als die Bürgerrechte von Frauen. „Es könnte sich ein Bild von uns ergeben": Beachte den ängstlichen Blick in die Kamera der nationalen Medien und der öffentlichen Meinung. Es ergäbe sich ein Bild von uns als machtlose Verlierer, und das dürfen wir nicht riskieren. Laß uns diese Darstellung, dieses Bild, unter Kontrolle halten, auf Kosten der Bürgerrechte der Frauen, die durch pornographische Produkte geschädigt werden.

Einziger Vorzug dieser Verwirrung ist, daß endlich der Faktor des Geschlechts klar und deutlich zum Zug kommt: Frauen, Feministinnen, Männer; pro oder kontra; Frauenrechte oder Pornographie. Die Relevanz des Geschlechts betrifft hier weniger das pornographische Szenario und seine geschlechtsspezifische Rollenverteilung als die Rollen in der Struktur und Funktion von Darstellungen, d.h. der Autoren und Betrachter von Pornographie. Für die dagegen-stimmende Rätin, für die Liberalen, für den Bürgerrechtsverband und für die Professionellen der Darstellung – Medien und Presse – stehen Frauenrechte „kontra" Menschenrechte. Die Menschenrechte, um die es hier geht, sind die Rechte der freien Meinungsäußerung und des freien Zugangs zu Informationen: Recht und Freiheit des Pornographen und seiner Kundschaft, des weißen Mannes und seiner Gäste. Angesichts ihrer Ansprüche verblassen jedwede Ansprüche des Opfers, das sowieso bei der Herstellung der pornographischen Darstellung „gestorben" ist. Und ist es nicht wirklich tot, so sollte man sich darum bemühen – jedenfalls die Stimme, die sich über die erfahrenen „Dienste" beklagen könnte, endgültig zum Schweigen bringen.

Im realen Fall (Mord in Namibia) sowie im fiktionalen Fall (Pornographie) wird jedoch eine Verbindung zwischen dem spezifischen Opfer und einer Klasse potentieller Opfer verneint. In der Schweiz erhoben Frauen Klage gegen die Militärbehörden, die erlaubt hatten, daß Bilder nackter Frauen als Zielscheiben für Schießübungen benutzt wurden. Das Gericht wies die Klage zurück mit der Begründung, nur die einzelne Frau, deren Bild als Zielscheibe diente, könne als Klägerin auftreten. Und sie werde dies wohl kaum tun, fügte ein Sprecher hinzu, denn sie habe ja Modell gestanden.[6] Aufgrund ihrer Rolle als Darstellungsobjekt war das Opfer so gut wie gestorben für eine Rolle im weiteren Leben des Bildes.

Vor zehn Jahren erhob die feministische Zeitschrift *Emma* Klage gegen den *Stern*, daß dessen Titelbilder die Würde der Frau verletzten. Das Gericht wies die Klage mit folgender Begründung zurück:

> Um die Frauen als Gesamtheit durch eine Gesamtbezeichnung bzw. Gesamtdarstellung derart kränken und herabsetzen zu können, daß die Kränkung jede Frau unmittelbar trifft, müßte diese Personenmehrheit so aus der Allgemeinheit hervortreten, daß dieser Kreis der beteiligten Einzelpersonen deutlich umgrenzt ist. Das ist bei den Frauen nicht der Fall.

Jede Frau weiß, daß sie als Frau ständig aus der Allgemeinheit hervortritt, daß sie von dieser „Allgemeinheit" als nicht-allgemein, nämlich weiblich, definiert wird, daß ihre Weiblichkeit sie derart kennzeichnet, daß diese an erster Stelle kommt, was immer sie auch sonst noch charakterisieren mag.

Gesetze wie die Verordnung von Minneapolis und Gerichtsverfahren wie die gegen die Schweizer Militärbehörden und den westdeutschen *Stern* sind Versuche von Frauen, die Verbindung zwischen einzelnen Opfern und einer Klasse von potentiellen Opfern herzustellen. Das konsequente Leugnen einer solchen Verbindung durch Gerichte, Zensurausschüsse und Medien läßt vermuten, daß sehr wohl eingesehen wird, was für enorme Auswirkungen eine Anerkennung dieser Verbindung haben würde. Die, die sie leugnen, sind das Establishment der vereinigten Machtinhaber mit dem Geschlecht des weißen Mannes. Auch wenn sich einzelne Alibifrauen in diese Institutionen verirrten aus Ehrgeiz, auch als „Menschen" zu gelten. Frauen als Geschlechtsklasse sind gegen die Pornographie aufgrund ihrer Einsicht, daß sie und das spezifische Opfer eins sind.

Für eine feministische Kritik muß also erst einmal die Buchstäblichkeit, mit der das spezifische Opfer als Einzelfall aus seiner Rassen-, Klassen- oder Geschlechtszugehörigkeit herausgelöst wird, in Frage gestellt werden. Ebenso müssen wir die Buchstäblichkeit der Kunstfachmänner hinterfragen, laut denen die Peinigung des Opfers in pornographischer Darstellung nur ein Schau-Spiel ist, weil das Modell (meist) unversehrt wieder aufsteht und heimgeht oder im Fall von Literatur gar nicht existiert. Wir müssen die Diskussion auf eine Analyse der Darstellung und ihrer Funktion in der Gesellschaft bringen und die Bürgerrechte des Opfers des pornographischen Szenarios geltend machen – als Gegensatz zu den Rechten des Herrn des Szenarios und seiner Gäste. Die Menschenrechte, wie wir sie kennen, schützen die Rechte des Autors und seines Publikums, nicht aber die Rechte des Opfers. Zu dieser Kritik brauchen wir eine Theorie der Darstellung in der Kultur, eine Analyse der Machtverhältnisse und die Kategorien von Rasse, Klasse und Geschlecht.

Bei Darstellungen handelt es sich weder einfach um Phantasie noch schlicht um Schnappschüsse und Texte, harmlose losgelöste Objekte. Nehmen wir die Fotos des Mordes in Namibia. Das Opfer ist tot. Handelte es sich um Pornographie, würde das Modell nach gelungener „Sitzung" bezahlt und heimgeschickt. Was in beiden Fällen weiterbesteht, was in eine kontinuierliche Funktion und Praxis in der Gesellschaft übergeht, ist das Produkt sowie die Struktur seiner Produktion und seines Konsums, prototypisch durch unsere beiden weißen Männer symbolisiert. Der spezifische weiße Mann hinter der Kamera hat einen Sichtpunkt erschlossen und eine Zuschauerschaft erzeugt: ein Publikum von weißen Männern allgemein (eine Klasse mit Rassen- und Geschlechtscharakter). Und der weiße Mann im Bild läuft immer noch frei herum, gesellt sich zu den Zuschauern, wird austauschbar mit diesen.

Zwischen den beiden weißen Männern herrscht Einverständnis. Sie sehen einander an. Der eine ist der Gastgeber, der andere sein Gast. Zwischen den beiden besteht eine Identifizierung, eine Solidarität, ein gemeinsamer Zweck, ein geteiltes Verständnis, ein mitgeteiltes Vergnügen. Zudem gibt es weitere weiße Männer – z.B. im Gerichtssaal, denn ohne die Bilder hätte das Gericht van Rooyen und seine Gäste höchstwahrscheinlich freigesprochen. Aber in diesem Fall sind die Bilder hartes Beweismaterial. Und sogar „trotz der Beweiskraft der Bilder war das Urteil mild... van Rooyen wurde zu nur sechs Jahren [Gefängnis] verurteilt".[7] Und es gibt noch weitere weiße Männer, z.B. bei der Kommission, die Bewährungsfristen setzt. „Nach unseren neuesten Informationen aus Namibia wurde van Rooyen kurz nach Antritt seiner Gefängnisstrafe heimlich auf Bewährung entlassen."[8] Und es gibt noch mehr weiße Männer, z.B. bei der Polizei, und auch solche, die hie und da einmal dumme Fehler machen: „Die Presse hätte nichts von seiner Entlassung erfahren, wäre er nicht wegen Trunkenheit am Steuer erwischt worden." Zweifellos ein Fall für den Verband für freie Meinungsäußerung und Information, obwohl es auch hier keinen Zweifel gibt, wer – welche Geschlechts-Rassen-Klasse – in wessen Interesse sich die Freiheit genommen hat, Information unter Kontrolle zu halten. Denn es hätte sich sonst im Land, im Auge der Öffentlichkeit, ein Bild von uns ergeben können als einer Obrigkeit und einem Rechtswesen, die nichts gegen Rassenmord unternehmen konnten oder wollten. Wir wollen Rassismus und Mord keineswegs befürworten, aber wir glauben nicht, daß dies der Weg sei. Laßt uns dieses Bild von uns als ohnmächtig, als unser Amt nicht ausübend, als

„Verlierer" im Kampf gegen Rassismus und als Gewinner im Schutz weißer Männerprivilegien unter Kontrolle halten. Laßt uns diese Darstellung regulieren auf Kosten der Rechte und des Lebens der Opfer.

Die Stimmen der Schwarzen in Namibia, die sich mit dem Opfer als eine Rassenklasse, als eine Klasse potentieller Opfer identifizieren, wären von den Weißen überstimmt worden. Schwarze sitzen weder im Richterstuhl noch bei der Entlassungsbehörde noch in den Vorstandszimmern der Medien. Die Stimmen der Frauen, die im Namen der Frau-als-Opfer der Pornographie sprechen, sind bis heute von den Männern, den Pornographen und ihrer Kundschaft, überstimmt worden. „So sicher sind sich die Weißen ihrer herrschenden Stellung im Apartheidssystem", so sicher sind sich die Männer ihrer herrschenden Stellung im Patriarchatssystem, „daß, unglaublicherweise, der ganze Vorfall auf Wunsch van Rooyens fotografiert wurde" – daß, unglaublicherweise, die Ausbeutung und Unterwerfung der Schwarzen und die sexuelle Ausbeutung und Unterwerfung der Frauen auf Wunsch der weißen Männer ständig dargestellt wird.

Menschenrechte sind Trumpf. Frauen saßen bis vor kurzem weder in Rechtsausschüssen, Zensurbehörden oder Stadträten, noch haben sie „Menschenrechte" entworfen und interpretiert. Wenn die Stimme einer Frau gehört wird, ihr Gehör verschafft wird, in einzelnen und spezifischen Fällen wie z.B. Mary Whitehouse oder Phyllis Schlaefli oder der Stadträtin, dann darum, weil sie mit der Stimme und in der Sprache des weißen Mannes spricht. Sie spricht die Sprache der Moral, einer männergemachten Moral, welche die Unmoral der Unterdrückung und Ausbeutung der Frau verdeckt. Sie spricht die Sprache des Liberalismus, der die Freiheiten, die sich Männer für ihre freie Meinungsäußerung herausnehmen, schützt – auf Kosten der Menschenrechte von Frauen. Sie spricht die Sprache des Konservatismus, der die Privilegien der weißen Männer konserviert. Und sie spricht die Sprache der Fachmänner – deren Diskurse und Begriffe und Prämissen die feministische Kritik in Angriff nehmen muß. Die Fachmänner haben schon bestimmt, was Pornographie ist und was nicht, worum es geht und worum nicht – und hier müssen wir erst einmal ansetzen.

Das Establishment der Machtinhaber – Politiker, Juristen, Fachmänner, Medien – steht nicht über der Versuchung, die einzelne Alibifrau, sei es Margaret Thatcher oder Erica Jong oder die Frau, die gegen die Feministinnen stimmt, oder die Frau, die Pornographie anschaut, anzuführen, damit sie für ihre ganze Geschlechtsklasse stellvertretend einstehe: Alibidenken in seiner ganzen Unlogik, das jedoch kein Gegenargument darstellt. Die feministische Analyse (es muß ja immer wieder einmal gesagt werden) betrifft das Patriarchat und die Männerkultur: Männer und Frauen als Geschlechtsklassen und nicht einzelne biologische Individuen. Die feministische Kritik hinterfragt eine Kultur, der es bei Gelegenheiten ihrer eigenen Wahl – im Gerichtssaal in Namibia, in der Schweiz, in der BRD – beliebt, das Opfer als einzeln und spezifisch anzusehen, jeden Fall als spezifischen Einzelfall zu behandeln und sich zu weigern, die systematischen Strukturen von Rasse und Geschlecht wahrzunehmen – Strukturen, die nicht nur diese Fälle zu typischen Fällen machen, sondern die den wahren Kern der Gesellschaftsordnung ausmachen.

3. Problem

Obszönität und Zensur

Pornographie ist ein feministisches Thema. Es betrifft Frauen ganz direkt, da Frauen das Objekt pornographischer Darstellung sind. Feministinnen haben auch beträchtliche Forschungsliteratur zum Thema geschrieben.

Pornographie ist wieder einmal aktuell geworden: Die Medien räumen ihr Platz ein wie kaum einem anderen feministischen Thema. Viele Männer, und viele Fachmänner, scheinen ein besonderes Interesse an diesem Thema zu haben und tragen zur öffentlichen Debatte mit einem Eifer bei, der ausbleibt, wenn es um Hausarbeit geht. Pornographie ist ein Thema mit Medien-Appeal.

Allerdings hat Pornographie als Thema der öffentlichen Debatte scheinbar wenig mit Frauen zu tun. Indem sie vor unseren Augen zu einer Frage der Obszönität, der Zensur und der freien Meinungsäußerung umdefiniert wird, fallen Frauen aus der Frage der Pornographie wieder heraus. Der feministische Beitrag zum Thema fällt ebenfalls heraus, wird entweder ignoriert oder sorgfältig aus der Debatte ausgespart, manchmal auch in einer gesichtswahrenden Fußnote oder einem anregenden Titel verstaut.

In der Arena der Medien konkurriert die „öffentliche" Debatte mit dem feministischen Diskurs, ähnlich wie die „Menschenrechte" mit den Frauenrechten. Während die Gegnerinnen als geschlechtsspezifisch erkannt werden – *feministische* Argumente, *Frauen*rechte -, sehen sich die „öffentliche" Stimme und die „Menschen"-rechtler offenbar als geschlechtsunspezifisch. Sie verschanzen sich hinter scheinbar geschlechtsneutralen Kategorien wie „Mensch" und „man", die, laut den Grammatikern des 18. Jahrhunderts und einem Erlaß des englischen Parlaments aus dem Jahre 1850[1] das Geschlecht der Frauen mitausdrücken – oder treffender wohl: mitunterdrücken.

Allerdings verleiht der Zusatz „Feminismus" der Pornographiedebatte verstärkten Medien-Appeal. Gerade so wie seit einiger Zeit, wie wir hören, der Zusatz „Feminismus" der Pornographie verstärkten Porno-Appeal einbringt.

> Im Februar 1980 erschien in *Hustler* ein Comic, in dem Astronauten dank ihrer unwiderstehlichen sexuellen Technik eine Kolonie aufmüpfiger Space-Age-Amazonen bezwingen, die der Göttin Steinem* huldigen. In *Penthouse* im selben Monat erschien ein Artikel mit dem Titel „Steht auf und brüllt!" (die Schlagzeile auf dem Titelbild lautete: „Emanzentum: Der Macho schlägt zurück"). Darin lesen wir, daß Skilehrer Clay Harris zumindest „keine Probleme mit dem feministischen Einfluß hat, denn er läßt sich nicht beirren. Feministinnen laß ich gleich stehen, sagt er, denn die sind ein Problem. Ich geh ein Haus weiter."[2]

Beachte die beiden Kategorien, „Astronauten" (geschlechtsneutral) und „Space-Age-Amazonen", d.h. Astronautinnen. Amazonen dringen in den (Welt-)Raum der Astronauten. Wie Amazonen dringen Feministinnen in den Raum der öffentlichen Debatte und in das Gehege der Fachmänner. Aber die legitimen Experten/Sachverständigen (ohne Geschlecht und ohne geschlechtsspezifische Interessen, versteht sich) „stehen auf und brüllen". Die Pornographie, im Gegensatz zur öffentlichen Debatte, steht zu ihrem Geschlecht und ihren geschlechtsspezifischen Interessen: Der *Macho* schlägt zurück. Entweder bezwinge durch blendende, unwiderstehliche Technik – sexuelle, nicht astronautische – oder laß dich vom feministischen Debattenbeitrag nicht beirren. Denn der ist ein Problem. Geh ein Haus weiter.

Bernard Williams, Vorsitzender der Kommission für Obszönität und Filmzensur und Herausgeber ihres *Report on Obscenity and Film Censorship*[3], veröffentlicht in der *London Review of Books* einen Beitrag mit dem Titel „Pornographie und Feminismus".[4] Zwei Spalten sind der Pornographie und ihrer Liberalisierung gewidmet, mit einer Rezension von John Sutherlands *Offensive Literature: Decensorship in Britain 1960-1982*,

* US-amerikanische Feministin und Gründerin der Zeitschrift *Ms*

und eine Spalte den „falschen Ansichten" von Feministinnen. Als seine feministische Quelle zitiert Williams einen einzigen Artikel, Susan Barrowcloughs Rezension des Films *Not a Love Story*, die, laut Fußnote, die feministischen Simplifizierungen diskutiert. Weder das Argument Barrowcloughs noch jenes des Films noch ihre Namen oder Titel schaffen es jedoch, im Haupttext zu erscheinen.

Kurioser ist, daß Williams dem Namen Barrowcloughs den ihres Mannes (einem Kollegen von Williams am King's College, Cambridge) anhängt und einen Doppelnamen kreiert, von dem in der ursprünglichen Veröffentlichung nicht die kleinste Spur zu finden ist.[5] Soll uns der Name des Gatten beruhigend dafür bürgen, daß diese Feministin trotz allem eine Gattin ist und keine Amazone – schon durch Sex bezwungen, wenn auch noch nicht durch Argumentation?

Williams reagiert mit einer gewissen Empfindlichkeit auf den mangelnden Respekt der Feministinnen für die „Frage, die die Kommissions- und Ausschußmitglieder beschäftigt – nämlich, wie soll das Gesetz sein?".[6] Und schon sind die Fragen der Feministinnen erfolgreich zum Verschwinden gebracht worden (wir haben Feministinnen gleich stehen gelassen), während einmal mehr die Fragen der Kommissionsmitglieder dominieren, die schon hinlänglich in ihrem Bericht erörtert und bei seiner Veröffentlichung in den Medien diskutiert wurden. Die Verblüffung, den Schweiß seiner Kommissionsarbeit derart von einer Kolonie von Amazonen geschmäht zu sehen, ist gut verständlich. Nur verfährt Williams mit dem Schweiß und der Tinte der Feministinnen nicht besser. So von seiner eigenen Frage eingenommen, scheint er der Ansicht zu sein, dieselbe Frage müßte alle anderen gleichermaßen absorbieren. Doch geht es wohl um mehr als nur verständliche Voreingenommenheit: Williams ist dabei, das eigene Gehege, das Territorium seiner Sachverständigkeit zu verteidigen. Wie er selbst sagt, sind Feministinnen nicht in erster Linie (oder ausschließlich) an der Gesetzesfrage interessiert. Ihr Interesse gilt der Pornographie. Reden sie jedoch nicht vom Gesetz, so will er gar nicht hören, was sie zu sagen haben. Bei Pornographie mitreden heißt offenbar vom Gesetz reden, womit Williams die meisten Radikalfeministinnen darin noch um einiges übertrifft, die Pornographie mit dem Gesetz zu identifizieren. Anders gesagt, ist Williams dabei, die Begriffe und die Domäne der Diskussion abzustekken, und wir wissen ja, daß er innerhalb dieses Gebietes ein fast unangefochtener Fachmann ist. Er scheint es vermeiden zu wollen, daß die Grundlage der Diskussion neu definiert wird, während ihm seine Erfahrung und Sachverständigkeit in Sachen Zensur scheinbar die Autorität verleihen, Feministinnen Anweisungen zu geben, womit sie sich beschäftigen sollen. (Oder ist es etwa seine Geschlechtszugehörigkeit, die ihm die Autorität dazu verleiht?) „Angesichts der Radikalfeministinnen" kommt Williams „noch ein anderer, weniger abwägender Gedanke" – nämlich: warum gehen sie nicht gleich woandershin? „Sich über die besondere Lästigkeit der Pornographie auszulassen, ist hauptsächlich ein Abschweifen auf ein konventionelleres und weit bedeutungsloseres Thema [als es eine allgemeine Kritik der Kultur wäre]".[7] Mit anderen Worten: Überlaßt uns die Pornographie und geht doch ein bißchen über Sexismus in der Kultur reden. (Geht ein Haus weiter.)

In der Tat reden ja Feministinnen gerade von Sexismus in der Kultur, nur sind sie der Meinung, daß ihre Analyse von einigem Interesse und von Relevanz auch für die Fachherren wäre, die in den Kommissionen und Rechtsausschüssen sitzen. Sie könnte ihnen z.B. mit neuen Kriterien aufwarten, um diejenigen zu ersetzen, derer sich das Gesetz immer noch bedient, obwohl sich alle einig sind, daß die so wenig taugen, wie sie alt sind. So haben die Feministinnen, die den Stadtrat von Minneapolis berieten, neue Bezugspunkte und Richtlinien eingeführt, z.B. die Beachtung der Bürgerrechte von Frauen. Feministinnen betonen erst einmal, daß Pornographie Frauen betrifft. Aber Frauen – die zentrales Darstellungsobjekt der Pornographie sind und die Pornographie nicht nur als lästig, sondern als direkten Angriff auf ihr Ansehen, ihre Würde und ihr Selbstbild empfinden – sind nicht das Anliegen des Zensurausschusses. Das Anliegen des Ausschusses sind „die gesetzlichen Verfahren" in der „bürgerlichen Gemeinschaft",[8] oder anders gesagt: das Ansehen unserer Gesellschaft und nicht das Ansehen der Frau in unserer Gesellschaft. Nicht ein einziges Mal zieht Williams den Standpunkt der Frau in Betracht, die in einer pornographie-freudigen Gesellschaft lebt. Vielmehr hören wir eine

Menge über die „Mißhandlung der Umwelt", den „lästigen, aufdringlichen Einfluß von öffentlich zur Schau gestellter Pornographie".[9] Und Williams weist stolz darauf hin, daß das Gesetz in dieser Hinsicht – in bezug auf den Schutz der Umwelt und des öffentlichen Raums gegen Mißhandlung – einiges erreicht hat (Indecent Display (Control) Act) [Kontrolle der Verbreitung unzüchtigen Materials in der Öffentlichkeit].

Das 19. Jahrhundert störte sich ähnlich an der lästigen und aufdringlichen Sichtbarkeit der Prostitution in der Öffentlichkeit. Die Gesetzgeber des 20. Jahrhunderts scheinen mit ihren Maßnahmen gegen die zeitgenössische Lästigkeit von Pornographie den Fußstapfen ihrer Vorgänger zu folgen: Sie holen die Stadtplaner, um dieser „Stadtplage" abzuhelfen, verbannen Plakate und Fensterauslagen von der Häuserfront ins Innere der Gebäude und versuchen schließlich, die „endlosen Reihen von halbverschlossenen Läden, die alle Waren von gleicher, einheitlicher Häßlichkeit enthalten", in einem anderen Stadtteil unterzubringen, der keine Chance für „die Art der Erneuerung hat, die man sich für das Zentrum Londons wünscht".[10] Dies entspricht ganz dem Quartiergeist und der weitverbreiteten Mentalität des Nachbarschaftsvereins. Ein angesehenes Viertel in Cambridge bearbeitet z.B. seit einiger Zeit den Stadtrat, den mit düsteren Jalousien bestückten Sex-Shop aus ihrem Viertel zu verbannen, ohne allerdings vom Stadtrat eine generelle Stellungnahme zu Sex-Shops zu verlangen. Es erinnert mich stark an die Kampagne der Bewohner Hampsteads, die erfolgreich den Einzug eines MacDonald Hamburger-Schnellimbiß in ihrem Viertel verhinderten. Allesamt haben sie prinzipiell nichts gegen Pornographie, Prostitution oder auch Imbißketten als gesellschaftliche Einrichtungen, noch gegen ihre gesetzliche Regelung. Sie möchten sie einfach lieber nicht in der eigenen feinen Nachbarschaft sehen, sie aber gern in einer anderen zugänglich wissen. Sie sollten nicht sichtbar sein, nicht Teil des Selbstbildnisses unserer „bürgerlichen Gemeinschaft" – von Hampstead oder dem Stadtzentrum (wo die Touristen hinkommen) –, aber wir halten sie zugänglich in einem anderen Viertel, das nicht zu diesem Selbstbild gehört. So hat denn auch die Pornographie zuverlässige Befürworter unter unseren guten Nachbarn, der kultivierten Mittelschicht. Die verteidigt sie jedoch immer hintenherum (z.B. mit der freien Meinungsäußerung), denn es gehört zu den bestimmenden Merkmalen des Mittelschichtestablishments, daß es nicht offen zur Pornographie stehen will und sie als das Vergnügen einer anderen, weniger begnadeten Schicht verteidigt.

Die „Öffentlichkeit" – bürgerliche Gemeinschaft, Stadtzentrum usw. – sieht sich im Blickpunkt, wirft einen ängstlichen Blick in die Kamera einer breiteren Öffentlichkeit, wie der Stadtrat von Minneapolis aufs Auge der Nation. Der Blick gilt dem anderen weißen Mann, die Sorge der eigenen Erscheinung im Bild. Ihre Sorge wie ihr Blick beschränken sich auf die involvierten Männer: den Mann im Bild und den Mann hinter der Kamera, dessen Einverständnis und Wertschätzung alles bedeutet. Steht Pornographie im Brennpunkt, so ziehen sie es vor, die männliche Rolle darin auf einen anderen Mann abzuschieben – den im East End von London oder den einer „unteren" Schicht. Die Frauen in diesem Bild bleiben unbeachtet und werden pauschal mitabgeschoben.

Die Frage der Obszönität betrifft das Selbstbild einer Gesellschaft. Wir wissen aber, daß ein solches Bild kein Abbild oder Spiegelbild seines Objekts sein kann. Die Gesellschaft macht sich nicht als ein homogenes Ganzes ein Bild von sich selbst: Die Rollen in der Struktur der Darstellung werden von verschiedenen Teilen der Gesellschaft übernommen. Die, welche die Macht und Möglichkeit dazu haben, stellen das Bild her – und zwar für ein bestimmtes Publikum (die Gäste des weißen Mannes). Bestimmte Rollen innerhalb dieses Bildes haben keine Vertretung und keine Stimme außerhalb des Bildes und keinen Einfluß auf seine Herstellung: Sie sind also nicht nur Darstellungsobjekte, sondern werden zu reinen Objekten auch in der Gesellschaft, dem Umkreis der Darstellung. Die Diskussion der Pornographie als eine Frage der Obszönität bestätigt und bewirkt, daß die Frauen – in der Pornographie schon zu Darstellungsobjekten gemacht – auch in der Pornographiedebatte in der Rolle des Objekts bleiben. Selbst wo sich die Debatte als Reaktion auf den Feminismus – die Stimme der Frauen – regt, wird sie auf Obszönität zurückgeführt, wobei Frauen kein Thema mehr sind.

In *The Guardian* gab es eine rege Leserbriefdiskussion, die über Monate anhielt. Einer der Leser erklärte, die Debatte sei so unmöglich, weil ihr keine brauchbare Definition der Pornographie zugrunde liege. Er schlug deshalb vor: „Statt Pornographie mit Themen wie Rassismus zu vergleichen, wäre es viel produktiver, sie mit dem Begriff der Blasphemie zu vergleichen, der ähnlich unbestimmt in seiner Anwendung ist."[11] Der Vorwurf der Blasphemie könnte nur dann aufrechterhalten werden, wenn der, der ihn macht, und der, der damit kritisiert wird (der weiße Mann und sein Gast), dasselbe Bezugssystem hätten, in welchem der Begriff der Gotteslästerung eine Bedeutung hat. „Das Wort obszön, beispielsweise, hätte keine Kraft für den wahren Atheisten."[12] Und was sind denn unsere intellektuellen, kulturbeflissenen Liberalen anderes als stolze Atheisten, wenn's um die Frage der „Sexualmoral" geht? Ohne weiteres ist Pornographie schon wieder zu Obszönität umdefiniert worden – zur absorbierenden Beschäftigung der bürgerlichen Gemeinschaft mit ihrem Eigenbild.

Um Anstoß an Blasphemie zu nehmen, müßte man an Gott glauben. Um Anstoß an Pornographie zu nehmen, müßte man an Frauen glauben. Es ist aber offensichtlich, daß unsere kulturellen Atheisten mit Feministinnen kein gemeinsames Wertsystem teilen, in welchem es von Bedeutung wäre, Pornographie als „Blasphemie" von Frauen – als Frauenlästerung – zu bezeichnen. Ganz im Gegenteil teilen sie ein kulturelles Bezugssystem, in welchem anerkannt wird, daß es noch immer einige Gläubige gibt und der Mythos der Existenz der Frauen immer noch genügend verbreitet ist, um seiner Entmystifizierung die Würze der Blasphemie zu verleihen.

Der Vergleich mit Blasphemie, so argumentiert der Autor, ist „produktiver": Da wir uns ja alle als Atheisten bekennen, sind die Begriffe Blasphemie/Pornographie bedeutungslos, und übrig bleibt ein Haufen unproblematischer Pornographie. Insbesondere ist sie damit vor der Relevanz eines Vergleichs zwischen Sexismus und Rassismus, wie ihn weiße Feministinnen anstellen, gerettet. Es tut anscheinend nichts zur Sache, daß diese Rettung durch schiere Behauptung und ohne jegliches Argument zustande gekommen ist.

Der Begriff des Rassismus impliziert eine Bewußtwerdung der Weißen, daß „Wesen", die sie bisher für weniger als Menschen hielten, gleichwertige Menschen sind. Ihre volle menschliche Existenz wird erkannt (während die Ideologie des Rassismus das Gegenteil wahrhaben will). Im Gegensatz dazu impliziert Atheismus die Erkenntnis der Nicht-Existenz eines Wesens, von dem vorher geglaubt wurde, daß es existiere. Schaffe die Existenz von Frauen ab, und das Problem der Pornographie ist verschwunden. In allen drei Fällen – Rassismus, Atheismus, Sexismus – handelt es sich um Glaubenssysteme und ihre historische Wandlung sowie um eine bestimmte Gruppe von Subjekten, die die Glaubensansichten haben – Weiße, Gläubige, Männer. Der jeweilige Glaube betrifft eine Objektgruppe, die weder zu diesem Glaubenssystem beiträgt, noch um ihre Meinung gefragt wird – Schwarze, Gott, Frauen.

Für Bernard Williams bleibt allerdings doch noch ein Problem, auch wenn es die Mißhandlung der Umwelt ist und nicht die Mißhandlung der Frau. Die bleibende Schwierigkeit ist, wie das Pornographische zu bestimmen sei und, im erweiterten Zusammenhang von Pornographie „und Feminismus", wie diese schlecht definierbare Qualität mit dem feministischen Begriff des Sexismus in Bezug gebracht werden soll. Williams ist ganz unserer Meinung, daß „soft-core"-Pornographie sehr sexistisch sei. Er stimmt auch zu, daß „ein großer Teil der extremen Pornographie sicherlich sadistische Phantasien gegen Frauen zum Ausdruck bringt".[13] Aber er meint: „Der normale Sex-Film, der zu 'hard-core' ist, um von der britischen Filmzensur (BBFC) ab achtzehn zugelassen zu werden, ist gewöhnlich weniger sexistisch, was immer er auch sonst sein mag, als der Gehalt von *Playboy* oder *Mayfair* oder der unsägliche und unendlich populäre Film *Emanuelle*." [14] Es wäre interessant, genauer zu wissen, in welchem Verhältnis seine Begriffe „soft-core", „extreme Pornographie", „normaler Sexfilm" zueinander stehen, und was die Bedeutungswerte von „sexistisch", „sadistisch" und „unsäglich" sind. Seiner These zufolge bedeutet je „mehr hard-core" gerade nicht desto „mehr sexistisch". Auch scheint er zu implizieren, extreme sadistische Phantasien gegen Frauen seien ebenfalls nicht unbedingt (oder für gewöhnlich nicht?) „mehr sexistisch". Und er sagt ganz deutlich, daß mehr „hard-core", in der Tat „hyper-hard-core" (auch ab achtzehn Jahren nicht zugelassen), weniger sexistisch sei als „soft-core" (*Playboy* u.a.m.).

Tatsächlich macht Williams sehr anschaulich, warum die Beschäftigung der Kommissionsmitglieder mit dem Gesetz von so geringer Relevanz für Feministinnen ist – und hier sogar für seine eigene Auseinandersetzung. Gerade nach den Richtlinien der Zensurausschüsse werden ja *Playboy* & Co. für weniger „was immer auch sonst", d.h. weniger „hard-core", wenn auch „mehr sexistisch" gehalten. Denn die Zensoren interessieren sich für „was immer auch sonst" und nicht für Sexismus. Williams erläutert sogar, daß die Zensoren das Sexistischere zulassen und das weniger Sexistische (zu „hard-core" auch für achtzehn) zensieren. Und er folgert daraus, daß Feministinnen auf der falschen Spur seien. Die feministische Kritik befaßt sich mit Sexismus, nicht mit Unzüchtigkeit oder Obszönität. Die Bedeutungswerte von „obszön" und „unsittlich" ändern sich mit den Sitten: Insbesondere beinhalten sie Mittelschichtswerte von nachgewiesener Doppelmoral. Sie sind Teil der Kosmetik, mit deren Hilfe sich die Gesellschaft ihr Selbstbild verschönt. Jene, die die Normen setzen, nach denen Unzüchtigkeit und Obszönität *ihnen* widerwärtig ist, scheinen keine Werte mit Frauen zu teilen, denen Pornographie widerwärtig ist. Die feministische Kritik bemüht sich nicht in erster Linie um Zensur – die Regulierung und Einschränkung von „unerwünschten" (von wem?) Darstellungen –, sondern darum, die sexistischen und pornographischen Strukturen, die unsere Kultur von Grund auf durchdringen, aufzuzeigen und bloßzustellen. Und sie analysiert, wie Pornographie zustande kommt, nicht wie eine Eigenschaft, „wie immer sie auch sein mag", in der bürgerlichen Gemeinschaft kontrolliert verbreitet werden darf. Ziel einer feministischen Kritik ist nicht Verbot, sondern Veränderung, die auf der Einsicht beruht, was an Pornographie nicht in Ordnung ist. Ziel ist nicht, das gesellschaftliche Selbstbild nach der neuesten Mode kosmetisch aufzupeppen.

In einem Punkt scheinen Williams und Feministinnen im Einverständnis: daß der Sexismus in der ganzen Kultur hinterfragt werden muß (und nicht nur hinsichtlich des Zensurobjektes). Nur ist sich Williams offenbar nicht bewußt, daß Feministinnen genau das tun und zwar schon seit geraumer Zeit und daß sie auch das Gesetz und die Zensurbehörden als einen Teil dieser Kultur betrachten.

Mit dem scheinbaren Einverständnis ist es jedoch vorbei, sobald es um die Praxis einer solchen Kulturkritik geht. Williams gehört offensichtlich einem bestimmten kulturellen Nachbarschaftsverein an, der seine eigene Kultur vom ungesunden Einfluß einer weniger feinen Nachbarschaft bedroht sieht: „Vom Standpunkt einer Kulturkritik, wenn man den verlogenen und zerstörerischen Sexismus in Betracht zieht, der noch immer fast die ganze populäre Unterhaltungskultur durchdringt, ist sich über die besondere Lästigkeit der Pornographie auszulassen, ist hauptsächlich ein Abschweifen auf ein weit konventionelleres und weniger bedeutendes Thema."[15] Möglich – wenn man bei Lästigkeit an die Umwelt denkt.

Wir erinnern uns auch hellhörig der früheren Bemerkungen Williams' über die „sexistischere" soft-core-Szene: wo er *Emanuelle* sowohl „unsäglich" als auch „unendlich populär" fand, die Waren im Sex-Shop alle von „gleicher, einheitlicher Häßlichkeit". Haben die Faktoren „populär" und „unsäglich", „einheitlich" und „häßlich" vielleicht etwas gemeinsam? Williams vertritt die Meinung, es sei „etwas Wahres, wenn auch nur etwas, an der Idee, daß die massenproduzierte soft-core-Pornographie in erster Linie darum sexistisch ist, weil alles Massenproduzierte sexistisch ist".[16]

Das ist höchst interessant. Es ist etwas „Sexistisches", ja leicht Pornographisches an der bloßen Idee der Massenproduktion. Es macht MacDonald-Hamburger eindeutig weniger schmackhaft als jene eines anderen Restaurants. Vor allem bedeutet es, daß private, individuelle Pornographie, in der Zurückgezogenheit der eigenen Stube oder in der limitierten Luxusausgabe eines Verlegers von Geschmack, sich aus der Zuschreibung zur „Massenpornographie" herausretten läßt. Es liefert uns ein Kriterium für Zensur: die Manifestationen des „Massengeschmacks" (z.B. die unendlich populären Sex-Shops) einzuschränken, die freie Meinungsäußerung in Kunst und Literatur jedoch zu verteidigen. Das „Obszöne" oder „Pornographische" wird somit nicht in der Darstellung selbst, sondern in ihrer Auflage und Verteilung gesucht. Der Begriff „Literatur", bemerkt Williams, wird oft für Schriften allgemein gebraucht, aber er selbst erkennt ein Werk der Literatur, wenn er es sieht. Er ist darum sicher, daß *Inside Linda Lovelace* (unendlich populär) „kein eigentliches Werk der Literatur ist".[17] Er weist zudem darauf hin, daß die Staatsanwaltschaft „bei Werken, die nur aus Schrift bestehen, nichts mehr unternimmt", wie auch sein *Report* dieser Praxis und dem bestehenden Sachverhalt entsprechend empfiehlt, daß „solche Werke gar nicht auf Grund von Obszönität eingeschränkt werden sollen".[18] Von der praktischen gesetzlichen Laxheit abgesehen, bedeutet der „bestehende Sachverhalt", daß das gedruckte Wort allein, ohne Illustration, langsam für ein Minderheitsmedium gehalten wird, das bei den „Massen" durch die Massenmedien abgelöst worden ist. Es wird ebenfalls für weniger „unmittelbar" und somit weniger schädigend gehalten. Entsprechend konzentriert sich der *Williams-Report* vor allem auf visuelle Pornographie und ihre öffentliche Sichtbarkeit (in der Nachbarschaft).[19] Eine solche Einschränkung dürfte allerdings zu anderen Problemen im visuellen Bereich führen, gäbe es nicht schon ein Kriterium, das populäre Unterhaltung von „hoher" Kunst unterscheidet und somit behilflich ist, obszöne Gemälde von grossen Künstlern aus der Diskussion zu befördern.

Damit hat Williams das übliche Problem der Liberalen, die Grenze zwischen Kunst und Massenpornographie zu ziehen, scheinbar elegant umgangen (oder übergangen). Denn dieses Problem – daß es so schwierig zu bestimmen sei, wo Kunst aufhöre und Pornographie beginne – wird gewöhnlich als Grund angegeben, warum es besser sei, die Pornographie erst gar nicht anzutasten – um nicht das Kind mit dem Bad auszuschütten. Dieses Bild ist für Feministinnen und andere Kulturkritiker von Interesse, nicht so sehr, weil sie, wie ihnen so oft vorgeworfen wird, das Kind mit dem Bad ausschütten wollen, sondern weil es gilt, das Verhältnis zwischen dem Kind und dem Bad, in dem es liegt, etwas genauer zu untersuchen. Für eine ernsthafte Analyse der Kultur steht es nicht an, sie im vorhinein in „hohe" Kunst (das Kind) und „populäre" Unterhaltung (das Bad) aufzuteilen. Wenn schon ein Zusammenhang zwischen Pornographie, populärer Unterhaltung und der Kultur allgemein gesehen und die Grenze zwischen Kunst und Pornographie als fließend empfunden wird, dann liegt es nahe, diesen Zusammenhang zu untersuchen – und nicht, wie die Liebhaber der Kunst und Befürworter der Pornographie argumentieren, die Pornographie zu schützen, um die darüberliegende hohe Kunst nicht ins Wanken zu bringen oder, wie Williams empfiehlt, (nur) die Unterhaltungskultur und ihre Übel („verlogen und zerstörerisch“) ins Visier zu nehmen. Der Zusammenhang, der Feministinnen ins Auge sticht, ist, daß der Schmutz im Badewasser ja eigentlich vom Kind stammt.

Die Angst davor, Pornographie und Kunst zu nah nebeneinander zu stellen, führt Williams dazu, eine absolute Abgrenzung zwischen hoher Kunst und Trivialkultur zu verfechten. Die Angst entstammt der unausgesprochenen Einsicht, daß der bloße Inhalt bei beiden übereinstimmen könnte, gerade so wie der Inhalt eines „wahren" Bildes mit dem eines fiktionalen identisch sein kann (die Namibia-Fotos). Dies beweist nicht zuletzt die Unzulänglichkeit des Konzepts der Darstellung eben als „Inhalt", das hier verwendet wird. Das Verlegen des Blickpunktes von Schrift zu Bild oder von der Elitärkunst zur Massenkultur ist in der Tat ein Versuch, sich von der verfänglichen „Inhalts"-Konzeption zu lösen und auf Strukturen der Darstellung einzugehen, indem z.B. zwischen verschiedenen Medien unterschieden wird. Die visuellen Medien mit ihrer öffentlichen Sichtbarkeit unterscheiden sich von den Printmedien in der Größe ihres (potentiellen) Publikums. Lesen ist, nach unseren Bräuchen, eine vorwiegend private und individuelle Erfahrung (obwohl dies mehr unserer kulturellen Praxis als dem Medium selbst zuzuschreiben ist). Es ist eine Vertraulichkeit zwischen dem weißen Mann und seinem Gast. Das zur Schau gestellte Visuelle ist ein Fest des weißen Mannes für viele weiße Männer. Das Bemühen der Zensur geht darum, das Fest „sittlich" zu halten, damit es denen, die dazu nicht eingeladen wurden, keinen Anstoß bereite. Diese Beachtung struktureller Faktoren ist jedoch weder konsequent noch ist sie theoretisiert worden, und Ausgangspunkt bleibt nach wie vor der „Inhalt".

Die in der üblichen Auffassung von Pornographie gemachte Konzession hinsichtlich der Darstellungsstruktur liegt im vertrauten Begriff des „Privaten", der ebenso dem „Leben" entliehen ist wie der Vergleich zwischen dargestelltem Inhalt und realer Situation. Sie betrifft die problematische Vorstellung, daß das, was sich im Inhalt pornographischer Darstellung abspielt, dem öffentlichen Augenschein dargeboten wird. So wie das eheliche Schlafzimmer als privat gedacht wird, sollte auch das pornographische Drama in Abgeschiedenheit genossen werden. In der Vorstellung, daß Dritte zuschauen, liegt sowohl der voyeuristische Kitzel des Pornographiekonsumenten als auch das Unbehagen, unsere Kinder könnten ebenfalls zusehen. (Daher beispielsweise die Klassifizierung „ab achtzehn zugelassen".)[20] Das Gefühl einer Verletzung der Privatsphäre nimmt offensichtlich proportional mit der Größe des Publikums zu.

Hier setzen auch die Gesetze über Obszönität und Jugendschutz an: Sie wollen den Betrachter schützen – und zwar zweifach. Das Hauptkriterium des gegenwärtigen englischen Gesetzes ist der „Test", ob Pornographie „dazu neige, den Betrachter moralisch zu verderben und zu korrumpieren".[21] Das läßt immerhin die Frage aufkommen, warum er überhaupt betrachtet. Der *Williams-Report*, der übrigens die Abschaffung dieses Tests empfiehlt und auch die „Schadens"-Bedingung neu definiert,[22] macht eine Unterscheidung zwischen freiwilligem und unfreiwilligem Publikum, relevant insbesondere für die Schaustellung bildlicher Pornographie in den städtischen Straßen, die sich einem breiten unfreiwilligen Publikum aufdrängt.[23] Was aber den freiwilligen Betrachter betrifft, so ist der Eifer, seine Freiheit des Konsumierens zu bewahren, so groß wie der, des Pornographen Freiheit der Meinungsäußerung zu schützen. Wie der Produzent sich so frei wie möglich ausdrücken können soll, soll auch der freiwillige Pornographiekonsument so frei wie möglich konsumieren dürfen.[24] Nur möchten wir ihn vor Korrumpierung und moralischem Verfall bewahren, d.h. davor, mit dem Gesetz in Konflikt zu kommen, sollte sich denn ein kausaler Zusammenhang zwischen seiner Lektüre und verderbten Taten erweisen. Er wird, anders gesagt, zu seinem eigenen Wohl beschützt und vielleicht auch zum Wohl der moralischen und sittlichen Gesundheit der Nation – nicht jedoch zum Wohl einer identifizierbaren Gruppe potentieller Opfer. Daß die auf diese Weise Verderbten und Korrumpierten dazu neigen könnten, eine bestimmte Gruppe von Opfern, nämlich (richtige) Frauen, tätlich anzufallen und zu erniedrigen oder auch nur nach dem Muster pornographischer Darstellung anzusehen, wird von Kommissionen, Fachmännern und Laien allesamt übergangen. Geschlecht als Kategorie – sei es in bezug auf die Pornographiekonsumenten oder in bezug auf die Opfer möglicher Verderbtheit – kommt in der fachmännischen Diskussion nicht vor.

Andererseits richtet sich die Sorge um das unfreiwillige Publikum schlicht darauf, daß in einer Demokratie niemand gezwungen werden sollte, etwas zu konsumieren, das er nicht will. Daher die Lösung, die die Möglichkeit zum Konsum allen offenhält – im Inneren der Geschäfte mit den Jalousien, wenn nötig mit Warntafeln versehen[25], womit die Bedrohung eines unfreiwilligen Konsums beseitigt worden ist. Auch das unfreiwillige Publikum wird nicht geschlechtsspezifisch bestimmt: Es besteht, wie wir erfahren, aus „vernünftigen Leuten" und Kindern.[26] Sie sind vermutlich die Vertreter unserer bürgerlichen Gemeinschaft, abzüglich ihrer verlorenen Söhne – der freiwilligen Konsumenten.

Bei seinem Versuch, im Artikel „Pornographie und Feminismus" den geschlechtsspezifischen Begriff „Sexismus" mit „härterer" und „weicherer" Pornographie in Zusammenhang zu bringen, macht Williams auch folgende Beobachtung: „Es ist möglich, daß Sexfilme jedermann ausbeuten, aber sie beuten die betroffenen Frauen nicht merklich mehr aus als die Männer."[27] „Sexismus" hat also offenbar mit Ausbeutung zu tun, aber näheres wird nicht gesagt. Falls Williams meint (was andere schon vertreten haben), daß die betroffenen Schauspielerinnen Lohngleichheit mit den Schauspielern hätten, so handelt es sich kaum um einen relevanten Begriff von Ausbeutung in bezug auf Darstellung. Denn hier scheint Sexismus wohl in einer Wechselbeziehung mit Ausbeutung zu stehen, jedoch nicht so, daß weniger Ausbeutung auch zu weniger Sexismus führt und umgekehrt. Stattdessen bedeutet in Williams' Entwurf mehr Ausbeutung weniger „Sexismus", wenn die Ausbeutung gleichmäßiger auf die Geschlechter verteilt ist, d.h. wenn Männer ebenso ausgebeutet werden wie die Frauen. Dies bringt ein merkwürdiges Mißverständnis des Konzepts „Sexismus" zutage, welchen Williams für eine Art „Auge um Auge"-Prinzip aus dem Geschlechterkampf hält. Er meint wohl, die Frauen wären endlich zufrieden mit ihrer Ausbeutung, Verhunzung und den gewalttätigen Phantasien, die gegen sie gerichtet sind, wenn sie wüßten, daß „ihre Männer" ebenso ausgebeutet, verhunzt und mit sadistischen Phantasien bombardiert werden – zufrieden, weil dann kein „Sexismus", so wie ihn Williams begreift, mehr bestünde. Es bleibt immerhin zu fragen, wer denn in diesem Fall die Ausbeuter und die Produzenten der gewalttätigen Phantasien wären, die nun so demokratisch gegen Frauen und Männer gerichtet werden. Der hier angebotene Begriff der „Gleichberechtigung" setzt in seiner Grundfassung schon wieder eine Ungleichheit voraus. Wir sind offenbar wieder in den „Inhalt" der Darstellung abgerutscht, wo nun Frauen und Männer wechselweise die Rolle des Opfers übernehmen und wo beide vom weißen Mann und seinen Gästen ausgebeutet werden.

Wenn Williams auf die Herstellung von Pornographie hinweist, meint er damit jedoch nicht die Struktur der Darstellung und den Produktionsprozeß, die unsere Analyse hervorhebt und durch die beiden weißen Männer der Namibia-Fotos symbolisiert. Im *Williams-Report* wird „schädigendes Material" auf eine mögliche Schädigung der Schauspieler/innen bei der Herstellung von Pornographie zurückgeführt, so z.B. „die Ausbeutung von Kindern und andern, die körperliche Verletzung mit sich bringt".[28] In diesem Fall wird die Darstellung zum Abbild eines Vorfalls, der „in der Tat" stattfand, so daß die Tat gerichtlich geahndet werden soll.[29] Einmal mehr zeigt sich das Gesetz an faktischen Taten interessiert, nicht aber an Fiktion, und nur um das buchstäbliche Opfer bekümmert.

Williams läßt unklar, wen er meint mit „jedermann", der bei Sex-Filmen ausgebeutet werden könnte: ob er sich auf die bei der Verfilmung „betroffenen" Schauspieler und Schauspielerinnen sowie die „Männer" und „Frauen" im Inhalt beschränkt oder ob er unter den „Betroffenen" auch Zuschauer miteinbezieht. Wenn die Zuschauer/innen mitgemeint sind, so unterläßt es Williams, diesen neuen Ansatz zu theoretisieren oder die diesbezügliche Art der Ausbeutung zu erläutern. Die Funktion des Zuschauers, wie wir gesehen haben, ist entscheidend für die Analyse der Darstellung, und ihre mangelnde Präzisierung in jeder weiteren Diskussion der „Betroffenheit" ist kritisch. Insbesondere ist uns klar, daß die Zuschauerfunktion nicht einfach einen demokratisch offenen Eintritt gewährt, sondern durch die Darstellung selbst strukturiert ist – und zwar geschlechtsspezifisch. Die Pornographie, wie fast alle öffentliche Bildgestaltung, ist *für Männer-als-Betrachter* konstruiert, im vom weißen Mann für weiße Männer gewählten Bildausschnitt. Ob eine Frau einmal hinsieht, ist dabei ohne Bedeutung, wie auch das Hinsehen eines Schwarzen bei den Namibia-Fotografien an ihrer Bildstruktur rein gar nichts verändert. Diese Strukturierung – die Gestaltung eines männlichen Gesichtspunkts längs der Achse von Autor zu Betrachter, fakultativ über einen dargestellten männlichen Helden im pornographischen Inhalt – wird nicht zum Thema in der Diskussion der Fachmänner, um so weniger die daraus resultierende Ausbeutung der Frauen als Darstellungsobjekte. Indessen wird von den Fachmännern auf die große Demokratie des Konsums verwiesen: eine Einladung zum Zuschauen, die seit der Liberalisierung und der sogenannten „sexuellen Revolution" nun auch an Frauen adressiert ist – eine Einladung, in ihrem Fall doch ein bißchen „verderbter" und „korrupter" zu werden, immer innerhalb der (sich verändernden) gesetzlichen Grenzen. Der Hauptaufwand der heutigen Pornographieindustrie zielt darauf ab, auch den Frauenmarkt zu erobern.[30] Sie setzt das unfreiwillige Publikum unter Druck, ein freiwilliges Publikum zu werden.

Der Seitenblick der Zensurkommission auf das Massenpublikum und die Sichtbarkeit der visuellen Pornographie ist hauptsächlich eine Abschweifung. In bezug auf die Struktur der Darstellung ist die Unterscheidung zwischen einem einzelnen Betrachter oder Leser und einem „Massen"-Publikum irrelevant. Die grundlegenden Positionen von Autor und Betrachter – die Subjektfunktion in der Darstellung – und die Rolle des zum Objekt gemachten Opfers sind alle da, ob man nun das pornographische Bild unterm Kopfkissen oder im Kino anschaut, ob man pornographische Schriften liest oder durch den Schlitz in der Peep-Show guckt. Die „Privatsphäre" des pornographischen Dramas wird in jedem Fall verletzt durch die Anwesenheit des Betrachters oder Lesers, des alter ego des Autors des Dramas. Damit kommen wir dem Kern der Sache auch schon ein bißchen näher.

Darstellungen sind nicht einfach Objekte – Bücher, Bilder, Filme etc. Die Struktur der Darstellung bezieht sich auch auf mentale Vorstellungen und Selbstbilder – die ängstlichen Posen der bürgerlichen Gemeinschaft vor der Kamera der öffentlichen Meinung oder die Selbstdarstellung einer dominanten sozialen Minderheit mittels der „hohen" Künste. Darstellung ist eine der grundlegenden Strukturen des Denkens und Begreifens, die auf dem Subjekt beruht. Wie Fiktion nicht einfach Sache von Geschichten in Büchern ist, sondern von Erzählstrukturen des Denkens allgemein, seien sie nun faktischen (historischen, „wahren") oder imaginären „Inhalts", so heißt sich etwas vorstellen, die Sache für sich selbst darstellen, wobei der Autor und der Betrachter in derselben Person vereint sind. Wird eine solche Vorstellung geäußert, so fügt sie sich in einen Kommunikationsprozeß zwischen zwei verschiedenen Subjekten ein. Es würde sich deshalb lohnen, Darstellung im Zusammenhang der Kommunikation zu analysieren.

Die öffentliche Debatte über Obszönität und Zensur ist eigentlich eine kleine interne Streitigkeit zwischen verschiedenen Fraktionen der bürgerlichen Gemeinschaft. Die Zensurbeauftragten folgen der Aufforderung, das Selbstbild der Gemeinschaft sauber und züchtig zu halten. Jene, die aufgrund des modernen Atheismus in der Sexualmoral für eine absolute Freiheit der Meinungsäußerung plädieren, wollen damit sagen, sämtliche Formen des Sexualverhaltens sowie ihre Darstellung seien „sauber" genug, da ja eben der Standard der „Sauberkeit" fortgeschritten sei. Für den kultivierten Intellektuellen wie den Linken ist der Verdacht – oder die Vorstellung –, er könnte der Prüderie oder Lustfeindlichkeit bezichtigt werden oder als muffiger Sittenwächter à la Mary Whitehouse gelten, überaus peinlich. Das hat auch jenen Schwierigkeiten bereitet, die Pornographie auch nur zu analysieren, die grundsätzlich der Meinung sind, sie sei eigentlich ein Problem der Massenkultur (schlechter Geschmack, mangelnde Vorzüglichkeit), und die sich, nach dem Muster der Kulturkritiker des 19. Jahrhunderts, als Wächter der Kultur im Feldzug gegen das Banausentum, den Provinzgeist und die Trivialität der populären Massenkultur verstehen. Durch diesen Zwiespalt zwischen dem Wunsch nach Schutz der Kultur (gegen schlechten Einfluß) und der Furcht vor dem Vorwurf der Prüderie steuert das liberale Kulturestablishment, indem es die Grenzlinien zwischen hoher Kultur und Massenkultur verstärkt und verteidigt, um einen direkten

Angriff (durch Zensur) auf die „schlechte" Kultur zu vermeiden. Die Sicherheit, mit der Bernard Williams das Buch *Inside Linda Lovelace* als nicht der Literatur zugehörig erklärt, ist ein Fall von Grenzverteidigung von der einen Seite. Wir werden Gelegenheit haben, noch ein Beispiel der Grenzverteidigung von der anderen Seite zu analysieren, d.h. ein Beispiel der positiven Zuweisung zur Literatur.

4. Problem

Porno kontra Erotika

Die Frauenbewegung in den USA – und zunehmend auch in England und der BRD – beginnt sich über die Frage der Pornographie in zwei breite Lager zu spalten: auf der einen Seite eine spontane Opposition zur Pornographie, die sich in Aktivismus und Initiativen gegen Pornographie und Gewalt gegen Frauen ausdrückt und wo manchmal der Slogan gilt: „Porno ist die Theorie, Gewalt ist die Praxis." Auf der anderen bildet sich langsam auf theoretischer – oft akademischer und parteipolitischer – Ebene eine neue Position heraus, welche Deirdre English in ihrem Artikel in *Mother Jones*, „Die Porno-Politik: Ein Balanceakt für Feministinnen?", wie folgt zusammenfaßt: „Viele Feministinnen, darunter auch ich, kommen langsam zur Einsicht, daß die Frauenbewegung mit dem Mobilisieren ihrer Kräfte gegen die Pornographie einen Fehler macht, der dem der Feministinnen des 19. Jahrhunderts vergleichbar ist, die dem Alkohol den Kampf ansagten."[1] Dieser Standpunkt ist ernstzunehmen, da er aus längerer feministischer Erfahrung und Reflektion hervorgeht und Gefühlen und Meinungen von Frauen aus der Bewegung entspricht. Da sind einmal die Bedenken, wertvolle Energien nutzlos zu verschwenden, sowie die Einsicht, daß die spontane Reaktion gegen die Pornographie oft zu undifferenziert ist, um politisch wirksam zu sein. Als authentische Meinung von Frauen ist sie daher etwas grundsätzlich anderes als der Standpunkt der Liberalen und Linken, mit dem sie jedoch letztlich identisch ist: dem Standpunkt der liberalen Feministinnen, die zu sehr an den Geboten der „sexuellen Revolution" hängen, um irgendwelche Kritik an der Sexualität zu üben, den auch die zaudernde Linke weitgehend teilt und der sich mit Williams' Einladung an Frauen, Pornographie in Ruhe zu lassen und sich anderweitig zu beschäftigen, deckt. Das Übereinstimmen von Positionen so verschiedener Herkunft verdient sorgfältig analysiert zu werden. Auch scheint dies ein

Beweis mehr, daß die feministische Kritik die Grundlage ihrer Argumentation erweitern und verlagern muß, denn im Grunde wird hier zugegeben, daß das Problem der Pornographie, so wie es gestellt wird, unlösbar ist.

Deirdre English, nach einem kurzen Überblick über die Geschichte feministischer Opposition zur Pornographie, erklärt, die feministische Theorie sei nun über das Stadium hinaus, ein Verbot der Pornographie zu fordern, da sie die Gefahr erkenne, die ein Bündnis mit Zensurbefürwortern und den Konservativen brächte. Dies entspricht zum großen Teil unserem 2. Problem – der Überschneidung feministischer Politik mit parteipolitischen Kategorien: „Schließlich sind es gewöhnlich die Konservativen, die Zensurinitiativen befürworten", und es sei wahrscheinlich, daß sie unsere feministischen Bücher wie z.B. *Unsere Körper, unser Leben* mit der Pornographie in einen Topf werfen würden.[2] Aktivistinnen und Gruppen in den USA führten jedoch ihre Kampagne gegen Pornographie – Ventil für „soviel aufgestaute Wut über sexuellen Mißbrauch"[3] – weiter, ohne differenzierte politische Ziele formulieren zu können. „Mitglieder der Bewegung erlauben sich daher eine totale Unklarheit darüber, gegen was genau sie eigentlich sind"[4] oder welche Maßnahmen, außer einfach Protest, angebracht wären (beipflichtendes Nicken seitens der Kommissionsmitglieder). Das Hauptproblem, laut English, ist, daß dieser Standpunkt „den Unterschied zwischen gewalttätigem und gewaltlosem sexuellen Material vertuscht".[5] „Die Trennungslinie zwischen Pornographie und Erotika ist hoffnungslos verwischt."[6]

Die entscheidenden Punkte in Englishs Argument sind: Zensur ist gefährlich, und die Definition der Pornographie, die Unterscheidung zwischen gewalttätigem und gewaltlosem Material, Pornographie und Erotika, ist hoffnungslos verschwommen. Es sind vertraute Argumente, und sie unterscheiden sich nur wenig von denen der Liberalen und der Menschenrechtler. Die von English vertretene zweite feministische Position mag wohl politisch gewandter sein als die Spontan-Reaktion, die sie kritisiert, sie ist jedoch ebenso naiv, was die Darstellung betrifft. Sie beginnt wohl, schärfer zu differenzieren, was feministische Opposition genau bedeute, und kommt langsam von der Idee ab, Opposition zur Pornographie heiße automatisch

Verbot oder Abschaffung durchs Gesetz. Dies ist ein wichtiger Punkt, den wir uns merken sollten. English entwickelt ihn jedoch nur implizit. Ihre Polemik richtet sich gegen die Verbotsfraktion: „Man kann Phantasien nicht einfach wegnehmen"[7] und „Männern den Porno wegzunehmen, löst das Problem auch nicht"[8], während sie implizit eine Art „Erziehung" zu empfehlen scheint: „Die Pornographie programmiert zwar niemanden, aber sie lehrt auch niemanden etwas."[9]

Überraschenderweise sind die ersten, die einer solchen Erziehung unterzogen werden, nicht, wie zu erwarten wäre, die Männer, die Pornographie produzieren und konsumieren und sadistische Phantasien entwickeln, sondern die Frauen, die darauf überreagieren: „Wir müssen einsehen, daß Phantasien keine Gehirnwäsche bewirken; sie sind Ausdruck von etwas tiefgründig Realem in der männlichen Psyche. Dies bedeutet, daß wir als Feministinnen die schwierige Aufgabe haben, herauszufinden, was das ist."[10] Und English macht gleich einen Anfang mit unserer Umerziehung hinsichtlich der männlichen Psyche: Die gewalttätigen Phantasien der Männer in bezug auf Frauen bedeuten nicht, daß Männer „uns *wirklich* hassen"[11], vielmehr sind sie ein Ausdruck ihrer Angst. „Phantasien dienen oft dazu, etwas zu verbergen... Die Phantasie, eine Frau zu verletzen, beispielsweise, kann die Furcht vor etwas... viel Schlimmerem verbergen – etwa, von einer Frau verletzt zu werden."[12] „Wir sollten nicht so naiv sein, die Phantasien der Männer wörtlich zu nehmen."[13] *Wir* also sollten uns anstrengen, die Zerbrechlichkeit und Untergründigkeit der männlichen Psyche zu verstehen!

> Es ist hinreichend bekannt, wenn es auch oft vergessen wird, daß Aggressionsphantasien eine Reaktion auf eine scheinbare Bedrohung sind. Es ist eine kindische Reaktion; die Bedrohung mag Einbildung sein. Aber die Angst und die Frustration sind real... Als Frauen lassen wir uns offenbar durch unsere Furcht vor Männern manchmal so lähmen, daß wir *ihre* Schwächen gar nicht sehen.[14]

Das weibliche Herz beginnt zu schmelzen! Die Pornographie mag zwar eine „kindische Reaktion" sein, aber sie bleibt eine *Reaktion* – und zwar auf Frauen. Frauen, durch ihre bloße Existenz, bedeuten offenbar eine Bedrohung für Männer. Das Argument ist nicht neu, wir haben es in verschiedener Form schon oft von Männern gehört. Das Wissen, mit welchem uns English aufklärt und umerzieht, ist Männerwissen – Psychologie, Freudsche Psychoanalyse. Die These ist attraktiv – vor allem für Männer, die damit erst einmal die Opposition zu ihren Phantasien in Nachsichtigkeit umwandeln. Angenommen, Männer ängstigen sich wirklich in solchem Maße vor Frauen – trotz ihrer sozialen, ökonomischen und politischen Vorherrschaft: Was für ein Ausmaß an unsäglicher Gewalttätigkeit müßten Frauen nach diesem psychologischen Gesetz erst in bezug auf Männer phantasieren? Wenn Frauen soviel mehr und soviel realeren Grund zur Furcht vor den Männern haben? Aber „ob wir Männer lieben oder hassen, als Feministinnen ist unsere wichtigste Aufgabe, sie verstehen zu lernen".[15]

Viel Männerdiskurs über Frauen („Was will die Frau?" „Was ist die Frau?"), der seit dem 19. Jahrhundert besondere Blüten treibt, kommt in dieser Form und Sprache daher – „sie verstehen lernen", die mysteriösen Geschöpfe. Virginia Woolf fragt: „Habt Ihr eine Ahnung, wie viele Bücher über Euch geschrieben werden im Laufe eines einzigen Jahres? Habt Ihr eine Vorstellung, wie viele davon von Männern geschrieben sind? Seid Ihr Euch klar, daß Ihr vielleicht die meist diskutierte Kreatur des Universums seid?"[16] Ein Beispiel aus jüngerer Zeit, ein Buch mit dem Titel *The Working Woman: A Male Manager's View* (Die berufstätige Frau, aus der Sicht eines männlichen Managers): der Titel des zweiten Kapitels: „Frauen verstehen"; weitere Überschriften: „In den Nimbus der Weiblichkeit eindringen (penetrate)", „Schlüssel zu ihrer Berechenbarkeit", „Frauen können verstanden werden".[17] Der feministische psychologische Jargon läuft Gefahr, diesen Diskurs in umgekehrter Richtung ablaufen zu lassen. „Sie" sind „das Andere", das mysteriöse Objekt, das unser Verständnis penetrieren soll. Nicht die leiseste Andeutung einer gemeinsamen Menschlichkeit, einer geteilten Kultur oder einer gemeinsamen Verständigungsform, die diesen Nimbus des fremdartigen Objekts überbrücken könnte. Und wenn wir bedenken, wie weit entfernt die Männer im späten 20. Jahrhundert immer noch davon sind, Frauen auch nur annähernd zu verstehen – auch nach soviel Schweiß und Tinte –, ist es ein ausgesprochen verheißungsloses

Beispiel, das sie den wertvollen Energien der Frauenbewegung empfiehlt.

Dem Standpunkt von English liegt in der Tat eine herrschende Kultur zugrunde, ein kulturbedingter Begriff des Wissens, ein kulturbedingtes Kunstverständnis, die sie davon abhält, die Logik des Feminismus auch auf dieses Kulturverständnis selbst anzuwenden. Das Wissen wird als Autorität zitiert, die Form des Wissens wird übernommen und kopiert und das Kunstverständnis ohne Frage akzeptiert. Denn der zweite wichtige Punkt ihres Arguments bezieht sich auf Darstellung: formuliert in eben den Worten unserer Rechtsexperten und gebildeten Liberalen in ihren Berichten und Leserbriefen: Wie kann man Pornographie definieren? Wo zieht man die Trennungslinie zwischen Fiktion und dem „Unsäglichen", Kunst und dem Grotesken, zwischen gewaltlosem und gewalttätigem „sexuellen Material", Pornographie und Erotika?

Die unausgesprochene Annahme ist, daß das eine – das gewaltlose sexuelle Material, die Kunst, die legitime Fiktion – „gerettet" werden muß – wahrscheinlich vor Abschaffung oder Verbot, obwohl in Wirklichkeit in erster Linie vor Analyse und Kritik. Denn nehmen wir English beim Wort, daß es nicht mehr um Verbot, sondern um Kritik und Analyse geht, so müßte die Rettungsaktion ihre Dringlichkeit verlieren und die Verteidigung der Kunst sich lockern. English jedoch setzt ihre Analyse unrettbar im Lager des Establishments an, indem sie weiterhin eine moralische, wenn nicht gesetzliche Zensur voraussetzt und indem auch sie Pornographie zu einer Frage des Inhalts macht. Auch für sie ist Pornographie eine Form der Sexualität, eine Frage „sexuellen Materials". Damit bürdet sie sich die Aufgabe auf, säuberlich den guten Sex vom schlechten, das Gewaltlose vom Gewalttätigen, das Erotische vom Pornographischen zu trennen. Frauen kommen in diesem Problem überhaupt nicht vor. Pornographie ist kein feministisches Thema (mehr).

„Was die Trennungslinie zwischen Pornographie und Erotika betrifft... was würden Feministinnen von Judy Chicagos *The Dinner Party* halten, wenn es ein Mann geschaffen hätte – 39 Frauen der Geschichte mit Tellern geehrt, die aus ihren Vaginas gemacht sind?"[18] Ganz meine Frage. Was halten Feministinnen tatsächlich von *The Dinner Party*? Nichts, wie es scheint, denn sie sind zu sehr damit beschäftigt, eine Künstlerin zu „retten". (Weil „dagegen" sein immer noch Abschaffung heißt – nicht Kritik oder Analyse.) Das große Hindernis hier ist die Kunst – die auf alle Fälle gerettet werden muß und die zudem mit einer Quotierung von Frauen anzufüllen ist. Die Künstlerin trägt ihren Qualitätsausweis offenbar im Geschlechtsteil.

Erotika, so wird schlicht vorausgesetzt, sind eine zu bejahende Form der Kunst und müssen folglich gerettet werden. Was zum ausgesprochenen Problem wird, für Pornographiegegner/innen wie auch für Pro-Erotika-Feministinnen wie English: „Es ist eine schwierige Frage. Aber es *ist* der Kern der Sache. Ohne einen vernünftigen Versuch, die negativen von den positiven Bildern zu trennen, wird die Bewegung letztlich jede noch so kleine sexuelle Andeutung als auf Vergewaltigung hinauslaufend betrachten."[20] Der vernünftige Versuch ist natürlich schon gemacht worden, im Namen vernünftiger Leute (von Juristen, Kommissionen, Zensurausschüssen), und ist berüchtigt für seine Erfolglosigkeit, die auch fortdauern wird, da dieser feministische Standpunkt nichts Neues an Kriterien zu bieten hat. Schlimmer noch, die wirklichen Konsequenzen einer Ablehnung dieses vernünftigen Versuchs verschwinden hinter der Karikatur eines Standpunkts, der schon diskutiert und abgelehnt wurde, nämlich das Verwechseln von Darstellung und Vergewaltigung. Was wirklich daraus folgt, wenn sich negative nicht von positiven sexuellen Bildern trennen lassen, ist die notwendige Einsicht, daß sich Pornographie und Erotika, Kunst und Massenkultur, von Männern dargestellte Vaginas und von Frauen dargestellte Vaginas nicht grundsätzlich unterscheiden – daß es unmöglich ist, den Schmutz allein dem Badewasser zuzuschreiben.

Einerseits verteidigt English die Trennungslinie Realität/Fiktion so sicher wie die Literaten: „Tatsache ist, daß Phantasien, sofern sie innerhalb der Welt der Pornographie bleiben, wie gewalttätig sie auch sein mögen, doch nur Phantasien sind."[21] Wo genau ist wohl die Welt der Pornographie, wenn nicht in dieser Welt? English versichert uns: „Der Mann, der im Kino, in dem ein Snuff-Film läuft, masturbiert, ist immer noch nur dabei, einen Film anzuschauen und nicht zu vergewaltigen oder zu morden."[22] Niemand behauptet das (obwohl die Zensoren fragen, ob er's wohl nachher tun werde). Aber er schaut einen Film an (English übersieht, daß es ein „Snuff"-Film ist) in einem Kino in dieser Welt, und er tut nicht „nur" das, er masturbiert dazu, entschieden in dieser Welt (die Putzfrauen werden es bestätigen). Ich werde später auf die Bedeutung dieses Punktes noch einmal zurückkommen. Was uns hier interessiert, ist die geblendete Sicht, die der feste Glaube an die schlichte Trennungslinie zwischen Realität und Phantasie hervorbringt. English fährt fort: „Ich stimme denen zu, die sagen: Was ein Mann sieht, hat keinen Einfluß auf sein Verhalten, wenn er zwischen Phantasie und Realität unterscheiden kann."[23]

Doch kurz darauf lesen wir, die Bedrohung, die die Männer in der Existenz von Frauen sehen, *ob real oder eingebildet*, sei „etwas tiefgründig Reales in der männlichen Psyche", wie auch die Angst und Frustration, die sie erzeuge. Diese Vorstellung, diese Einbildung, d.h. diese Domäne der Phantasie in der männlichen Psyche, ist etwas so Reales, daß Frauen einen Umschulungskurs machen sollten, statt ihren eigenen Vorstellungen, sie würden von Männern gehaßt und nach pornographischer Manier betrachtet, nachzugeben.

Andererseits gleitet English, wie Gloria Steinem in ihrem Aufsatz „Erotika und Pornographie: ein klarer und gegenwärtiger Unterschied"[24], leicht von einer Diskussion der Sexualität in eine Diskussion von dargestellter Sexualität, ohne Beachtung des Darstellungsmediums. So schreibt Steinem: „Kein Wunder, daß die Begriffe von Erotika und Pornographie so grundsätzlich verschieden sein können und doch verwechselt werden. Beide setzen voraus, daß *Sexualität* von Empfängnis trennbar ist und sich deshalb zur persönlichen Mitteilung gebrauchen läßt."[25] (Meine Hervorhebung.) Steinem behandelt Erotika wie Pornographie als Formen der Sexualität, verdeutlicht durch ihre Anspielung auf Empfängnis und „Gebären".[26] Das Kriterium, nach dem sie Erotika von Pornographie unterscheidet, ist die Qualität des Geschlechtsverkehrs – die Zärtlichkeit und die Einstellungen der Partner -, direkt dem Leben entnommen. „Vielleicht könnte man einfach sagen, daß es bei Erotika um Sexualität geht, bei Pornographie aber um Macht und Sex-als-

Waffe – so wie wir auch gelernt haben, daß es bei Vergewaltigung um Gewalt geht und im Grunde gar nicht um Sexualität."[27]

Der Ausdruck „es geht um" (is about) als scheinbare Konzession, daß es sich um Darstellung handelt, wird jedoch ebenso auf Vergewaltigung angewendet und verliert damit seine Funktion, zwischen Darstellung und Dargestelltem zu vermitteln: Vergewaltigung „handelt" ebenfalls von Gewalt! Und von da geht Steinem nahtlos zur Bemerkung über, Frauen würden oft von gewalttätigen Familien („handeln" die auch von Gewalt?) dazu genötigt, Liebe mit Schmerz zu verwechseln, geht also direkt zu einer Diskussion von Sexualpolitik in der Realität über. Von nun an ist „Erotika" eine Qualität von Sex, und ebenso „Pornographie": „Unsere Körper gehören zu selten uns selbst, um Erotika in unserem Leben entwickeln zu können, geschweige denn in Kunst und Literatur."[28] Ich denke, das passende Wort wäre „Erotik", aber Steinem scheint die Unterscheidung zwischen Darstellung von Sexualität einerseits und Sexualpraktiken andererseits bewußt zu verwischen, um die schwierige, vom Gesetz geforderte Verbindung zwischen „Sex" auf dem Papier und „Sex" im Bett oder auf dunklen Gassen irgendwie herzustellen: „Solange wir die tödliche Verwechslung von Sex und Gewalt nicht entwirren, wird es mehr Pornographie und weniger Erotika geben. Es wird kleine Morde in unseren Betten geben – und sehr wenig Liebe."[29]

Die Verbindung, spontan empfunden, wird rhetorisch verfälscht, statt durch eine Analyse der Beziehung zwischen Darstellungen, Phantasien und Verhalten theoretisiert zu werden. Deirdre English hingegen beginnt, stückweise eine solche Analyse zu versuchen, jedoch nur in der Form der Männerpsychologie, wo vorübergehend dem Reich der Phantasie der Status des Realen erteilt wird. Aber sie unterläßt es, diese Argumentation konsequent zu entwickeln (sie gilt beispielsweise nicht für die Angst der Frauen). Bei der Diskussion über das „positive" sexuelle Material von Erotika folgt English den Fußstapfen Steinems. Ihr Argument hinsichtlich der Psychologie von Phantasien ist, daß Pornographie eine gewisse Funktion ausübt: „Phantasien werden benutzt, weil sie *funktionieren*... Sie bieten vorübergehende Linderung für eine Art wiederkehrende Angst oder Spannung."[30] Jedoch, „die Probleme, welche die Pornographie löst (wie man Frauen sexuell dominiert), sind Probleme, die von einer sexistischen Gesellschaft gestellt werden".[31] „Porno hält also erst einmal die Männer und Frauen in Unwissenheit – und zwar in Unwissenheit über Erotika."[32]

Wiederum wäre das Wort wohl „Erotik", da English darauf zu sprechen kommt, „worüber sich die meisten Frauen bei von Männern dominiertem Sex beschweren": „Er sei zu schnell, zu rauh und zu phallisch."[33] Ich nehme an, der Sex ist Sex im Bett und nicht auf dem Papier. Und um besseren Sex im Bett zu erhalten, „brauchen wir nicht-sexistische Bilder – eine ganze Menge".[34] Das implizite Anliegen, von der Sexualpolitik fürs Schlafzimmer einmal abgesehen, betrifft die Entwicklung einer feministischen Ästhetik: Richtlinien für feministische Künstlerinnen. Dies ist zwar m.E. ein fragwürdiges Unterfangen, auffallend aber in diesem Zusammenhang ist wiederum das Verschwinden des feministischen Themas der Pornographie. English begann ihren Aufsatz mit einer Betonung des Monumentalfaktors der Pornographie*industrie*, aber obwohl sie lange bei ihrer Größe, ihrer Macht und dem Ausmaß ihrer Profite verweilt, gerät diese völlig in Vergessenheit, wenn es schließlich zu Englishs „Lösung" des Problems kommt. Sie hat noch einen kurzen Auftritt auf der letzten Seite, nach Englishs (oben zitiertem) Plädoyer für mehr positive Bilder: „Was wir noch dringender brauchen als Frauen gegen Pornographie sind Frauen als Pornographen – oder Erotikerinnen, wenn sich das besser anhört."[35] Der Feminismus muß „der Frauenverachtung mit neuen Bildern entgegentreten".[36] Falls dies ein politischer und nicht ein ästhetischer Vorschlag ist, dürfte er wohl noch utopischer sein als die totale Abschaffung. English gibt keine praktischen Anweisungen, wie Frauen diesen Eingriff in eine oder diese Geschäftsübernahme einer Multibillionen-Dollar-Industrie bewerkstelligen sollten, die jetzt schon „teilweise kriminell organisiert ist", wie English selbst bemerkt.[37] Die Meinung ist wohl, zu infiltrieren und von innen zu reformieren, wenn ein direkter Angriff nicht gelingt. Nur scheint sich der Anspruch, etwas überhaupt anzugreifen, ziemlich verflüchtigt zu haben mit der Einsicht, daß Abschaffung oder Verbot keine Lösung ist – wenn Pornographie und Erotika schließlich ein und dasselbe geworden sind. Zudem ist wohl die Annahme, ein Wechsel der Genitalien der Pornographen führe zu „positiveren" Bildern und dem Aussterben der Pornographie, ebenso irreführend wie unhaltbar.

Schon das Beispiel von Judy Chicagos *The Dinner Party* hat die Frage, ob das Geschlecht der Künstlerin die ganze Problematik einer Tafelrunde voll Vaginas löse, eher aufgeworfen als geklärt. Englishs Forderung nach „positiven Bildern" verschärft die Problematik: „Ich kann mir ganz faszinierende Szenen vorstellen, mit älteren Frauen und jüngeren Männern, Bilder von anderen Körpertypen, Bilder von nicht-phallozentrischem Liebemachen."[38] Die Pornographieindustrie in ihrem grenzenlosen Erfindergeist hat uns schon mit solchen Bildern beliefert – Bildern von „anderen Körpertypen" wie auch „positiven Bildern" von starken, unabhängigen, feministischen Frauen (wir erinnern uns an „Der Macho schlägt zurück"). Es würde mich nicht wundern, wenn sie auch daran gedacht hätte, die faszinierende Situation von „älteren Frauen mit jüngeren Männern" – ein Klischee jedenfalls der literarischen Gattung – in Bildern auszubeuten. Und wie um uns noch deutlicher unter die Nase zu reiben, daß uns die Frage der Darstellung schon ganz aus dem Sinn ist, gibt uns English noch ein Beispiel aus der „Realität":

> Einer der erotischsten Anblicke, die ich je gesehen habe, war vor Jahren während eines feministischen Kongresses. Es war ein heißer Sommertag in Pennsylvania, und während einer Pause des über ein Wochenende dauernden Kongresses versammelten wir uns am Swimming-Pool. Es waren keine Männer zugegen, so zogen wir uns alle aus und schwammen nackt – Dutzende von Frauen ... Der Effekt war unglaublich schön.[39]

Wie, glaubt wohl English, stellen sich Männer einen feministischen Kongreß vor, auch wenn er an einem kalten Tag stattfindet und kein Schwimmbad in der Nähe ist? Wie haben sich Männer (Pornographen) so viele Klöster und Mädchenschulen vorgestellt? Und wie würde es der Darstellung einer solchen Szene, von einer Erotikerin gemacht, in der Welt der Darstellungen ergehen?

English macht die ganze Problematik „positiver Bilder" immerhin anschaulich, wenn sie sie auch nicht analysiert. Es ist von Bedeutung, daß dieses „Bild" in einiger Ausführlichkeit entwickelt wird mit Hilfe erzählerischer Strukturen. „Einer der erotischsten Anblicke, die ich je gesehen habe" stellt die Schärfe auf weich ein und bestimmt den Blickwinkel der Kamera. Der heiße Sommertag wärmt die Szene an für das Drama, das wir inzwischen schon kommen sehen: von den unschuldigen Susannas im Bade, die sich unbeobachtet wähnen – „es waren keine Männer zugegen". Da sind aber doch welche: die Leser, die sich als reine Voyeure dazugesellen, die lüsternen Alten, die durch die Seiten blättern und hinter den Suchern der Kameras lauern. English glaubt zweifellos, als Teilnehmerin sei sie keines Voyeurismus schuldig. Sie hat aber die Intimität und Unmittelbarkeit dieses Vorfalls einem öffentlichen Publikum erschlossen mit Hilfe einer ästhetischen Vermittlung, wie der weiße Mann im Bild uns zum Fest ladend. Und sie hat für uns einen Bildausschnitt gewählt: Obwohl sie auch Teilnehmerin ist, wird sie zur Betrachterin, würdigt die Szene, und schnapp! schießt die Instamatik: „Der Effekt war unglaublich schön"! Das Erlebnis mag schön gewesen sein und ist zweifellos Teil dessen, was English hier festzuhalten sucht, aber sie fängt stattdessen den Effekt ein, die ästhetische Wirkung auf den teilnahmslosen Betrachter.

Das Ästhetische oder Schöne hat seine eigene Geschichte – wie auch die Konventionen ihrer Herstellung. Als Frauen nehmen wir teil an der kulturellen Ausbildung, die uns lehrt, was auf welche Weise als „schön" wahrzunehmen ist. Für diese Weise der ästhetischen Wahrnehmung sind wir der Sehweise und dem Blickwinkel des männlichen Betrachters verpflichtet. In seinem Buch *Sehen* schreibt John Berger:

> Männer schauen Frauen an. Frauen schauen zu, wie sie betrachtet werden. Dies bestimmt nicht nur die meisten Beziehungen zwischen Männern und Frauen, sondern auch die Beziehung von Frauen zu sich selbst. Der Begutachter von Frauen in der Frau selbst ist männlich: Die Begutachtete ist weiblich. In dieser Weise macht sie sich selbst zum Objekt – und im besonderen zum Sehobjekt: zu einem Anblick.[40] (m.Ü.)

English gibt uns hier ein Beispiel dieser Kulturschulung: In der Begutachtung des Kongresses wird sie zum Begutachter von Frauen und also „männlich", macht die Frauen, die sie begutachtet, zu Objekten, zu Sehobjekten für uns und ganz besonders zu einem Anblick: „Einer der erotischsten Anblicke, die ich je gesehen habe..."

Immanuel Kant, einer der Begründer der Ästhetik als ein Zweig der Philosophie, hilft uns folgendermaßen, das Ästhetische zu verstehen:

> Man sagt von gewissen Produkten, von welchen man erwartet, daß sie sich, zum Teil wenigstens, als schöne Kunst zeigen sollten: Sie sind ohne *Geist*... Ein Gedicht kann recht nett und elegant sein, aber es ist ohne Geist. Eine Geschichte ist genau und ordentlich, aber ohne Geist. Eine feierliche Rede ist gründlich und zugleich zierlich, aber ohne Geist. Manche Konversation ist nicht ohne Unterhaltung, aber doch ohne Geist; selbst von einem Frauenzimmer sagt man wohl: Sie ist hübsch, gesprächig und artig, aber ohne Geist.[41]

Es sei beachtet, daß eine hübsche Frau unter einer Auswahl von *Produkten* figuriert. Was Kant unter Geist „in ästhetischer Bedeutung" versteht, ist das „belebende Prinzip im Gemüte" des Betrachters, seine Fähigkeit der „Schaffung gleichsam einer anderen Natur [Kunst] aus dem Stoffe, den ihr die wirkliche gibt".[42]

> Um zu unterscheiden, ob etwas schön sei oder nicht, beziehen wir die Vorstellung nicht durch den Verstand auf das Objekt zum Erkenntnisse, sondern durch die Einbildungskraft... auf das Subjekt und das Gefühl der Lust oder Unlust desselben.[43]

Dies führt Kant zu einer „Erklärung des Schönen... als eines Gegenstandes des Wohlgefallens ohne alles Interesse".[44] Anders gesagt, es ist Voraussetzung für Kant, daß das ästhetische Urteil von jeglichem Interesse (Erkenntnis oder Verstehen) am Gegenstand der ästhetischen Wahrnehmung losgelöst ist und daß der ästhetische Genuß ausschließlich dem „Genie" der Einbildungskraft des Betrachters entspringt, der das Objekt für sich selbst darstellt. Die Idee von Frauen(zimmern) als Objekten ästhetischer Betrachtung, ohne Geist, bis daß sie vom Genie des Betrachters belebt werden, gehört zum Kern der Definition des Ästhetischen.

Die von English beschriebene Szene hat eine „Schönheit", die im Verständnis und Erleben des Ereignisses liegt, und Frauen mit einem Interesse an feministischen Kongressen und an Frauen können sie verstandesmäßig nachvollziehen. Aber sie ist keine ästhetische Schönheit. Umgekehrt ist das Betrachten der Szene, ihre Begutachtung mit einem Auge fürs Ästhetische, das ihren Anblick würdigt und ihre Wirkung abschätzt, bedingt durch den Mangel jedes verstandesgemäßen Interesses: Nur dann läßt sich der Szene der volle Genuß des Schönen, der reinen Ein-Bildung, der Ästhetik der Vor- und Darstellung, der absolut unparteilichen Schönheit abgewinnen. Die Szene zu betrachten, im Sucher zu fixieren und sie abzubilden, garantiert dieses Desinteresse durch die Struktur der Darstellung, die sich einschiebt, die Plätze der beiden weißen Männer bestimmt und eine teilnahmslose Zuschauerschaft erzeugt. Die Empörung, die einige von uns beim pornographischen Mißbrauch von Kloster und Mädchenschule empfinden, kommt gerade daher, daß unsere Idee von diesen, unser kognitives Verständnis von ihnen, nicht respektiert und einer „desinteressierten" Betrachtung geopfert wird. Auf genau diese Weise werden die Teilnehmerinnen am feministischen Kongreß in einen Haufen nackter Frauen verwandelt und zur ästhetischen/erotischen Betrachtung angeboten.

Die enge Verknüpfung von Frauen mit „gewissen Produkten, von welchen man erwartet, daß sie sich, zum Teil wenigstens, als schöne Kunst zeigen sollten", dürfte uns, falls nichts anderes es tut, auf den Verdacht bringen, daß es um unser Verständnis von „schöner Kunst" vielleicht etwas merkwürdig bestellt ist. Die Tatsache, daß die „schöne Kunst" ein Haupthindernis beim Definieren der Pornographie ist, dürfte dem Verdacht ein wenig nachhelfen.

Annehmbare oder feministische Erotika, wie sie sich English oder auch Steinem (oder Mary Whitehouse) vorstellen, beruht auf der Wahl von annehmbarem Inhalt. Der schlechte (zu anschauliche)/gewalttätige/zu schnelle und zu rauhe/lieblose Sex wird durch guten (für Whitehouse nicht zu anschaulichen) Sex ersetzt. Um die richtige Wahl von Sex, der Frauen annehmbar scheint, zu garantieren, werden Frauen mit der Auswahl, d.h. der Darstellung, beauftragt. Wenngleich sehr viel für diesen letzten Vorschlag spricht – im allgemeinen Zusammenhang der Kultur und der Geschlechter -, so meint ihn English hier im Sinne der Biologie einzelner Individuen, wobei er, wie schon gesagt, nicht nur offensichtlich absurd, sondern auch offensichtlich falsch wird. Es wird dabei die Tatsache übersehen, daß auch Frauen in der Männerkultur für den Männerblick, den Blick des Begutachters, geschult werden. Die Geschichte weist genügend Frauen auf, die frauenfeindliche Thesen, Darstellungen oder Politik vertreten haben. Die Geschlechtsteile allein sind keine Garantie für Geschlechterpolitik: Es gibt Geschlechtsverräterinnen wie Klassenverräter.

Der Fehlschluß in der These zeigt sich auch in Englishs früherem Beispiel: Was würden wir von Chicagos *The Dinner Party* halten, wenn es ein Mann geschaffen hätte? „So unfaßbare Größen wie Intention, Erfahrung und Kontext müssen unbedingt berücksichtigt werden in einem solchen Fall", verteidigt English schwach.[45] Mit anderen Worten, sie scheint zu wissen, daß wir einen unheimlichen Aufruhr machen würden, falls so ein Tisch von einem Mann ins Museum käme. Das heißt aber, nicht nach den Regeln der Kunst und des Museums zu spielen, die ja, wie behauptet wird, ganz auf Werke eingestellt sind. Wenn wir Judy Chicagos *The Dinner Party* in die Sphären der Kunst erheben wollen, dann müssen wir den *Dinner Table* als Kunstwerk akzeptieren, auch wenn wir später herausfinden sollten, daß der Künstler ein Mann ist, der sich als Frau ausgab. Der Verdienst des ästhetischen Objekts soll allein nach dem unparteilichen Ermessen des Betrachters bestimmt werden, der sich angeblich von den Intentionen – oder Genitalien – des Künstlers nicht beeinflussen läßt. (Daß diese Behauptung einer absoluten ästhetischen Unparteilichkeit im Kontext der Kunstwelt und des Kunstmarkts etwas heuchlerisch ist, will ich hier einmal ganz außer acht lassen. Germaine Greer z.B. hat in *Das unterdrückte Talent*[46] die Relativität der Wertmaßstäbe der Kunst klar aufgezeigt; dies könnte aber immer noch nur als Grund für eine ehrlichere und unparteilichere Praxis gelten. English setzt die reinen Prinzipien der Ästhetik voraus.)

English, so will mir scheinen, möchte den Kuchen behalten und ihn gleichzeitig essen, es mit der Kunst halten und doch die Regeln ändern, gerade so wie auch die Pro-Erotika-Feministinnen die Pornographie bekämpfen und sie (als Erotika) doch behalten wollen. Sich für die Glaubwürdigkeit einer Darstellung auf die guten Intentionen (oder sind's die Geschlechtsteile?) des Künstlers zu verlassen, bringt mehr Probleme, als es löst. Intentionen lassen sich bekanntlich schlecht ermitteln; zudem versichern uns die Pornographen, daß sie die besten Intentionen haben. Sie werden uns erklären, daß sie im Business sind, weil sie Frauen *lieben* – siehe dazu den Film *Der Mann, der die Frauen liebte*. In der Tat sagen sie uns das schon die ganze Zeit. Der Marquis de Sade versteht sich selbst als ein Befreier der Frauen: „Charmantes Geschlecht, Ihr werdet frei sein: Genau wie Männer es tun, sollt auch Ihr alle Vergnügen genießen, die die Natur zu Eurer Pflicht macht, entzieht Euch nicht einer einzigen. Soll die göttlichere Hälfte der Menschheit von der anderen in Ketten gehalten werden? Ach, sprengt diese Fesseln: Die Natur will es."[47] Und sie beteuern uns dasselbe heute wieder, wenn sie den Frauenmarkt für das Geschäft „ab achtzehn" umwerben (auch Frauen dürfen endlich mündig werden, kein Jugendschutz mehr für sie!): „Die neuen Pornographen bringen eine Art Porno-Befreiungsgeist in ihre Arbeit."[48]

5. Problem

Subjekte, Objekte und Gleichberechtigung

> „Ich tue sehr viel für den Feminismus", erklärte Gloria Leonard, Verlegerin des Soft-core-Hefts *High Society*. „Ich zeige Frauen, und auch Männern, daß es ganz in Ordnung ist, ein Sex-Objekt zu sein. Um ein vollständiger Mensch zu sein, gehört das dazu."[1]

Unter dem gloriosen Banner der „Gleichberechtigung" laufen wir nun Gefahr, endgültig aus den Augen zu verlieren, worum es bei der Kritik des Patriarchats, des Sexismus und der Darstellung, die Frauen zu Objekten macht, eigentlich geht. Guter Sex oder schlechter Sex verändert an der Struktur der Darstellung so wenig wie das zunehmende Auftreten auch von Männerobjekten. Bernard Williams lud uns ein, uns mit der Chance der gleichberechtigten Ausbeutung zufriedenzugeben. Die feministische Kritik an der Werbung – daß sie Frauen ausbeutet, erniedrigt und zu Objekten macht – ist in Gefahr, ihre Schärfe zu verlieren, je mehr dümmliche Männer mit Parfümflaschen von den Plakatwänden herabschmollen. Und nun zeigt uns Gloria Leonard von *High Society* (offenbar ein Arbeitgeber mit Frauenquotierung), daß es in Ordnung sei, Sexualobjekt zu sein, denn schaut, die Männer dort drüben lernen auch, Sexualobjekte zu werden! Inmitten dieser Fortschrittswelle scheint es angemessen, sich noch einmal zu überlegen, was es eigentlich heißt, einen Menschen zu einem Objekt zu machen. Meine Analyse wird sich weiterhin auf die Frauen konzentrieren, da Frauen in unserer Kultur das Modell des zum Objekt gemachten Menschen sind.

Daß Frauen zum Objekt gemacht werden, heißt gleichzeitig, daß sich Männer zum Subjekt machen. Zwar wird dieses Verhältnis meist in der umgekehrten Form beschrieben, wie Simone de Beauvoir zeigt: „Er ist das Subjekt, er ist das Absolute – sie ist das Andere."[2] Wenn heute vermehrt, wie im angeführten Zitat von Gloria Leonard, ausschließlich vom Objekt geredet wird, so wird damit verschwiegen, wer denn in der Rolle des Subjekts ist, ganz so, wie uns Bernard Williams verschwieg, wer die Profiteure und Ausbeuter in der gleichheitlichen Ausbeutung von Frauen und Männer sind. Die Diskussion um die kulturellen Darstellungsprozesse, die Frauen zu Objekten machen, betrifft die Geschlechts*klasse* der Frauen. Wenn uns Williams oder Leonard ausgebeutete, zum Objekt gemachte Männer vorführen, zeigen sie uns vereinzelte Individuen. Das Subjekt im kulturellen Prozeß, in dem die Frauen zu Objekten gemacht werden, ist das männliche Geschlecht, d.h. die Geschlechtsklasse der Männer. Die vom Feminismus angestrebte Geschlechtergleichheit schließt die Ausbeutung des einen durch das andere Geschlecht aus: Sie bedeutet das Ende von Ausbeutung, nicht „gleiche Ausbeutung". Wo aber Männern wie Frauen mit dem falschen großen Los der „Gleichberechtigung" gewinkt wird, gibt es immer eine dritte Partei hinter den Kulissen, die das Ausbeuten, Unterwerfen und zum Objekt-Machen übernommen hat. Diese dritte Partei, die einzelne Männer als Opfer darbietet und einzelne Frauen in den Rang der Opferer befördert, versteht sich als geschlechtsneutral, denn sie erzeugt ja neue Klassen von Männern und Frauen, die einer anderen Klassenanalyse als der der Geschlechter bedürfen. Es ist zunehmend dieses dritte Subjekt, das Männer und Frauen zu Objekten macht, wie z.B. im obenstehenden Zitat, oder das hinter der gleichheitlichen Ausbeutung von Williams Sex-Filmen steckt, das wir in dieser Hochzeit der „Gleichberechtigung" mit in Betracht ziehen müssen. Modell für dieses Subjekt ist jedoch das Geschlecht der Männer; die Prozesse, derer es sich bedient, sind die, die Frauen zum Objekt machen.

Der Status der Frauen als Objekt ist die Folge davon, daß sich Männer den Status des Subjekts geben. Der Mann wird zum reinen Subjekt durch seine Beziehung zum Objekt, mit welchem er folglich in keinen Austausch und keine Kommunikation tritt, da das Objekt definitionsmäßig keine Subjektrollen übernehmen kann. Unsere Analyse der Darstellung als Funktion in der Gesellschaft hat gezeigt, daß die Objektklasse der Frauen – oder die Objektklasse der Schwarzen in Namibia oder Südafrika – in der Gesellschaft keine Stimme, keinen Subjektstatus hat. Gesellschaftliche Beziehungen sind Beziehungen zwischen Subjekten: In Prozessen des Austauschs oder der Kommunikation sind und bleiben beide Partner Subjekte oder Handelnde oder Sprach- und Kommunikationssubjekte. Die jeweiligen Rollen sind wechselseitig und austauschbar; die Beziehungen sind intersubjektiv. Die beiden Subjekte in der Struktur der Darstellung sind der Autor und der Betrachter oder Leser, der weiße Mann und sein Gast. Die Frau ist Objekt des Austausches. Dies ist die dominante Relation, die auch bei variierendem Inhalt konstant bleibt. Der Inhalt selbst mag eine Handlung, einen Austausch oder eine Kommunikation darstellen – im Fall der Pornographie gewöhnlich „Sex" und Gewalt. Es ist dieses dargestellte Handlungsszenario, das im allgemeinen eine Untersuchung auf pornographische Elemente erfährt: Die Moralisten prüfen die sexuellen Handlungen, Feministinnen weisen darauf hin, daß der „Sex" immer gewalttätig ist. Während es durchaus stimmt, daß meistens die Frau das Sexualobjekt für den dargestellten Mann ist, so gibt es doch auch viele andere pornographische Szenarien, in welchen dies nicht der Fall ist. Das pornographische Bild kann z.B. einfach eine Frau zur Schau stellen – „es sind keine Männer zugegen". So wie auch Thomas Kasire im einen Bild ganz allein „posiert". Oder aber die Frau wird als stark oder als willige und freudige Partizipantin, d.h. als aktives Subjekt der Handlung dargestellt. Die pornographische Darstellung mag eine dominierende Frau aufweisen, die einen Mann mißbraucht – die heute so aktuell gewordene „Dominatrix". Oder es kommen zwei Frauen vor, in einer Auswahl verschiedener Rollen, oder auch zwei Männer. Die Pornographie hat das ganze Spektrum der möglichen inhaltlichen Rollenkombinationen erschöpft. Das ist auch der Grund, warum uns Sachverständige versichern, es lasse sich bei der Pornographie bezüglich einer Ausbeutung von Frauen nicht verallgemeinern. Und es ist auch der Grund, warum die feministische Rettungsaktion für die Erotika sich hoffnungslos inmitten des pornographischen Szenariospektrums verheddert: die feministische Konferenz, das Kloster, das lesbische Duo sind schon lange besetzt. Das Szenario ist der falsche Ansatzpunkt: Die Struktur der Darstellung muß mit einbezogen werden.

Wie die Namibia-Fotos zeigen, gibt es für den weißen Meister-Autor einen fakultativen Platz im Bild: Im einen Foto posiert er, sein Opfer an der Kette haltend; im anderen jedoch ist er abwesend. Der Autor hat sich dezent aus seiner Komposition zurückgezogen. Sein Platz jedoch bleibt virtuell bestehen: Das Objekt, zum Objekt *gemacht*, das Opfer, zum Opfer *gemacht*, deutet auf die Tat und ihren Täter. Im Fall des Namibia-Fotos ist dieser virtuelle Platz durch den weißen Arm symbolisiert, der ins Bild hineinreicht; aber es ist das Bild selbst, welches den abwesenden Herrn vertritt – oder verrät. Es ist, in der Sprache der Semiotik, die Ikone seines Autors.

Als Sprecherin bin ich Subjekt meiner Rede: Ich mag mich mittels des Pronomen „ich" in der Äußerung selbst darstellen, oder ich kann ganz vermeiden, jemals „ich" (oder „mir" usw.) zu sagen, und doch bin ich implizit anwesend, Autorin meiner Rede; die Rede ist das Zeichen meiner Präsenz. Der Pornograph ist der „Sprecher" seiner Äußerung; es steht ihm frei, ob er sich selbst als Helden im Szenario darstellt. Er kommuniziert mit einem anderen Subjekt, dem Betrachter oder Leser – dem Gast des weißen Mannes. Ob er sich selbst inhaltlich darstellt oder nicht, macht er die Frau zum Objekt für den Betrachter, zum Schauobjekt für das Subjekt des Schauens. Ist das Meistersubjekt im Bild selbst dargestellt, so ist das Frauenobjekt doppelt zum Objekt gemacht: einmal als das Objekt in der dargestellten Handlung und ein zweites Mal als das Objekt der Darstellung, als Objekt der Betrachtung. Die erste Objekt-Machung ist fakultativ, die zweite ist immer vorhanden: ein Grundelement der Struktur pornographischer Darstellung.

Der Philosoph mit seiner Neigung zu abstrakten Symmetrien auf Kosten sozialer und politischer Faktoren wird uns sagen, der Sprecher oder Autor der Darstellung könne männlich oder weiblich sein, der Leser oder Betrachter könne männlich oder weiblich sein – überhaupt, das Subjekt könne männlich oder weiblich sein.[3] Eine solche Symmetrie der Austauschbarkeit der Rollen zwischen den Geschlechtern ist jedoch eine analytische Möglichkeit, die sich in der Geschichte der Kultur nicht verwirklicht hat. Im politischen Bereich der Realität haben die Rollen des Subjekts und des Objekts sehr verschiedenen Wert: Die Rolle des Subjekts bedeutet Macht, Freiheit,

Handlungsfähigkeit, die des Objekts Machtlosigkeit, Unterdrückung, Unfreiheit. Die zwei Rollen sind nicht gleich begehrenswert. Die Rolle des Subjekts wird deshalb zum Schauplatz eines Machtkampfes.

Die Geschichte der Darstellung ist die Geschichte des männlichen Geschlechts, das sich für sich selbst darstellt: Die Macht des Benennens gehört den Männern. Darstellung ist weniger ein Mittel zur Darstellung eines Objekts durch Nachahmung als ein Mittel der Selbstdarstellung aufgrund der Autorenschaft: ein Ausdruck der Subjektivität. Die Kultur, wie wir sie kennen, ist das Selbstbild des Patriarchats.

Wir verdanken den Kulturfachmännern, den Fachmännern der Kunst und der Literatur die Gewohnheit, Kulturprodukte – Meisterwerke – unter dem Anspruch der Ästhetik als pure ästhetische Objekte zu betrachten statt als Formen des Selbstausdrucks. Dies war nicht immer der Fall, wie wir später sehen werden. Die heutige Kunst- und Literaturwissenschaft ist überwiegend objektbezogen und lenkt von der Bedeutung der Subjektrolle des Kulturschaffenden ab. Vielmehr ist diese Rolle in solchem Maße abstrahiert worden, daß sie der Philosoph für geschlechtsneutral oder androgyn hält: demokratisch offen für alle, die genug begabt sind, ebenso wie die Rolle des Empfängers. Der Blick richtet sich auf das ästhetische Objekt, das Kunstwerk, und seine ästhetische Qualität, die direkt dem Konzept des „Schönen" entspringt.

Obwohl Kant das Ästhetische ausdrücklich als Funktion des Subjekts beschrieb, reden wir von Schönheit und dem Schönen, wie wenn sie dem Objekt innewohnten, wie wenn sie eine „objektive" Qualität wären. Wir wollen deshalb noch einmal sehen, wie Kant diesen Begriff entwickelt. Wie schon erwähnt, besteht die ästhetische Wahrnehmung darin,

> sich [der] Vorstellung mit der Empfindung des Wohlgefallens bewußt zu sein. Hier wird die Vorstellung gänzlich auf das Subjekt, und zwar auf das Lebensgefühl desselben, unter dem Namen des Gefühls der Lust oder Unlust, bezogen; welches ein ganz besonderes Unterscheidungs- und Beurteilungsvermögen gründet, das zum Erkenntnisse nichts beiträgt.[4]

Daraus können wir, laut Kant, ein zweites Prinzip ableiten, nämlich daß „das Schöne [das ist], was ohne Begriffe als Objekt eines allgemeinen Wohlgefallens vorgestellt wird".[5] Und zwar weil „das, wovon jemand sich bewußt ist, daß das Wohlgefallen an demselben bei ihm selbst ohne alles Interesse sei, das kann derselbe nicht anders als so beurteilen, daß es einen Grund des Wohlgefallens für jedermann enthalten müsse".[6] Da sich sein Wohlgefallen nicht auf seinem Interesse am Objekt begründet, sondern er sich in seinem Urteil „völlig *frei* fühlt" –, ist sein Wohlgefallen ohne „Grund" und deshalb interessenfrei.

> [Er] muß es daher als in demjenigen begründet ansehen, was er auch bei jedem anderen voraussetzen kann; folglich muß er glauben, Grund zu haben, jedermann ein ähnliches Wohlgefallen zuzumuten. Er wird daher vom Schönen so sprechen, als ob Schönheit eine Beschaffenheit des Gegenstandes und das Urteil logisch wäre... ob es gleich nur ästhetisch ist... Folglich muß dem Geschmacksurteile, mit dem Bewußtsein der Absonderung in demselben von allem Interesse, ein Anspruch auf Gültigkeit für jedermann... anhängen, d.h. es muß damit ein Anspruch auf subjektive Allgemeinheit verbunden sein.[7]

Urteile des Geschmacks und der ästhetischen Qualität „müssen... ein subjektives Prinzip haben, welches nur durch Gefühl und nicht durch Begriffe, doch aber allgemeingültig bestimme, was gefalle oder mißfalle. Ein solches Prinzip aber könnte nur als ein *Gemeinsinn* angesehen werden."[8]

Der Anspruch auf Allgemeingültigkeit ist auf die Interessenlosigkeit zurückzuführen, mit der das Subjekt das dargestellte Objekt betrachtet. Wenn ihr das Bild eurer Mutter schön findet, so seid ihr entschuldigt, weil ihr ja ein offensichtliches Interesse an der dargestellten Person habt, aber euer Urteil ist kein ästhetisches. Wenn euch aber die Abbildung einer total Fremden, die euch persönlich gar nichts bedeutet, gefällt, dann ist euer Urteil ein ästhetisches. Ihr könnt dann auch eine allgemeine Gültigkeit für euer Urteil beanspruchen und ein ähnliches Urteil von jedem anderen Mann erwarten, mit welchem ihr einen Gemeinsinn teilt – des Gefallens und Mißfallens.

Eine hübsche Frau, wie wir gesehen haben, steht im Kern

dieser Bestimmung des Ästhetischen. Sie ist von Anfang an unter den Gegenständen. Die Subjekte sind für Kant ganz selbstverständlich „jedermann" (oder jeder Mann). Die Rolle des Subjekts von Wahrnehmung besteht in Wirklichkeit für alle Menschen, aber die Allgemeingültigkeit des Urteils ist in der Praxis nur von einer beschränkten Gruppe von Subjekten geprüft worden, nämlich von denen im Geschäft der Kunst, der Literatur und des Geschmacks. Was wüßten wir schon davon, wenn irgendein Subjekt – ein Bauer, eine Frau – sich gemeldet hätte, um das allgemeine Gefühl des Genusses bei einer bestimmten Darstellung, das Prinzip dessen, was gefällt und mißfällt, zu bezweifeln. Gerade die Formulierung dieses Prinzips macht den Geschmack zu einem Gebot, wo nur der einzelne, der anderer Meinung ist, im Irrtum sein kann. Mangelnder Gemeinsinn, ganz einfach.

Ob die Philosophen das Prinzip der Allgemeingültigkeit heute noch vertreten, ist nicht der Punkt; der Begriff der Parteilosigkeit, der persönlichen „Interessenlosigkeit" ist jedoch im Bereich der Kunst zum Kernstück der Voraussetzungen geworden. Obwohl das Ästhetische im Gefühl des Genusses begründet ist – dem Lebensgefühl des Subjekts –, erlaubt uns das Axiom der persönlichen Interessenlosigkeit, die Funktion des Subjekts und insbesondere seine Verantwortung herunterzuspielen und das Objekt in den Vordergrund zu rücken. Walter Pater, in den Fußstapfen Kants, gibt uns einen Einblick in das politische Potential dieser „Interessenlosigkeit". Er schreibt: „Kunst... strebt also immer danach, unabhängig von der bloßen Intelligenz zu einer Sache der reinen Wahrnehmung zu werden [und] alle Pflichten ihrem Gegenstand oder Stoff gegenüber abzuschütteln."[9] Und in der Gegenwart bekräftigt Roland Barthes den Anspruch der „Unverantwortlichkeit des Textes"[10], wobei sich die Unverantwortlichkeit bei beiden vom Subjekt ins ästhetische Objekt verlagert hat – in die Kunst, in den Text.

Mit der Professionalisierung und Systematisierung der Kunst- und Literaturwissenschaften im 20. Jahrhundert – mit der scharfen Abgrenzung von Fachgebieten – sind Objektivität und wissenschaftliche Methode zum Gebot geworden, wobei erste Voraussetzung ist, einen „bestimmten Korpus von Objekten (die ‚Texte')" zu haben.[11] Diese Objekte – die Texte, die Kunstwerke – werden von Gegenständen der Realität, die sie allenfalls auch darstellen, scharf getrennt, d.h. sie werden in einem eigenen Bereich des Ästhetischen (der Phantasie, der Fiktion) von der Realität abgesondert. Die feministische Kritik wird sie dort wieder herausholen und in die Realität zurückbringen müssen, um sie zu diskutieren und zu analysieren. Die Konzentration der Pornographiedebatte auf den Inhalt ist ein Zeichen dieser Objektbezogenheit: Es wird kaum je gefragt, was der Pornograph eigentlich „sagen" will, oder anders ausgedrückt, welche Verantwortung er hat als Autor einer bestimmten Kommunikation. Stattdessen reden wir von losgelösten, freischwebenden Texten, Filmen oder Bildern. Der Pornograph findet Schutz hinter seinem kultivierten Bruder, dem Künstler. Wie der Künstler ist er bestrebt, sein Produkt unabhängig von der bloßen Intelligenz (oder Kritik) zu einer Sache der reinen Wahrnehmung zu machen und seine Verantwortung seinem Gegenstand, dem „Frauen-Stoff", gegenüber abzuschütteln.

Es gibt vielerlei Interessen, und es gibt folglich auch vielerlei „Interessenlosigkeit". Das Interesse, von welchem Kant sagt, es dürfe bei einer ästhetischen Wahrnehmung nicht mitspielen, ist das kognitive Interesse am Gegenstand, das vernunftmäßige Verständnis dessen, was das Darstellungsobjekt ist. Der Mangel eines solchen Interesses läßt das Lebensgefühl im Subjekt aufkommen. Der Genuß, der damit der Darstellung abgewonnen wird, wird zum eigentlichen Interesse der Beschäftigung mit dem Ästhetischen, welches ausdrücklich als „nichts zum Wissen und zur Erkenntnis beitragend", also ohne Relevanz in bezug auf die Realität beschrieben wird. Der beflissene Umgang mit der Kunst und der Ästhetik ist also alles andere als interessenlos: Er ist das Bestreben nach reinem Selbst-Interesse, das Verfolgen des Lust- und des Lebensgefühls des Subjekts.

Frauen, reale und dargestellte, sind Mittelpunkt eines ganzen Sortiments von Produkten, von denen Mann erwartet, daß sie sich als schöne Kunst zeigen. Sich in der Realität eine Frau, so unbekannt sie einem auch sein mag, als gefallenerregend darzustellen, heißt, sie zum Objekt zu machen, ohne Geist, bis es „belebt" wird. Per Definition hat dies nichts mit der Frau selbst zu tun – das wäre „Interesse" –, es hat ausschließlich mit dem

Gefühl des Genusses zu tun, das ihrem Anblick abzugewinnen ist. Frauen sind untrennbar mit unserem Schönheitsverständnis verknüpft, und sie sind in der ganzen schönen Kunst immer wieder abgebildet. Männer spielen keine vergleichbare Rolle in der Kunst: Außer in einer zunehmenden homosexuellen Subkultur (und natürlich, vergessen wir's nicht, bei den Griechen) wird von ihnen meist nicht erwartet, daß sie sich als schöne Kunst zeigen. Dies führt uns zu zwei Bemerkungen: Zum ersten macht es klar, daß Männer die Subjekte der Kultur sind, ihre Verfasser wie auch ihr Publikum. Zum zweiten dürfte es uns veranlassen, dieses Lebensgefühl, dieses Lustgefühl, dieses Wahrzeichen des Ästhetischen, etwas genauer zu hinterfragen. Könnte der interessenlose ästhetische Genuß etwa geschlechtsspezifisch sein? Könnte er vielleicht sogar eine Variante der sexuellen Lust sein?

Seit Freud – und im Rahmen der zeitgenössischen Kunst- und Literaturtheorie – ist das keineswegs eine verwegene Idee. Im Gegenteil, dort wird sie stolz und ausdrücklich vertreten. Nur fehlt die Herstellung einer bewußten Verbindung zwischen diesem sexualisierten ästhetischen Genuß und der Immunität der Kunst gegen jegliche Kritik, die nach dem Subjekt und seinem Platz in der Realität fragt. Die ästhetische „Interessenlosigkeit", die „Unverantwortlichkeit des Textes" muß in direkten Zusammenhang mit dem unverbrämten Sexualinteresse des Begehrens gebracht werden. Indessen werden Kunst und Literatur als Schutzgebiete behandelt – Welten entfernt von der Realität -, wo nach anderen Regeln gespielt wird: wo das Subjekt Subjekt des Textes ist, sich aber offenbar in der Realität nicht manifestiert. Die Regeln, versteht sich, sind von Männern gemacht, auch wenn die Sphären so erhaben sind.

Einen anderen Menschen, ein anderes Subjekt, eine Frau zu einem Objekt zu machen, heißt, sie ihrer Subjektivität berauben. Die systematische Darstellung von Frauenobjekten ist nicht Sache eines einzelnen Subjekts, das sich zufällig eine Frau als Objekt darstellt. Kulturhistorisch ist es das Geschlecht der Männer, das, durch einen Gemeinsinn geeint, die Subjektfunktion übernimmt: Männer, als die Autoren der Kultur, ergreifen das Wort, gestalten das Bild, schreiben die Geschichte, für sich selbst und andere Männer – und *über* die Frauen. Die Tatsache, daß sich Frauen als individuelle Subjekte ins Kulturpublikum gedrängt haben (nicht ohne beträchtlichen Kampf) und sich nun bilden am Männerblick, der Frauen als Objekte und als schöne Kunst begutachtet, ist gerade eine der wesentlichsten Quellen weiblicher Entfremdung: Frauen haben in sich selbst Vorposten des männlichen Geschlechts verinnerlicht. Das Geschlecht der Männer hat sich seinerseits in den ganzen Freiraum der Subjektivität und des Selbstausdrucks – das bestehende „Menschenrecht" – ausgedehnt. Männer im Patriarchat haben den gesamten Freiraum zum Handeln für sich usurpiert; die patriarchale Kultur rechtfertigt und reproduziert diese Ausbreitung des männlichen Geschlechts in den „menschlichen" Raum. „Männer handeln, und Frauen erscheinen", schreibt Berger: Subjekte und Objekte (des Anblicks). Das patriarchale Subjekt konstituiert sich im und durch den Diskurs der Kultur.

Betrachtung und Selbstausdruck sind Handlungen in der Realität. In der Struktur der Darstellung sind die Handlungen des Wahrnehmens, der Selbstdarstellung und des Betrachtens maßgebend; sie überlagern die im Inhalt dargestellte Handlung. Die Zone der pornographischen Handlung erstreckt sich längs der Achse der Identifizierung zwischen Autor, Betrachter und dem im Szenario fakultativ dargestellten Helden. Der Betrachter versetzt sich in die Rolle des Helden, wie sich vor ihm der Autor in ihm gespiegelt hat. Wo dieser abwesend ist, versetzt er sich an den verwaisten Platz und spielt die Rolle des Helden in der Handlung, die er sich selbst darstellt. Die Striptease-Vorstellungen oder die beliebten Peep-Shows, bei welchen bloß eine inszenierte Frau zur Schau gestellt wird, verdeutlichen diese Struktur. Symptom des aktiven Betrachtens sind die Hunderttausende von Kübeln in den Kabinen der Peep-Shows: Die Subjektivität des Schauens geht nahtlos über in Handlung in der Realität. Der sogenannte weiche Porno, der keine gewalttätige Handlung zeigt (Erotika für die Feministinnen) oder keine anschauliche sexuelle Handlung darstellt (annehmbar für die Moralisten), folgt dem gleichen Muster: Gegeben ist schlicht das Objekt – die Frau mit gespreizten Beinen im Soft-core-Heft, die lächelnde, einladende, attraktive, erotische, schöne, hübsche (ästhetische) Frau in allen übrigen Kulturprodukten. Die Porno-Phantasie ist nicht vollständig dargestellt, ist nicht identisch mit dem Bildinhalt: Sie ist vom aktiven Subjekt, vom Zuschauer-Helden zu ergänzen. Er tut dies in seiner einsamen Zelle mit Kübel, manchmal auch nur im Kopf. Das betrachtende Subjekt ist handelndes Subjekt: Was er tut, ist schauen, sich vorstellen, phantasieren, das Lebensgefühl in sich erzeugen, mit Masturbieren als möglicher Dreingabe.

Es ist nicht schwer zu verstehen, warum Frauen befürchten, das Tun könnte noch weiter gehen, Männer könnten außer zum Kübel auch noch zu anderen „Objekten" greifen, um ihren Phantasien aktiv zu frönen. Schon so ist das Betrachten und Gucken ein gemischtes Tun: Durch ihre Metallschlitze gucken die Herren mit ihren Augen, Fingern und Zungen.[12] Es wird auch hier schwierig, eine säuberliche Trennungslinie zwischen dem Geschäft mit der Pornographie und dem Geschäft mit der Prostitution zu ziehen.

Im kulturellen Zusammenhang ist aber ebenso zu bedenken, daß die Entwicklung dieser Darstellungsformen noch andere Auswirkungen hat. Vom Standpunkt des kulturellen Subjekts ist das Ziel nicht unbedingt immer weiteres Tun mit lebenden Sexualobjekten; für ihn mögen das Fingern und Züngeln in der Peep-Show auch Teil des „Guckens" und Begutachtens sein, Hilfsmittel des Mediums wie Cinema-Breitleinwand oder Stereo-Ton, verbesserte „Realitäts-Effekte", um die Einbildungskraft um so mehr zu stimulieren. Ziel, unter dieser Perspektive, ist nicht „Sex" mit Frauen, Ziel sind das Lebensgefühl und die Lust des Subjekts. Der Genuß läßt sich vollkommener verwirklichen, wenn das Subjekt, durch absolute Verdinglichung des „Objekts", alleinige Kontrolle darüber hat. Frauen in der Realität haben bekanntlich die unangenehme Gewohnheit, im ungeeignetsten Moment ihre Subjektivität geltend zu machen und damit den Genuß des Subjekts zu beeinträchtigen. Phantasie, d.h. der unbehelligte Genuß des Subjekts, ist sehr viel populärer als mühsames Verkehren mit einem anderen Subjekt.

Dieser Anspruch, die Subjektfunktion zu besetzen und gleichzeitig die Subjektivität des anderen Subjekts zu verneinen, macht den fundamentalen Egoismus und den absoluten Solipsismus der Männerkultur aus. Wie Andrea Dworkin schreibt: „Die Macht der Männer ist zuallererst eine metaphysische Behauptung ihres Selbst, ein *Ich bin*, das a priori besteht, unerschütterlich, absolut. Es bedarf keiner Beschönigung oder Rechtfertigung, ist gleichgültig gegenüber jeglichem Leugnen, jeglichem Zweifel."[13] Natürlich existiert es nicht a priori. Es wird nur so dargestellt, mit Hilfe des kulturellen Selbstbildes, einem Kunstgriff der Männerkultur. Offenbar bedarf es schon einer Rechtfertigung, denn wozu sonst diese immer wiederkehrende Verteidigung und Rechtfertigung durch den kulturellen Diskurs, der in seiner sorgfältigen Konstruktion zudem die permanente Aufgabe hat, jeglichen Widerspruch und jegliche Herausforderung, jeden Beitrag von Frauen zu unterdrücken oder zu verschweigen? Die historische Ausgrabungsarbeit von zeitgenössischen feministischen Wissenschaftlerinnen bringt nicht nur zutage, daß solch ein Beitrag, solcher Widerspruch und eine solche Herausforderung von Frauen in der Kulturgeschichte immer wieder geleistet wurden. Sie zeigt auch, wie die männlichen Verfasser der Kultur mit Hilfe ihrer ökonomischen, sozialen und politischen Macht der Vorherrschaft diesen Beitrag von Frauen systematisch unterdrückt haben. Dale Spenders *Women of Ideas (And What Men Have Done to Them)* [Denkerinnen (Und was Männer mit ihnen gemacht haben)], Joanna Russ' *How to Suppress Women's Writing* [Wie man die Literatur von Frauen unterdrückt], und Tillie Olsens *Silences* [Schweigen] sind nur ein Anfang.[14]

Die Zensurfachmänner verlangen den Beweis dafür, daß Männer, die Pornographie angeschaut haben, in der Realität etwas Ähnliches (dem Inhalt Entsprechendes) in die Tat umsetzen würden. Solange wir einzig Sexualverbrechen als Realität ansehen und solange wir Pornographie mit pornographischem Inhalt gleichsetzen, wird es uns nicht gelingen, die Beziehung zwischen Realität und Phantasie auch nur annähernd zu erfassen. „Phantasien, sofern sie innerhalb der Welt der Pornographie bleiben, [sind] immer noch nur Phantasien", argumentiert Deirdre English, und „was ein Mann sieht, hat keinen Einfluß auf sein Verhalten, wenn er zwischen Phantasie und Realität unterscheiden kann". Sein Verhalten ist, daß er fortfährt zu *sehen* – d.h. Frauen als Objekte seines Genusses zu sehen. Das ist m.E. schon übergenug „Verhalten". Der Mann betrachtet Pornographie, sieht, phantasiert, und er tut all dies in der Realität. Und er fährt fort, genau so zu sehen: In der Tat kann er gar

gar nichts sehen, außer was er sich selbst darstellt. Unter seinem ästhetischen Blick wird jede Frau, bekannt oder unbekannt, zu einer „Fremden" – jenem Gegenstand ohne alles Interesse außer seiner Fähigkeit, das Lebensgefühl des Subjekts zu erregen.

Das grundlegende Problem im Verhalten der Männer – von Sexualverbrechen, Vergewaltigung, Mißbrauch von Frauen bis hin zur sexuellen Belästigung am Arbeitsplatz; von der Ansicht, der Platz der Frau sei im Haus, über die geschlechtsspezifische Arbeitsteilung bis zu den ungleichen Arbeits- und Lohnbedingungen; von der Behandlung der Frauen als Schutz- oder Jagdobjekte bis zu ihrem Gebrauch in der Prostitution –, das Grundproblem der Beziehung der Männer zu Frauen ist ihre Sehweise, ist die Weise, in der sie Frauen sehen, ist Sehen.

Die Zensurexperten verlangen den Beweis, daß Männer, die Pornographie konsumieren, sich in der Realität „pornographisch" verhalten werden. Welchen weiteren Beweis des Verhaltens von Männern brauchen wir, nebst ihrer kulturellen Selbstdarstellung durch die Kulturprodukte von erhaben bis trivial, von hart über weich zu ästhetisch? Das Bild ist als Ebenbild seines Schöpfers gemacht, ihm zum Bilde, nicht umgekehrt.

Wie gewöhnlich zeigt sich der Pornograph, was die Pornographie betrifft, ehrlicher und scharfsichtiger als seine kultivierten Verteidiger. Ron Martin, Produzent einer Live-Sexshow in New York, wurde in einem Interview gefragt, ob er nicht glaube, daß er Frauen für Profit erniedrige. Seine Antwort: „Klar tu ich das. Die *New York Times* auch. Ich habe ein Mädchen, die fühlte sich jedesmal erniedrigt, wenn sie nur vor die Tür trat. Sie kam zu mir, weil sie sowieso immer von den Männern flachgelegt wurde, warum also nicht dafür bezahlt werden? Ist es denn erniedrigender, hier zu arbeiten als aus dem Haus zu gehen?"[15]

In der Zeitung lesen wir vom Mord eines vierjährigen Mädchens durch einen fünfundvierzigjährigen Mann, der „der Polizei gut bekannt war wegen wiederholten sexuellen Mißbrauchs von Kindern".[16] Er hatte schon einmal zwei Mädchen sexuell mißbraucht, „wurde vor Gericht gebracht und freigesprochen, obwohl später unzüchtige Fotos von den Mädchen in seiner Wohnung gefunden wurden".[17] Fotografien herzustellen war

Teil seines sexuellen Mißbrauchs der beiden Mädchen, Teil seiner Handlung in der Realität. Wenn es eine Reihenfolge zwischen seinem (offiziellen) kriminellen Verhalten und seiner Darstellung davon überhaupt gibt, dann kommt das Verhalten zuerst, das Abbilden nachher. Der Blick durch die Kamera, der den Blick aufs Bild vorzeichnet, schafft aus der Realität eine „Welt der Phantasie", „eine andere Natur", wie Kant sagt, „aus dem Stoffe" der wirklichen. Realität wird zum bloßen Rohmaterial für eine „höhere" Realität, die Realität des Subjekts. Oder sind die „unzüchtigen Fotos" vielleicht nicht pornographisch, weil sie „faktisch" und nicht „fiktiv" sind?

Im Unternehmen der pornographischen Darstellung scheint die verdinglichte Frau, das dargestellte Frauenopfer, das einzige Element zu sein, das eindeutig zum Bereich der Fiktion gehört. Nehmen wir die Männer in den Peep-Shows: Ihr Phantasieren, ihr Schauen sind wirklich, ihre Teilnahme an der imaginären Handlung ist wirklich – ein Schauen mit Tun, Tasten, Züngeln. Das einzige Trugbild der ganzen Schau ist das Frauenobjekt, das seinen Auftritt entsprechend dem Phantasie-Szenario und der Dramaturgie der produzierenden Anstalt und ihrer Kunden schau-spielt. Im Fall von Pat Cowan, einer Schauspielerin, die für eine Rolle im Theater vorsprach, war sie die einzige, die glaubte, das Theater betreibe Schauspiel. „Als sie eine Streitszene spielte..., nahm der schwarze Autor des Stücks einen Schlaghammer und trümmerte sie von hinten zu Tode."[18] Der Mann: Autor des „Theaterstücks", Dramaturg der Inszenierung eines richtigen Mordes, Meisterspieler und Hauptdarsteller in seinem eigenen Szenario.

Das Unternehmen des männlichen Geschlechts, seine männliche Subjektivität zu konstituieren, ist eine ernsthafte Angelegenheit, die nichts mit Fiktion oder spielerischer Phantasie zu tun hat. Es ist Mittel für das männliche Subjekt, sich zu überzeugen, daß er wirklich ist – seine notwendige Produktion eines Lebensgefühls. Er fühlt sich um so wirklicher, je weniger wirklich die Andere, je weniger ein Subjekt die Andere ist, je weniger die Andere lebt. Und die Realität, die er sich durch die kulturelle Selbstdarstellung schafft, ist die autorisierte Version, das Drehbuch der Realität für uns alle – ein Gemeinsinn, der bestimmt, was gefällt und was mißfällt.

6. Problem

Warum Frauen anschauen?

John Berger hat mit seinem Buch *Sehen* (1972) viel zum Verständnis unserer Sehweise beigetragen. Sein späteres Buch, *Das Leben in Bildern (About Looking*: Über das Schauen), 1980, enthält den Aufsatz „Warum Tiere anschauen?"[1] (m.Ü.). Es lohnt sich sehr, diesen Aufsatz zu lesen. Hier in unserem Zusammenhang hat er jedoch noch eine zusätzliche bemerkenswerte Qualität. Setzen wir „Frau" für „Tier" und lesen ihn noch einmal durch, so ergibt sich ein ebenso ernüchterndes Bild über den tieferen Sinn der kulturellen Darstellung der Frau wie beim Original über die Darstellung des Tiers. Wo die deutsche Übersetzung das Wort „Mensch" benutzt, steht im englischen Original immer „man" (Mann oder Mensch), so daß sich zusammen mit „Frau" ein perfekter Sinn ergibt. Da wir uns ja schon lange an „Menschen und Frauen" haben gewöhnen müssen (vgl. Menschenrechte kontra Frauenrechte), können wir hier „Mensch" ruhig stehen lassen und dabei ohne besondere Anstrengung „Mann" denken.

Berger untersucht die Einstellung zu den Tieren im 19. und 20. Jahrhundert und wie sie zustande kamen:

> In Westeuropa und Nordamerika setzte im neunzehnten Jahrhundert ein Prozeß ein – an dessen Ende heute der korporierte Kapitalismus des 20. Jahrhunderts steht –, durch den alle Traditionen, die bisher zwischen Menschen und der Natur vermittelt hatten, zerbrachen. Vor diesem Bruch bildeten die Tiere den inneren Kreis der menschlichen Umgebung... das Tier befand sich mit dem Menschen („man") im Zentrum der Welt. Solche Zentralität war natürlich ökonomisch als auch produktiv. Wie auch immer sich Produktionsmittel und Sozialstruktur änderten, die Menschen waren von den Tieren abhängig, was Nahrung, Arbeit, Transport und Kleidung betraf. Doch

die Annahme, daß Tiere in der menschlichen Vorstellung zuallererst als Fleisch oder Leder oder Horn auftraten, heißt, eine Haltung des neunzehnten Jahrhunderts Jahrtausende zurückzuprojizieren.[2]

Lesen wir diesen Abschnitt noch einmal und ersetzen „Tiere" durch „Frauen". Und denken wir dabei an den Multi-Milliarden-Dollar-Kapitalismus der Porno-Industrie, die uns glauben macht, daß Frauen immer schon als Fleisch, das nach Zucht verlangt, ins männliche Bewußtsein eingingen. Für „Transport" lies „Fortpflanzung".

In vergangenen Zeiten, wie Berger schreibt, wurden den Tieren „magische Funktionen" zugeschrieben, „einmal als Orakel, einmal als Opfer". (S.8) Ähnliche Funktionen wurden ja auch den Frauen zugeschrieben, so daß wir weiterlesen können mit unserer Substituierung von „Frauen" für „Tiere":

> [Frauen] werden geboren, sie sind fühlende und sterbliche Wesen. Darin gleichen sie dem Menschen. Sie unterscheiden sich von Menschen weniger in ihrer tiefen als ihrer oberflächlichen Anatomie, ihren Gewohnheiten, ihrem Zeitbegriff, ihren körperlichen Fähigkeiten. Sie sind sowohl gleich als auch ungleich. (S.8)

Jedes Argument über Geschlechterdifferenz, von Aristoteles bis zu Arianna Stassinopoulos oder dem englischen Regierungsbericht *Equality for Women*[3], beginnt mit der oberflächlichen Anatomie, die Frauen den Männern „ungleich" macht. Bis heute hat sie alles überwogen, das Frauen den Männern „gleich" machen würde. „Ungleich" ist der Ausgangspunkt und die absolute Grundannahme, so daß etwas „Gleiches" dem Mann dann erstaunlich, faszinierend, aber auch unheimlich vorkommt.

> Die Augen [einer Frau] sind, wenn sie einen Menschen betrachten, aufmerksam und wachsam... Für den Menschen ist kein besonderer Blick reserviert. Doch keine andere Gattung als die des Menschen wird den Blick [der Frau] als vertraut empfinden. Der Mensch wird sich, indem er den Blick erwidert, seiner selbst bewußt.

> [Die Frau] beobachtet ihn genau, über einen schmalen Abgrund des Nicht-Verstehens hinweg. Aus diesem Grund kann der Mensch [die Frau] überraschen. Doch auch [die Frau] – selbst wenn [sie] domestiziert ist – vermag den Menschen zu überraschen. Der Mensch blickt ebenfalls über einen ähnlichen, wenn auch nicht identischen Abgrund des Nicht-Verstehens hinweg. Wo immer er auch hinblickt. Er blickt immer über einen Abgrund aus Unwissenheit und Angst. Wenn er nun von [einer Frau] *wahrgenommen wird*, wird er so gesehen, wie er seine Umgebung sieht. Weil er dies erkennen kann, wird ihm der Blick [der Frau] vertraut. Und doch ist [die Frau] verschieden und kann nie mit einem Menschen verwechselt werden. Daher schreibt man [Frauen] eine Macht zu, die sich zwar mit menschlicher Macht vergleichen läßt, doch niemals mit ihr zusammenfällt... Die Beziehung zwischen Mensch und [Frau] wird vielleicht klarer, wenn man den Blick [einer Frau] mit dem Blick eines anderen Menschen vergleicht. Zwischen zwei Menschen werden die zwei Abgründe, jedenfalls im Prinzip, durch die Sprache überbrückt. Wenn sie sich auch feindlich gegenüberstehen und kein Wort fällt (selbst wenn die beiden verschiedene Sprachen sprechen), ermöglicht die *bloße Existenz* der Sprache, daß einer, oder vielleicht auch beide, sich durch den anderen bestätigt. Die Sprache erlaubt es den Menschen, miteinander zu rechnen wie mit sich selbst. (S.8-9)

Der Platz der Frau in der Kulturgeschichte ist dem des Tieres vergleichbar. Die Frau wird als ähnlich, aber verschieden verstanden. In ihrem Blick erkennt sich der Mann, wird sich seiner selbst bewußt. Durch ihren Blick empfindet er jedoch Ungewißheit und Angst: Er schätzt es nicht, *gesehen zu werden*, wie er seine Umgebung sieht, d.h. die Subjektivität des eigenen Blickes aufzugeben und Objekt des Blickes einer anderen zu werden. Die Subjektfunktion des Blicks soll ihm erhalten und vorbehalten bleiben.

In der Kulturgeschichte ist der Frau die Stimme verweigert worden. Die Sprache, das Überbrückungsmittel für die Abgründe, die Brücke zur Intersubjektivität, gehört den Männern, so daß sie sich gegenseitig bestätigen können. Wenn Männer Frauen eine Stimme gewährten, müßten sie mit Frauen rechnen wie mit sich selbst. Das Bündnis zwischen zwei Männern, selbst „einander feindlichen", ist stärker als jede Bindung zwischen Mann und Frau; die gegenseitige Anerkennung selbst zweier einander feindlicher Männer ist die, einer gemeinsamen Gattung anzugehören.

> Kein[e Frau] aber bestätigt den Menschen, weder im positiven noch im negativen Sinne. [Die Frau] kann getötet und gegessen werden [bildlich gesprochen], so daß [ihre] Energie der des Jägers hinzugefügt wird. [Die Frau] kann gezähmt werden, so daß [sie] den Bauern versorgt und für ihn arbeitet. Aber die [ihr] fehlende gemeinsame Sprache, [ihr] Schweigen gewährleisten [ihre] Distanz, [ihre] Verschiedenheit, [ihre] Ausgeschlossenheit vom Menschen. (S.9)

Kaum treffender ließe sich die Geschichte des Patriarchats beschreiben, als wie sich diese Männer – Jäger und Bauern – die Energien der Frauen einverleiben. Vergleiche dazu den *Bericht der Vereinten Nationen* von 1980:

> Frauen machen die Hälfte der Weltbevölkerung aus, leisten rund zwei Drittel der Arbeitsstunden, erhalten ein Zehntel des Einkommens und besitzen weniger als ein Hundertstel des Weltvermögens und -eigentums. [4]

„Die größte Tugend der Frau ist ihr Schweigen", behauptet ein sizilianisches Sprichwort, „Nichts ist so unnatürlich wie eine geschwätzige Frau" ein schottisches, und Sophokles schreibt in *Ajax*: „Das Schweigen gibt der Frau ihre eigentliche Anmut." [5] Das von Männern verordnete Schweigen der Frau gewährleistet ihre Distanz, ihre Verschiedenheit, ihre Ausgeschlossenheit.

> Gerade wegen dieser Verschiedenheit kann jedoch das Leben [einer Frau], obwohl niemals mit dem eines Menschen zu verwechseln, als parallel dazu verstanden werden ... Auf Grund dieser Parallelität bieten die [Frauen] dem Menschen eine Gesellschaft an, die sich gänzlich von

> der menschlichen unterscheidet. Sie ist deshalb anders, weil sie der Einsamkeit des Menschen als Gattung angeboten wird. (S.9)

Welch bessere Beschreibung der Ehe, jener patriarchalen Einrichtung, die, seit es sie gibt, fast ausschließlich eine solch „stumme Gesellschaft" war, der Einsamkeit des Mannes „angeboten", ohne damit seine gattungsspezifische Trostlosigkeit zu mildern und ohne den Abgrund seiner selbstgeschaffenen Vereinsamung, da er sich ja allein Meister der Sprache dünkt, zu überbrücken? Hier gerade liegt die Ähnlichkeit, die Frauen und Tiere in ihrer Beziehung zum Mann verbindet, wie Berger mit einem Zitat von Lévi-Strauss zeigt:

> "Wir wissen, was die Tiere tun und was der Biber und die Bären und der Lachs und die anderen Kreaturen brauchen, denn einmal waren unsere Männer mit ihnen verheiratet und erhielten dieses Wissen von ihren Tierfrauen." (Indianer aus Hawaii, zitiert bei Lévi-Strauss in *Das Wilde Denken*. S.8)

Die Ehe: diese „stumme Gesellschaft", die sich grundlegend von jeder anderen „menschlichen" unterscheidet. (Und so bestätigt sich auch ausdrücklich, was wir implizit schon angenommen haben, nämlich daß der Mensch ein Mann ist und das Tier eine Frau.)

> Diese nicht-sprechende Gesellschaft... wurde häufig für so gleichwertig gehalten, daß man oft die Ansicht findet, gerade dem Menschen fehle die Fähigkeit, mit den [Frauen] zu sprechen. (S.10)

Ein aufdämmernder Verdacht immerhin, wenngleich er nicht ausreicht, um die tradierte Annahme des Schweigens der Frauen und der Sprachfähigkeit der Männer in Frage zu stellen. Ganz im Gegenteil: Der Glaube an das Anderssein der Frau wird zum Gebot. Die Aussage, die Frau könne „nie mit einem Menschen verwechselt werden", wird hier schon zum dringenden „[ist] niemals... zu verwechseln".

Die Faszination dieser stummen Gattung kommt, laut Berger, daher, daß „Tiere *Vermittler* zwischen dem Menschen und seinem Ursprung sind" (S. 10). Um so banger, logischerweise, seine Faszination, das stumme Geschlecht könne wahrhaftig zwischen ihm und seinem Ursprung vermitteln.

> Das Blut eines Tieres floß wie Menschenblut, aber seine Gattung starb nicht aus, jeder Löwe war LÖWE und jeder Ochse OCHSE. (S.10)

Auch die Frau ist als zeitlos, unveränderlich, als Natur angesehen worden. Ihr Blut fließt wie Menschenblut, aber das „ewig Weibliche" ist unsterblich, und jede Frau ist „das Weib".

> Dies – der vielleicht erste existentielle Dualismus – spiegelte sich im Umgang mit den [Frauen]. Sie wurden unterworfen *und* verehrt, gezüchtet *und* geopfert. (S. 10)

Unterdrückt *und* in den Himmel gehoben; mit magischer und orakelhafter Kraft bedacht *und* als Hexen verbrannt.

> Heute finden sich noch Spuren dieses Dualismus bei denen, die in intimer Vertrautheit mit [Frauen] leben und von ihnen abhängig sind. Ein Bauer kriegt sein Schwein gern und freut sich, dessen Fleisch einzupökeln. (S. 10, m.Ü.)

Ein Mann mag seine Frau liebgewinnen und freut sich, sie zu seiner Magd und Hausfrau zu machen. Ein Mann mag die Frauen lieben und freut sich, sie als Pökelfleisch der Pornographie zu konsumieren.

> Wesentlich dabei ist, und für den Fremden aus der Stadt so schwer zu verstehen, daß die beiden Aussagen durch ein *„und"* verbunden sind und nicht durch ein *„aber"*. (S.10)

Für die Feministin, als städtische Fremde von ihrer Schwein-Existenz entfremdet, ist diese Bauernlogik des „und" und nicht „aber" weniger schwer verständlich, als warum sie unter dem Namen der Liebe läuft. Vielleicht ist es weder „und" noch „aber", sondern eben *„weil"*. Bergers Analyse nähert sich nun der Darstellung:

> Die Parallelität ihrer ähnlichen/unähnlichen Leben hatte zur Folge, daß Tiere [und Frauen] Anlaß zu einigen der er-

> sten Fragen gaben und zugleich Antworten boten. Der erste Gegenstand der Malerei war das Tier. (S.10, m.Ü.)

Kurz darauf kam auch die Frau dazu und hat das Tier als Darstellungsobjekt wenn nicht ersetzt, so doch überholt.

> In seinem Buch über Totemismus kommentiert Lévi-Strauss Rousseaus Überlegungen: „Weil der Mensch sich ursprünglich mit all jenen identisch fühlte, die wie er waren (zu denen wir, wie Rousseau besonders betont, auch die Tiere rechnen müssen [und zu denen wir, würde ich insistieren, auch die Frauen rechnen müssen]), erwarb er schließlich die Fähigkeit, *sich* abzugrenzen, wie er *sie* abgrenzte." Man sah Tiere in acht der zwölf Zeichen des Tierkreises. Bei den Griechen war das Zeichen für jede der zwölf Stunden des Tages ein Tier... Die Beispiele sind zahllos. Überall boten die Tiere Erklärungen an oder genauer, liehen ihre Namen oder ihren Charakter einer Eigenschaft, die wie alle Eigenschaften in ihrem Kern mysteriös war. (S.11)

Es sei an all die weiblichen Personifikationen, insbesondere von Eigenschaften, erinnert: von der Tugend und der Gerechtigkeit über die Musen bis zu den Schiffen und Nationen.

> Was die Menschen von den [Frauen] unterscheidet, war die menschliche Fähigkeit zum symbolischen Denken. (S. 11-12)

Was den Mann von der Frau unterscheidet, ist sein Zugang zur Darstellung, zur kulturellen Symbolisierung, zur Macht der Benennung, bei welcher er Frauen, zusammen mit allen anderen stummen Kreaturen, als Symbole, als Darstellungsobjekte benutzt.

Berger gebraucht in seinem Aufsatz zu Recht den Gattungsbegriff „man" (Mann, Mensch): Er bezieht sich, in jedem einzelnen Fall, auf Männer und nie auf „Menschen" im Sinne von Männern und Frauen. Die gelegentliche Verwendung von „menschlich" (human) dient der Unterscheidung von „tierisch", nicht der Einschließung von Frauen. Der Aufsatz liest sich durchaus glaubwürdig, wenn wir für „Tiere" „Frauen" einsetzen. Er würde gänzlich unglaubwürdig, wenn wir „Menschen" durch „Männer und Frauen" ersetzten. Die Frau, im Blickwinkel der Kultur, steht dem tierischen Anderen weitaus näher als dem männlichen Menschensubjekt.

In seiner Analyse der geschichtlichen Entwicklung, welche Tiere zur industriellen Ware reduziert, entdeckt Berger die „Feminisierung" einer Klasse von Männern.

> In den ersten Stadien der industriellen Revolution hat man Tiere als Maschinen eingesetzt. Ebenso Kinder. (S.15)

Ebenso Frauen.

> Später, in den sogenannten postindustriellen Gesellschaften, behandelt man sie als Rohmaterial. Tiere, die man als Nahrungsmittel braucht, werden wie Fabrikwaren weiterverarbeitet ... Diese Reduktion des Tieres, die sowohl eine theoretische als auch eine ökonomische Geschichte hat, gehört dem gleichen Prozeß an, der auch Menschen zu isolierten produktiven und konsumierenden Einheiten reduzierte. Tatsächlich war in dieser Zeit die Behandlung des Tieres oft die Vorbereitung für eine Behandlung des Menschen. (S.15, m.Ü.)

War das anthropologische Subjekt der Kultur das männliche Geschlecht – in Bergers Text der „Mensch" –, so taucht hier, in der ökonomischen Analyse, ein anderes Subjekt auf. Die Gattungsanalyse (Mensch/Tier) sowie die Geschlechtsanalyse (Mann/Frau) gehen in eine weitere Analyse der Ausbeutung über: die der Arbeiter-Konsumenten durch die Produzenten. Das Geschlecht der Ausbeuter bleibt weiterhin männlich, aber die Ausbeuter sind nicht mehr das ganze männliche Geschlecht. Das ökonomische Subjekt ist männlich, aber das Objekt ist nicht mehr ausschließlich weiblich: Die Objektgruppe umfaßt Frauen und Männer – in der Analyse des Kapitals und der industriellen Klassen.

Wie die feministische Kritik gezeigt hat, beschreibt die klassische Klassenanalyse nicht die „menschliche" Gesellschaft, sondern bezieht sich ausschließlich auf die Männer der Gesellschaft und bedarf der Überschneidung mit der feministischen Geschlechtsanalyse.[6] Das Geschlecht liefert jedoch eine einflußreiche und wirkungsvolle Metapher für Ausbeutung und Unterdrückung: Wird die Arbeiterklasse zum Objekt der Ausbeutung, so wird sie als „feminisiert" verstanden – reduziert zum Objekt, zur Frau, zum Tier, zur Ware.

> F.W. Taylor, der den „Taylorismus" des „wissenschaftlichen" Managements der Industrie entwickelte, schlug vor, die Arbeit müsse „so stupide" und so phlegmatisch sein, daß der Arbeiter „in seiner mentalen Verfassung eher dem Ochsen als irgendeinem anderen Typ ähnle". (S.15)

Berger verweist zudem auf den engen Zusammenhang zwischen sozialer Konditionierung und Tier-Experimenten. Die Tiere, statt unter diesem Druck des industriellen Prozesses zu verschwinden, vermehren sich indessen:

> Niemals gab es so viele Haus- und Schoßtiere, wie es sie heute in den Städten der reichsten Länder gibt... In der Vergangenheit hielten sich die Familien aller Klassen Haustiere [Frauen], weil sie nützlich waren – Wachhunde, Jagdhunde, mäusefressende Katzen und so weiter. (S.15, m.Ü.)

In der Vergangenheit hielten sich „Familien" aller Klassen Hausfrauen – Ehefrauen, Töchter, unverheiratete Schwestern und so weiter –, weil sie nützlich waren: Sie waren Teil der Haushaltsökonomie.

> Das Halten von Tieren [Frauen] ungeachtet ihrer Nützlichkeit, genauer das Halten von Lieblingstieren („pets")... ist eine moderne Einrichtung und in dem heutigen Ausmaß einzigartig. Es ist Teil des allgemeinen, jedoch individuellen Rückzugs in die private Kleinfamilie, die, mit Souvenirs aus der Außenwelt dekoriert oder ausgestattet, ein Wahrzeichen der Konsumgesellschaft ist. (S.15-16, m.Ü.)

Das Halten von Frauen als Lieblingstiere, ungeachtet ihrer (häuslichen) Nützlichkeit, ist eine moderne Einrichtung und historisch einzigartig, Folge der industriellen Revolution und des Aufstiegs des Bürgertums – jedenfalls in dem heutigen Ausmaß, insbesondere in den Städten der reichsten Länder sowie in den reichsten Familien der ärmsten Länder. Mit dem zunehmenden Einsatz der großen Mehrheit von Frauen als billigste, ungelernte Arbeitskräfte ist das Halten einer einzelnen Schoßfrau im Privatheim der Kleinfamilie zur herrschenden Mode geworden. Als der „Engel im Hause", Statussymbol des Mannes, dessen Frau nicht verdienen muß, ist sie eine jener Dekorationen des bürgerlichen Heims[7] in der Konsumgesellschaft. Die folgende Beschreibung ist auch der bürgerlichen Dame des 19. Jahrhunderts wie auf den matten, im Salon ruhenden Leib geschnitten:[8]

> Dem Wohnraum der Kleinfamilie fehlen Räumlichkeit, Erde, andere Tiere, Jahreszeiten, natürliche Temperaturen und so weiter. Das Lieblingstier [die Dame des Hauses] ist entweder sterilisiert oder sexuell isoliert, in [ihrer] Bewegungsfreiheit äußerst beschränkt, fast allen Kontakts mit anderen [Frauen] beraubt und wird mit künstlicher Nahrung gefüttert. Das ist der materielle Prozeß hinter der Binsenwahrheit, daß Lieblingstiere ihren Herren zu ähneln beginnen...Sie sind die Kreaturen des Lebensstils ihrer Besitzer. (S.16, m.Ü.)

Im Fall des Frauen-Lieblingstiers ist sie das Geschöpf des Lebensstils, den ihr Herr ihr und ihrem Schoßhund auferlegt. Der Besitzer selbst hat selbstverständlich Zugang zum Raum außerhalb des eingeschränkten Familienheims: Er schafft sich Bewegung in der Welt, auch als „öffentlicher Raum" bekannt. Berger fährt fort, den Besitzer des Lieblingstiers zu inspizieren:

> Ebenso wichtig ist die Weise, in der der Durchschnittsbesitzer seinen Liebling betrachtet. (Nebenbei: Die Rolle der Kinder ist etwas anders.) Der Liebling *ergänzt* ihn, geht auf gewisse Aspekte seines Charakters ein, die sonst unbestätigt blieben. Er kann für seinen Liebling sein, was er für niemanden und nichts sonst ist. Zudem kann der Liebling konditioniert werden, so zu reagieren, als ob [sie] dies auch erkennen würde. Der Liebling bietet [ihrem] Besitzer einen Spiegel für einen Teil seiner selbst, der sonst nie reflektiert wird. Da jedoch in dieser Beziehung die Autonomie beider Partner verlorengegangen ist (der

> Besitzer ist für seinen Liebling Der-besondere-Mann-der-er-nur-für-[sie]-Ist geworden, und [die Frau] ist für alle [ihre] Lebensbedürfnisse von [ihrem] Besitzer abhängig geworden), ist die Parallelität ihrer beider Leben zerstört. (S.16, m.Ü.)

Dies entspricht der herrschenden Romantik der „Liebesehe", der sentimentalen Heirat, die die ökonomische Vereinigung abgelöst hat. Sie wird weit und breit als ein zivilisatorischer Fortschritt gegenüber der materialistischen ökonomischen Ehe betrachtet, sowohl im Westen als auch von den bürgerlichen Schichten der „Entwicklungsländer", die nach westlicher Industrialisierung streben und westlichen Werten nacheifern.

Auch der tiefere Sinn der Polygamie offenbart sich – als zusätzliche Möglichkeit der Statussymbolisierung durch Anschaffung nicht nur eines einzelnen Lieblingstiers, sondern eines ganzen kleinen Zoos:

> In der Zeit, als die Zoos gegründet wurden ... brachten sie den großen Metropolen ein beträchtliches Prestige. Dieses Prestige war dem der privaten königlichen Menagerien nicht unähnlich. Die Menagerien, wie die Vergoldung, die Architektur, die Orchester, Spieler, Einrichtungen, Zwerge, Akrobaten, Uniformen, Pferde, die Kunst und die feine Küche, waren Machtdemonstrationen eines Herrschers oder Königs. (S.20, m.Ü.)

Der bürgerliche König der Familie macht's halt in etwas kleinerem Maßstab, aber sein Haus und Hof – Schoßtiere, Wohnungsausbau, Inneneinrichtung, Silber, die gute Küche und so weiter – ist ihm ein ebenso großer Anlaß, stolz zu sein, wie die erweiterte Menagerie dem Kaiser. Und in gewissen Kreisen hebt auch eine rare, exotische, importierte Ehe- oder Lieblingsfrau das Prestige, so wie ein etwas exotischerer Tierliebling die gemeine einheimische Sorte übertrifft. Berger widmet sich nun der eigentlichen Darstellung:

> Die kulturelle Verdrängung der [Frauen] ist natürlich ein komplexerer Prozeß als ihre physische Verdrängung. Die [Frauen] im Kopf können nicht so leicht vertrieben werden. Sprichworte, Träume, Spiele, Geschichten, Aber-

> glauben, ja die Sprache selbst erinnern an sie. Die [Frauen] im Kopf sind nicht vertrieben, sondern in anderen Kategorien untergebracht worden, so daß die Kategorie [*Frau*] ihre zentrale Bedeutung verloren hat. Die diesbezüglichen Hauptkategorien sind die *Familie* und das *Spektakel*.
> Jene, die in die Familie aufgenommen wurden, gleichen ein wenig den Lieblingstieren [-frauen]. Da sie aber keine körperlichen Bedürfnisse oder Grenzen haben wie die richtigen, können sie vollständig in menschliche Puppen umgewandelt werden. (S.16, m.Ü.)

Berger führt die Zeichnungen von Beatrix Potter oder die ganze Walt Disney-Produktion als Beispiele von „Tieren im Kopf" an. Der bürgerliche Roman oder die Industrie der billigen Liebesromane wären Beispiele für die Konstruktion von häuslichen „Frauen im Kopf".

> In den Weihnachtsschaufenstern der Buchläden sind etwa ein Drittel aller ausgestellten Bücher Tier-Bilderbücher. (S.17, m.Ü.)

Es mangelt auch nicht an Frauen-Bilderbüchern.

> Ob junge Eulen oder Giraffen [Babygesichter oder lange Schlanke], die Kamera hält sie fest in einer Domäne, die, obgleich sie der Kamera völlig zugänglich ist, vom Betrachter selbst nie betreten werden wird. Die [Frauen] sehen alle aus wie Fische hinter der Glasscheibe des Aquariums. Die Gründe dafür sind sowohl technischer als auch ideologischer Art: Was die Technik betrifft, so ermöglichen die neuen Mittel – versteckte Kameras, Teleskop-Objektive, Blitzgeräte, Fernsteuerung – immer verblüffendere Effekte und führen zu Bildern, welche in sich unzählige Hinweise auf die normale *Unsichtbarkeit* der [Frauen] enthalten. (S.14, m.Ü.)

Die Susannas im Bade müssen sich unbeobachtet wähnen oder sollen zumindest so aussehen: Abbildungen von Frauen in Soft-core-Erotika sind oft darauf angelegt, die Intimität der Privatsphäre der Frau zu simulieren – den Bereich, der dem männlichen Blick scheinbar verschlossen ist, durch die „versteckte

Kamera" zugänglich gemacht – und einen Blick durchs Schlüsselloch – ins Boudoir, in die Mädchenschule, ins Badezimmer, ins Kloster oder einfach auf „eine Frau allein" – zu gewähren.

> In der entsprechenden Ideologie sind [Frauen] immer die Beobachteten. Die Tatsache, daß sie uns auch beobachten können, hat jegliche Bedeutung verloren. Sie sind das Objekt unseres ständig zunehmenden Wissens. Was wir über sie wissen, ist ein Beweis unserer Macht und damit ein Beweis dessen, was uns von ihnen unterscheidet. Je mehr wir wissen, desto weiter sind sie entfernt. (S.17, m.Ü.)

Genau das sagen Feministinnen schon lange. (Es sei an Virginia Woolfs Bücherregale der Bibliotheken erinnert, voll von Büchern von Männern über Frauen, voll von soviel ständig zunehmendem Wissen.) Die Tatsache, daß auch Frauen Männer beobachten können, hat jegliche Bedeutung verloren. Ihr Beitrag zum Wissen wird abgelehnt – dankeschön, es trägt nichts zu „unserem" Wissen und „unserer" Macht bei, wenn „wir" das Objekt der Beobachtung und Erkenntnis sind. Wissen über Männer, von Frauen erarbeitet, würde nicht nur die Macht der Männer reduzieren, es würde auch die Distanz, die Frauen von Männern trennt, verringern.

> Doch die gleiche Ideologie, wie Lukács in *Geschichte und Klassenbewußtsein* betont, macht auch die Natur zu einem Wertbegriff ... „Die Natur kann als jener Teil der menschlichen Innerlichkeit verstanden werden, der natürlich geblieben ist oder doch dahin neigt oder strebt, wieder natürlich zu werden". (S.17/18, m.Ü.)

In eben dieser Ideologie wird die Frau der Natur und den Werten der Natürlichkeit gleichgesetzt.

> Dieser Ansicht von Natur entsprechend wird das Leben eines wilden Tieres zu einem [neuen] Ideal, welches als Gefühl eines verdrängten Begehrens verinnerlicht wird. Das Bild eines wilden Tieres wird zum Ausgangspunkt eines Tagtraums, von wo der Tagträumer mit dem Rücken nach vorn loszieht. (S.18, m.Ü.)

Mit der Verhäuslichung von Frauen und Tieren – und der

Etablierung des sterilisierten, entsexualisierten, selbstaufopfernden Engels im Hause – steigt ein Tagtraum auf von der Wilden-Tier-Frau, der Sexbestie – ein Bild, das immer eindringlicher zu werden scheint. Ein Beispiel aus der Musikszene: die Platte von „Vanity", *Wild Animal*(RCA). In einer französischen Zeitschrift wird sie so rezensiert: „[Vanity] reibt sich, bäumt sich, sie zögert – dieses Mädchen ist ein rares Tier. Prince hat ihre erotische Bestialität mit der Gruppe ‚Vanity 6' voll ausgeschöpft... Wenn Vanity ihre honigsüßen Worte säuselt, schwebt man in der Sinnlichkeit einer der kommenden großen Sängerinnen Amerikas."[9] Der Umschlag zeigt die Sängerin Vanity mit „Tigeraugen" und „Löwenmähne" und an den Busen gedrücktem Pelz.

Berger meint, dieser Traum stifte eine gewisse Verwirrung. Er zitiert eine Geschichte aus der Zeitung über eine Frau, die den Wettbewerb „Ein Wunsch geht in Erfüllung" gewann. Sie äußerte den Wunsch, einen Löwen zu liebkosen und zu küssen. Sie wurde zum Löwengehege eines Safariparks gebracht, aber:

> Als sie sich vorbeugte, um die Löwin Suki zu streicheln, sprang diese sie an und zerrte sie nieder. Die Wärter sagten später: „Wir scheinen uns böse getäuscht zu haben. Wir hielten die Löwin immer für völlig harmlos." (S.18, m.Ü.)

Eine Geschichte, möglicherweise, mit einer Moral für jene Männer, die davon tagträumen, die wilde Frauenbestie zu liebkosen und zu küssen; oder für die Wärter eines Wissens, das sie dazu verleiten könnte, sich böse zu täuschen.

Bergers Untersuchung über den Zoo bietet interessante Parallelen zu der in jüngerer Zeit sehr verbreiteten Peep-Show, dem Frauen-Zoo:

> Die Einrichtung des öffentlichen Zoos fällt in den Anfang der Zeit, als Tiere aus dem alltäglichen Leben zu verschwinden begannen. Der Zoo, den die Leute besuchen, um Tiere [Frauen] anzutreffen, um sie zu beobachten, um sie zu sehen, ist in Wirklichkeit ein Denkmal für die Unmöglichkeit einer solchen Begegnung. Der moderne Zoo ist das Grabmal einer Beziehung, die so alt war wie der Mensch. Daß der Zoo nicht als solche gesehen wird, kommt daher, daß die falschen Fragen gestellt werden.(S.20, m.Ü.)

Peep-Shows signalisieren einen Zeitpunkt, wo Frauen langsam aus dem alltäglichen Leben verschwinden, wo die Kategorie „Frauen" ihre zentrale Bedeutung verloren hat und männergemachte Phantasiekonzepte von Frauen in andere Kategorien einfließen; wo die Tatsache, daß Frauen „uns" beobachten können, jegliche Bedeutung eingebüßt und der Begriff von Frauen als *Subjekten* scheinbar keinen Sinn mehr hat. Das relevante alltägliche Leben, versteht sich, ist das der Männer, und der Kopf, in dem Frauen in eine andere Kategorie gesteckt werden, ist der Männerkopf. Es scheint wenig zur Sache zu tun, daß es in Wirklichkeit so viele Frauen gibt wie eh und je – ca. 50% – und sogar mehr denn je sichtbar im „öffentlichen" Leben, wie es auch nichts zur Sache tut, daß es so viele Tiere (wenngleich weniger Gattungen) gibt wie ehedem. Der Eintritt einzelner Frauen ins öffentliche Leben heißt, daß diese der Kategorie „Frauen" entfremdet werden, da sie ja nun (surrogaten) „menschlichen" Status erhalten – was sich bei den vielen beruflich erfolgreichen Frauen zeigt, die ihre Geschlechtsidentität verneinen und ihren „menschlichen" und professionellen Status behaupten wollen. Wie es scheint, können die ständig zunehmenden Leistungen individueller Frauen die Kategorie „Frauen" im kulturellen Bewußtsein nicht rehabilitieren. Die Existenz von Frauen, die zählt, ist nicht ihre eigentliche Existenz, sondern jene, die das Alltagsleben und das Bewußtsein des Mannes berührt. Aus diesen jedoch verschwinden Frauen und Tiere als sinnvolle Kategorien immer mehr. Sie tauchen wieder auf als Fleisch auf seinem Teller und in seinen Freizeitblättern, in zunehmendem Überfluß.

Die Peep-Show, wie die Analyse im 5. Problem gezeigt hat, entwickelt sich nicht in einer Bewegung von dargestellter Frau zu wirklicher Frau – im Gegenteil: Sie ist ein Denkmal für die Unmöglichkeit einer Begegnung zwischen Mann und Frau, das Grabmal einer Beziehung, die so alt sein könnte wie der Mensch. Die „Leute", die dorthin gehen, um Frauen „anzutreffen", gehen hin, um sie zu beobachten, zu sehen, aber nicht, um ihnen zu begegnen.

Die Zoos im 19. Jahrhundert waren eine Bestätigung der modernen Kolonialmächte. Die gefangengenommenen

Tiere waren ein Symbol für die Eroberung all der fernen exotischen Länder. (S.20, m.Ü.)

Die Peep-Shows und die Pornographieindustrie des 20. Jahrhunderts sind eine Bestätigung der modernen Kolonialmacht des Männergeschlechts über Frauen. Kolonialmacht hat immer eine zweite Kolonialisierung der Frauen mit eingeschlossen und sich gerade durch diese ausgedrückt, z.B. im Raub der Sabinerinnen, in der Gefangennahme von Sklavinnen und Konkubinen aus besiegten Stämmen, in der rituellen Vergewaltigung von Frauen durch sieghafte Soldaten bis in die Gegenwartsgeschichte. In ähnlicher Weise drückt sich umgekehrt der Widerstand gegen die Kolonialmacht, die Rebellion der kolonisierten Männer, oft „symbolisch" durch Eroberung und Vergewaltigung von „Frauen der Kolonialisten" aus.[10]

Darstellungen, die sich spezifisch an Kinder richten, geben uns weiteren Einblick in die Umkategorisierung von „Tieren und Frauen im Kopf". Berger weist darauf hin, daß die Kinder der industrialisierten Welt mit Bildern von Tieren, z.B. in Spielzeugen oder Comics, überschwemmt werden, während es in früheren Jahrhunderten nur wenige Spielzeugtiere gab und diese zudem „keinen Anspruch auf Realismus hatten, sondern symbolisch waren". (S.21)

Der Unterschied war der zwischen einem traditionellen Steckenpferd und einem Schaukelpferd: ersteres war einfach ein Stecken mit einem angedeuteten Kopf, auf welchem die Kinder ritten wie auf einem Besenstiel; das Schaukelpferd hingegen war eine realistische „Reproduktion" eines Pferdes, realistisch bemalt, mit richtigen Zügeln aus Leder, einer richtigen Mähne aus Haar und mit einer geplanten Bewegung, die den Galopp eines Pferdes imitierte. Das Schaukelpferd war eine Erfindung des 19. Jahrhunderts. (S.21, m.Ü.)

Eine ähnliche Entwicklung läßt sich auch für Spielzeug-„Menschen" oder Puppen nachweisen. In früheren Zeiten symbolisierte eine Stoffpuppe ein Puppen-Kind, während zunehmend realistische Reproduktionen von Menschen hergestellt wurden, für die das 19. Jahrhundert berühmt ist. Porzellanköpfe, realistisch bemalt, und sorgfältig ausgearbeitete Kleidung simulierten richtige kleine viktorianische Mädchen.

> Diese neue Nachfrage nach wirklichkeitsnahen Spielzeugtieren führte zu neuen Fabrikationsmethoden. Die ersten ausgestopften Stofftiere wurden hergestellt, und die teuersten wurden mit echten Fellen überzogen ... Die Fabrikation der realistischen Spielzeugtiere fällt mehr oder weniger mit der Einrichtung der öffentlichen Zoos zusammen. (S.21-22, m.Ü.)

Die Nachfrage nach wirklichkeitsnahen Puppen führte auch zur Fabrikation von Puppen mit richtigem statt synthetischem Haar, mit Körperöffnungen und mit beweglichen Augenlidern und schließlich zur sprechenden Puppe. Zudem sind Puppen nicht mehr Puppen-Kinder mit runden, klumpigen Körpern, sondern entweder realistische Babys, oft in Originalgröße, oder dann „junge Damen" mit vollem Busen, runden Kurven und Schmollmund – und vorzugsweise blond. Die nordamerikanische Puppe „Barbie" hat den internationalen Markt erobert und verbreitet eine westliche Stereotype der „Frau im Kopf". Sie kommt komplett mit häuslichen Ausrüstungen daher, dem bürgerlichen Heim in der Packung. Das Gegenstück für Jungen, der stereotype „Action-Man", ist ebenso international verbreitet, und auch er ist ausgerüstet mit aktionsgeladenen Umgebungen, meist Kriegen aller Art.

Diese Massenfabrikation von Spielzeugleuten verläuft parallel zu einer wachsenden ideologischen Verbreitung von Geschlechtsstereotypen – „Leuten im Kopf" –, bei der die Umkategorisierung von Frauen den Weg weist, der aber eine Umkategorisierung von Männern auf dem Fuß folgt. Es sieht so aus, als ob eine gewisse Einstellung zu Tieren der gleichen Einstellung zu Frauen vorausging und diese schließlich auch zur gleichen Einstellung zu Männern führt. Versuche mit männlichen Striptease-Vorstellungen werden bereits gemacht: Die Einrichtung des Frauenzoos bereitet auch eine mögliche Einrichtung von Männerzoos vor, falls sich das Geschäft „ab achtzehn" durchsetzt. Die Triebkraft hinter diesem Prozeß ist die Konzentration der Macht: von der „menschlichen" Vorherrschaft über das Tierreich (die Metaphern sind immer imperial/feudalistisch) zur Vorherrschaft der Männer über die Frauen zur Bildung einer kapitalistischen Elite von ökonomischen und ideologischen Subjekten. Inzwischen stellt auch der Zoo in Miami schon ein Exemplar des „Stadtmenschen" aus (der Mensch ist natürlich ein Mann) in einer verfehlten Scherzhaftigkeit, die die Verwirrung über den Sinn und die Konsequenzen des Zoos und das Verhältnis des „Menschen" zu ihm nur noch verdeutlicht.[11]

> Zoos, realistische Spielzeugtiere und die weit verbreitete kommerzielle Vertreibung von Tierbildern, all das begann damit, daß Tiere aus dem täglichen Leben zurückgezogen wurden. Man könnte annehmen, daß solche Innovationen kompensatorisch waren. Aber in Wahrheit gehörten die Innovationen selbst zur gleichen gnadenlosen Entwicklung, die die Tiere vertrieb. Der Zoo, der mit seinem theatralischen Szenarium Tiere zur Schau stellte, war in Wirklichkeit ein Zeugnis dessen, daß Tiere zu völligen Randerscheinungen geworden waren. (S. 24, m.Ü.).

Die gnadenlose Verbreitung von Geschlechterstereotypen, von zwingenden vorfabrizierten Fertig-Lebensstilen, von normierten gleichförmigen „Beziehungen" – die ideologische Verbreitung von „Kopf-Bildern" von Menschen durch die gnadenlose Verbreitung ihrer materiellen Basis, der Konsumgüter – läßt Menschensubjekte zunehmend zu Randerscheinungen werden. Die Konditionierungsmethoden fingen mit Tieren an, wurden an Frauen perfektioniert und greifen allmählich auch auf Männer über. In der Kultur ist die Frau das generische Objekt, seit Jahrhunderten zur Randerscheinung gemacht, seit der industriellen Revolution jedoch noch gnadenloser stereotypisiert. Sowohl die Kulturprodukte, die auf ihrer Ästhetisierung und Verdinglichung beruhen, als auch die Selbstdarstellung der Konsumgüterindustrie – die Werbung – legen ständig Zeugnis davon ab. Aber wir dürfen uns wohl an dem Punkt glauben, wo auch Männer mehr und mehr in diesen Prozeß hineingezogen werden – in diesem Zeitalter der Gleichberechtigung.

> Die Reproduktion von Tieren in Bildern... wurde durch Wettbewerb vorangetrieben, um Tiere immer noch exotischer zu machen und noch entfernter. (S.24, m.Ü.)

Die Reproduktion von Frauen in Bildern macht diese Frauenbilder immer noch exotischer und entfernter – weiter entfernt von jeder wirklichen Erfahrung von Frauen. Frauen hungern sich zu Tode in ihrem Versuch, ihre Körper in die von Modeschöpfern vorgezeichneten surrealistischen Formen zu zwingen. Sie töten ihre eigene Erfahrung ab in einem Versuch, sich Existenzen anzupassen, die für sie vorgebildet wurden. Die Bilder, Vorbilder und Ideale werden immer „exotischer" und fremder.

Die Sexualobjekt-Frau hüllt sich in Tierpelze – je rarer die Tiergattung desto prestigeträchtiger die Frau, die den Pelz trägt, und der Mann, der ihn gekauft hat. Die inszenierte Frau im Peep-Show-Frauenzoo wälzt sich auf synthetischem Tigerfell, umgeben von exotischen und theatralischen Requisiten, weit entfernt von jeder wirklichen Lebensumwelt von Frauen.

> Der Zoo kann nur enttäuschen. Der Zoo hat den offiziellen Zweck, den Besuchern die Gelegenheit zu bieten, Tiere anzuschauen.

Zweck der Peep-Show ist es, Männern die Gelegenheit zu bieten, Frauen anzuschauen.

> Doch nirgends im Zoo kann ein Fremder dem Blick eines Tieres begegnen. Höchstens ein kurzes Aufflackern des Auges, bevor es wieder abschweift. Die Tiere blicken seitwärts. Sie blicken blind in die Weite. Sie mustern mechanisch. Sie sind gegen Begegnung immun geworden. (S.26, m.Ü.)

Die Kundschaft, die sich in Soho oder Times Square Show World oder St. Pauli herumtreibt, ist nicht für ihre glücklichen, fröhlichen, zufriedenen Gesichter bekannt. Der Besuch im Frauenzoo kann nur enttäuschen. Und nirgends im Zoo, versteht sich, kann ein Mann den Blick einer Frau finden, Zeichen einer Begegnung (nicht daß er sie etwa sucht). Das Auge der Frau flackert kurz auf und schweift ab; die Frauen blicken seitwärts, blind in die Weite, mustern mechanisch. Sie sind gegen Begegnungen immun geworden. Henry Schippers Besuch in Show World war Anlaß zu folgenden Beobachtungen:

Auf der winzigen Bühne führt eine der Tänzerinnen ein lautes Gespräch mit der abgehenden Tänzerin. „Sag dem Hurenbock, ich werd' ihm den Arsch verprügeln, wenn er sich noch einmal blicken läßt", ruft sie ... Eine andere tut so, als wären die Dollarscheine in ihrer Hand eine Knarre. Damit knallt sie jedes neue Gesicht zur Begrüßung erst einmal ab. [12]

Beim Gang entlang einer Reihe von Glaskabinen, in denen je eine Frau sitzt, bemerkt er den aufgesetzten „Komm-doch-zu-mir"-Ausdruck, mit dem sie um seine Kundschaft werben. Aber:

werden sie nicht gewählt, so löschen die Augen wieder aus, die Zungen ziehen sich zurück. Die Masken lösen sich auf und lassen den Ausdruck der Langeweile, der Irritation oder der stumpfen Traurigkeit zurück. [13]

Und Berger bemerkt:

Darin liegt die letzte Konsequenz ihrer Verdrängung. Der Blick zwischen [Frau] und Mensch, der eine entscheidende Rolle in der Entwicklung der menschlichen Gesellschaft gespielt hat, ist erloschen. Sich jede [Frau] anschauend, ist der unbegleitete Zoobesucher allein. (S.26, m.Ü.)

Der Blick zwischen Frau und Mann, mit dem sie sich als aktive Subjekte wahrnehmen, ist vernichtet. Der Frauenzoo dehnt sich weit über die Metallschlitze und Gucklöcher der Peep-Show hinaus. Der Kulturraum von Frauen, in Bildern eingefangen und eingerahmt, ist eine einzige große Schau-Welt. Es bleibt nur eine einzige Blickart: das *An*schauen. Der Mann, der die Frau anschaut – der Einbahnblick.

7. Problem

Kunst und Pornographie

Bernard Williams, Mitglied des Komitees für Obszönität und Filmzensur, fragt einen französischen Beamten, wie man definieren solle, „wann ein Film pornographisch sei”.[1] Der Beamte antwortet, ohne anscheinend die Schwierigkeiten des Philosophen so recht zu würdigen: „Jedermann weiß, was ein pornographischer Film ist. Es gibt keine Charaktere, nichts als sexuelle Aktivität, und er ist nicht von jemandem gemacht, von dem man schon gehört hat.”[2] Doch Williams insistiert: „Was aber, wenn diese Kriterien auseinandergehen? Wenn z.B. ein Film mit nichts als Sex von Fellini gemacht wäre?”[3] Nach den Kriterien des Franzosen wäre der Fall klar: Der Film wäre von jemandem gemacht, von dem wir schon gehört haben, womit nicht alle entscheidenden Kriterien erfüllt sind. Der Film wäre also keine Pornographie.

Was Williams in Wirklichkeit fragt, ist, wie wir zwischen Kunst und Pornographie unterscheiden sollen, wenn ihr Inhalt identisch ist: in beiden nichts als Sex. Eine gute Frage, wenn wir bedenken, daß die Definition der Pornographie gewöhnlich auf dem „Nichts-als-Sex” im Inhalt beruht. Das Problem einer inhaltlichen Übereinstimmung bei „faktischen” und „fiktiven” Bildern hatten wir ja schon angetroffen. Auch haben wir oben gesehen, wie Williams versucht, zwischen „hoher” Kunst und „trivialer” Massenkultur durch Berücksichtigung der Publikumsgröße zu unterscheiden, da er sich des Gefühls nicht erwehren kann, daß alles Massenproduzierte leicht anrüchig sei – oder jedenfalls sexistisch. Beim Film haben wir es jedoch eindeutig mit einem Massenmedium zu tun, und es soll nun innerhalb dieses Massenmediums ein Unterschied gemacht werden zwischen Pornographie und etwas Annehmbarem, das vielleicht sogar zur „Kunst” gehört. Bei dieser neuen Problemstellung ist es nicht mehr die Präsenz „pornographischer Elemente” – nichts als Sex, keine Charaktere –, die den Ausschlag gibt (da uns dies nicht erlauben würde, zwischen Pornographie und Kunst zu unterscheiden), sondern vielmehr der Zusammenhang, in welchem das Werk produziert und verkauft wird. In der Bestimmung dieses Zusammenhangs ist das Ansehen des Autors/Produzenten entscheidend. Hat „man" von ihm schon gehört, weil er als Künstler einen Namen hat, so ist das Werk ein Kunstwerk. Ist er unbekannt, so ist, was er herstellt, wohl Trivialkultur oder Pornographie.

Würden die britischen Filmzensoren wohl doch zögern, dieses Kriterium im Gesetz zu verankern, so machen es die Literaten und die liberale Kulturelite gerade zu ihrem Hauptkriterium, und zunehmend folgen auch die kulturbeflissenen Feministinnen. Es spielt demnach keine Rolle, daß das Werk ein Tisch voll Vaginas ist (große Frauen durch ihre Vaginas dargestellt), solange es von einem Künstler gemacht ist – und in diesem Fall von einer Frau. Auch wenn wir beiseite lassen, daß sich über „nichts als Sex" diskutieren ließe (an welchem Punkt hört ein Charakter auf, ein „Charakter" zu sein, oder ist/hat „Sex" keine Handlung mehr?), so gibt es bereits Filme, die genau diese Fragen aufwerfen – darunter Pasolinis *Salo* und Oshimas *Reich der Sinne*. Filmzensoren verschiedener Länder gingen das Problem unterschiedlich an, das kulturelle Establishment hingegen hat mehr oder weniger einmütig auf seiner Tradition beharrt, d.h. seine Künstler erkannt und verteidigt. Das Motiv zur Verteidigung liegt in der Anerkennung des Künstlers als Künstler, die Verteidigung argumentiert jedoch, in „nichts als Sex" das Künstlerische, das Literarische, das Ästhetische und etwas abgründig Profundes und Wahres zu sehen – Eigenschaften der ästhetischen Ausführung, die uns verbieten, „nur Sex" in dem Werk zu sehen. Und doch wartet schon Verdruß auf die Kritiker, oder jedenfalls ein Haken für ihre Definition eines pornographischen Films, denn die Pornographieindustrie, der Kulturelite hart auf den Fersen, sieht schon vor, ihre eigenen Produkte ästhetisch aufzuwerten und einen neuen Porno-Stil zu entwickeln (neuen Porno für den neuen Mann?): „Die alten 16-mm-Kleinbudget-Streifen (Junge trifft Mädchen, 15 Sekunden später treiben sie's schon und immer wieder und wieder und wieder) sind durch teurere 35-mm-,Qualitäts'-Filme (mit besserer Tonqualität, besserer Farbreproduktion und einem Anflug von Handlung um den Porno herum) ersetzt worden."[4]

Um so mehr Grund, auf dem Kriterium, „jemand, von dem man schon gehört hat", zu beharren. Die Lösung der französischen Filmzensoren entsprach ganz diesem Anspruch, denn sie verbannten *Salo* nicht mit einer „P"(für Porno) -Klassifikation in die Sex-Film-Kinos, sondern beschränkten ihn, durch einen besonderen Erlaß, auf zwei Kunst-Kinos in Paris[5], wo er – so sollen wir glauben – nur auf ein verantwortungsvolles, kultiviertes Großstadt-Publikum traf, das seinen Pasolini zu würdigen weiß, und wo er vor Mißbrauch durch die Massen und die Provinzler sicher war. Aber die Pornographieindustrie rückt auch in dieser Hinsicht auf: „Der nächste große Kassenschlager", so sagt Regisseur Vincent Chuck voraus, „ist Prominenten-Porno. Keine Knüller mehr wie *Deep Throat* oder *The Devil in Miss Jones* – nein, der nächste große Hit ist Porno mit Farrah Fawcett, nichts weniger. Das ist der Porno, auf den jeder wartet. Jedermann."[6] Von Filmbeflissenen, die sich mit Regisseuren auskennen, abgesehen, sind diejenigen, von denen man beim Film schon gehört hat, meistens die Filmstars. Und der Grund, warum „jedermann" auf den Prominenten-Porno gewartet hat, ist, daß die Elite der Schauspieler und Schauspielerinnen den Film als in Ordnung bestätigt, genau wie der Regisseur (Fellini) den Film für die Kulturelite legitimiert – nicht nur als „in Ordnung" und annehmbar, sondern als Kunst. Mit anderen Worten, die Porno-Industrie ist auf der richtigen Spur.

Die Klassifizierung von etwas als „literarisch" oder „künstlerisch" stützt sich entscheidend – und im Zirkelschluß – immer auf etwas anderes, schon als literarisch Klassifiziertes, mit dem es erfolgreich in einen Zusammenhang gebracht wird. Die Identität des Autors liefert die einfachste Assoziation: Was ein Künstler macht, ist Kunst (auch wenn die Logik zu wünschen übrigläßt). Der hypothetische Fall eines Pornos von Fellini und die tatsächlichen Fälle von *Salo* und *Reich der Sinne* illustrieren das aufs schönste. Die Kritiker werden zwar mit viel Aufwand und Energie die literarischen und künstlerischen Qualitäten des Werks aufspüren, aber die Motivation des Kritikers, so galant eine Verteidigung des riskanten pornographischen Werks zu wagen, liegt erstens schon weiter zurück (ehe das „Literarische" unter Beweis gestellt war) und ist zudem auf die gesicherte Annahme gestützt, daß Fellini, Pasolini, Oshima ja „literarisch", „künstlerisch" und „Qualität" *bedeuten.*

D. M. Thomas' Roman *Das weiße Hotel* ist ein ähnlicher Fall und ein ausgezeichnetes Beispiel, um die Wechselwirkung zwischen dem Literarischen und dem Pornographischen zu untersuchen. Denn dieses literarische Werk geht mit seinem unverhohlen „pornographischen Material" bewußt und „gewagt" an die Grenze – d. h. an die scheinbare Trennungslinie zwischen der Kunst und der Pornographie. Das ist an sich nichts Neues in der Literatur, da das 20. Jahrhundert eine sogenannte Liberalisierung der respektablen Kunst und Literatur erfahren hat, die mittlerweile zur Tradition geworden ist. Thomas' Roman ist jedoch ein subtilerer Fall als z. B. die Werke von Henry Miller oder Norman Mailer, mit bestimmten literarischen und intellektuellen Ansprüchen, die eine literarische Rezeption durch die Kulturelite garantieren. Der Roman wird deshalb im erweiterten Umfeld seiner Anpreisung untersucht, da wir für unsere Analyse nicht nur den als literarisch klassifizierten Text, sondern all die dazugehörigen Bestätigungs- und Verteidigungsargumente der kritischen Rezeption benötigen, die, mehr als der Text selbst, die Schwachpunkte verraten: die Punkte des empfundenen Wagemuts einer drohenden Grenzüberschreitung, die Punkte, wo das Literarische zu Hilfe genommen wird, um das Pornographische zu neutralisieren, zu retten oder zu rehabilitieren.

Auch wenn Thomas nicht gerade ein Fellini war, so war er doch in literarischen Kreisen bekannt und hatte sich schon vor der Veröffentlichung seines Romans *Das weiße Hotel* als Dichter, literarischer Übersetzer und Romanschriftsteller betätigt. Die Veröffentlichung des Romans bei Viktor Gollancz und als „King Penguin" (Penguins Version von Picador-Ausgaben, die auf zeitgenössische Literatur spezialisiert sind) sowie seine Nominierung für den Booker- und den Cheltenham-Literaturpreis des Jahres 1981, all das sind Hinweise auf den literarischen Anspruch des Romans. Das Pikante an der Sache ist jedoch die offensichtliche und „gewagte" Pornographie im Inhalt. Tatsächlich zögerte auch die britische Rezeption erst einmal, und der boomartige Erfolg begann erst nach der stürmischen Aufnahme des Romans in den USA. Seither ist er auch in England überall in den Medien besprochen, von den Buchhändlern in die Auslagen gestellt und von den Verlegern gefördert worden, und die steigenden Verkaufszahlen haben ihn schnell auf die Bestsellerlisten gebracht. Obgleich der Roman den Bookerpreis, der noch vor dem amerikanischen Erfolg vergeben wurde, nicht gewann (Gerüchten zufolge wegen der Opposition von Frauen in der Jury), wird er heute doch auf dem Umschlag der Penguin-Ausgabe als „das Buch, das fast den Bookerpreis 1981 gewann", und auch als „demnächst ein bedeutender Film" angepriesen.[7] (Bemerkenswert, daß der zukünftige Film schon jetzt als „bedeutend" befunden wird, wohl durch die Assoziation mit einem bekannten Schriftsteller.)

Ich würde behaupten, daß der Roman gerade wegen dieser Verbindung des Literarischen mit dem Pornographischen so beharrlich gelobt wird und die kritische Argumentation, die seine literarische Qualität „trotz" der pornographischen Elemente beweisen will, gerade zeigt, wieviel sie im Pornographischen investiert hat. Die pornographische Struktur geht jedoch weit über die „obszönen" Elemente und den „sexuellen Stoff" im Inhalt hinaus bis in die Praxis des Autors und der Rezeption selbst. Die literaturkritischen Argumente indessen befassen sich ausschließlich mit der sich verändernden Qualität des Obszönen, der zunehmenden Anschaulichkeit und der wachsenden Gewalttätigkeit des dargestellten „Sex", entsprechend der vorherrschenden Auffassung von Pornographie als einer Sache des Inhalts. So zeigen sie sich in vollem Einverständnis mit den pornographischen Strukturen der Darstellung, die sie nicht nur nicht kritisieren, sondern selbst wiederholen und replizieren.

Die Präsenz traditioneller pornographischer Elemente in *Das weiße Hotel* braucht nicht erst nachgewiesen zu werden, da sich offenbar alle einig sind, daß es sie gibt, insbesondere in den ersten zwei Kapiteln, „*Don Giovanni*" und „Das Gasteiner Journal" sowie dem Babij Jar-Teil am Schluß des Romans. Die literarische Argumentation[8] setzt erst hier eigentlich an, denn sie besagt, daß alles davon abhänge, was Thomas aus den pornographischen Elementen „mache", wie er sie literarisch verwende, um sie zu mehr als „nur Sex" zu erheben und ihnen den „Sinn" zu geben, den Susan Sonntag in der Sinnlosigkeit der *Geschichte der O* sieht.[9] Der Ausdruck „nichts als Sex" deutet auf Überschuß und Sinnlosigkeit. Das Literarische schafft einen Rahmen, innerhalb dessen das Pornographische, das sonst überschüssig und sinnlos wäre, verankert wird und einen künstlerischen Zweck erhält.

Interessanterweise folgt die Entstehungsgeschichte des Romans genau diesem Ablauf der Zweckbeschaffung: Auf der Seite mit den formalen Angaben über Rechte und Wiederauflage steht, daß „der 1. Teil von *Don Giovanni* zuerst als eigenständiges Gedicht veröffentlicht wurde".[10] Darauf erst folgte *Das weiße Hotel*, um einen Rahmen für das Gedicht zu schaffen. In einem Interview wurde Thomas gefragt, wie er den Roman aufbaute, in welcher Reihenfolge er ihn schrieb, und ob er wirklich erst das Gedicht schuf und es dann weiterentwickelte. Thomas' Antwort:

> Ja. Und als ich das Gedicht schrieb, hatte ich keine Ahnung, daß es einmal ein Roman werden würde... Ich schrieb ein Gedicht mit dem Titel „Die Frau zu Sigmund Freud", den ersten lyrischen Teil des Romans [d. h. den 1. Teil von „*Don Giovanni*"]. Es war ein Gedicht mit offenem Ende, das mir recht gut gefiel, so wie es war, aber es schien nirgendwo hinzuführen. Ich schrieb drei weitere Teile, und immer noch schien es unbeendet... Das Gedicht kam also zuerst, ganz unabhängig von der Idee, daß es in einen Roman hineinpaßte.[11]

Mit anderen Worten, das Gedicht war zwecklos (eigenständig, unabhängig), mit offenem Ende, und führte nirgends hin: Es hätte noch ewig so weitergehen können – nichts als Sex, keine Handlung. Auch keine eigentlichen Charaktere, nur „die Frau", die Frau zu Sigmund Freud, dem Subjekt. Es war jedoch ein Gedicht, das dem Autor „recht gut gefiel", denn es gab ihm ein Lebensgefühl, entsprechend dem Gemeinsinn, der bestimmt, was gefällt und mißfällt. Thomas gibt sich erstaunt, daß das Gedicht „in einen Roman hineinpaßte", den er selbst dem Gedicht just auf den Leib schneiderte. Schauen wir, wie er auf den Roman stieß:

> Erst als ich Kuznetsovs *Babij Jar* las, machte es „klick", und ich verstand plötzlich, daß die Gedichte der Anfang eines Romans waren, der in Babij Jar enden würde... Na,

das war richtig aufregend als Idee... So schrieb ich also vom Gedicht die Prosa-Erweiterungen, indem ich jeden Teil nahm und als Erzählung neu faßte. Dann ging es in Realismus über.[12]

Erst als er vom Überfluß an grundloser Brutalität bei einem der gewalttätigsten und sadistischsten Massaker der Geschichte las, sah er ein passendes „Ende" für seine pornographischen Gedichte. Es war „richtig aufregend als Idee für die Weiterarbeit".

Es gilt nun zu zeigen, in welchem Maß der Roman auch im feministischen Sinn pornographisch ist: nicht wie „obszön" gewisse Passagen sind oder ob sie „zuviel Sex" oder Sex „zu anschaulich" darstellen, sondern was für eine Sexualpolitik der Roman aufweist und wie seine Struktur der Darstellung ist.

Es sind vor allem die Passagen, die angeblich von der Romanheldin Lisa Erdmann geschrieben sind, die im tradierten Sinn pornographisch sind und entsprechend dem herkömmlichen Muster pornographischer Literatur ein Bild männlich definierter Sexualität entwerfen – ganz zu schweigen vom Bild männlich definierter weiblicher Sexualhysterie, was einer ausgewählten Spezialgattung angehört. Es geht um „Sex". Gewalt ist ein Grundelement. „Sie" ist die passive Rezipientin des „Sex", die (er)leidet, was ihr angetan und wie und wann es ihr angetan wird. Sie ist Objekt im dargestellten Handlungsablauf. Der Penis und seine vielfachen Vertreter oder der Mann – alles paradigmatische Alternativen – sind die einzigen handelnden „Personen", die wahren Subjekte dieser fast handlungslosen Handlung:

Zwei, dann drei Finger zwängte er in mich... seine Finger füllten mich hämmernd; dann rammte er wieder rein... in jener Nacht sprengte er meine Möse [cunt] fast entzwei... Die rechte Hand Ihres Sohns war unter der Decke bis zum Handgelenk in mich hineingekeilt... und fuhr wie ein Kolben ein und aus... Ihr Sohn spießte mich auf... Ich glaube, etwas in mir zerriß... ich war auf einem Schwertfisch aufgespießt... Dann langsam schnitt das Eis selbst in mich hinein... eine Brust wurde mir abgeschoren... der Schneesturm riß mir die ganze Gebärmutter raus... er kam von hinten und rammte in mich

> hinauf... er nahm meine Hand und stieß meine Finger neben sich dort hinauf... Ihr Sohn barst durch meine Sittsamkeit... mein Steiß nahm seine Stöße auf...[13] (meine Übersetzung)

Handlung heißt, wie hier klar wird, gewalttätiges Handeln. Und ist das Frauenobjekt einmal nicht passives, empfangendes, leidendes Gegenstück zum aggressiven und gewalttätigen Handelnden und seiner Handlung, so ist sie zusätzlich durch Ohnmacht und mangelnde Einflußnahme charakterisiert – selbst wo sie linguistisch grammatisches Subjekt ist:

> Ich konnte mich nicht enthalten, ich war beim ersten Spreizen der Schenkel schon in Flammen, keine Scham konnte mich dazu bewegen, mein Kleid herunterzuziehen, seine Hand wegzustoßen... Säfte rannen mir die Schenkel hinunter... Ich wurde von Ihrem Sohn gespalten... sein ganz in mein Arschloch gerammter Finger schmerzte mich... es läßt mich rot werden... ich versuchte matt, seine Hand wegzustoßen... er zog mich auf sich hinauf ohne Warnung... ich konnte nicht schlafen in jener Nacht, ich war so wund... ich konnte nicht sagen, in welchem Loch er war... meine Brüste barsten in der zweiten Nacht... Ich öffnete mein Kleid, und mein Schmerz schoß einen Spritzer heraus, noch ehe sein Mund sich um meine Warze geschlossen hatte, und ich ließ den liebenswürdigen alten Priester... die andere herausnehmen... Ich wußte nicht, daß meine Brustwarzen so schnell anschwellen können... mein Gesicht lag im Kissen vergraben... Es war mir gleich, welcher von ihnen es war... es war so gut, jemand anders als einen Teil von mir zu fühlen, niemand war selbstsüchtig im weißen Hotel.[14] (m.Ü.)

Wird sie nicht von ihm, „Ihrem Sohn" (die Rede ist an Freud gerichtet) und hie und da stellvertretend von Schneesturm und Eis überwältigt, so wird sie von unfreiwilligen Körperreaktionen – vorwiegend Schmerz – „übermannt"; während alles andere, das sie noch unternehmen mag, als mißglückter Versuch wiedergegeben wird: „Ich konnte nicht", „ich wußte nicht", „ich versuchte matt" – durch Ohnmacht und Unwissenheit gezeichnet, ohne Kontrolle über ihren zerstückelten Körper, dessen Teile selbständig handeln: „Säfte rannen", „meine Brüste barsten", „mein Schmerz schoß", „mein Gesicht lag". Ihre einzige erfolgreiche „Handlung" ist die, andere mit ihr machen zu lassen, was sie wollen.

Niemand war selbstsüchtig im weißen Hotel: Das ist derselbe „Sinn", den Susan Sonntag in der Sinnlosigkeit der *Geschichte der O* entdeckt, wo „O gleichzeitig mit ihrer fortschreitenden Selbstvernichtung als menschliches Wesen zu ihrer Erfüllung als sexuelles Wesen gelangt".[15] Folgendes heißt offenbar, ein „sexuelles Wesen" zu sein: „O wird nicht einfach mit ihrer sexuellen Verfügbarkeit identisch, sondern will die Vollkommenheit erreichen, zum [reinen] Objekt zu werden."[16] „Es ist in Ordnung, Sexualobjekt zu sein", oder besser, es ist „Vollkommenheit", sich selbst zu verlieren, die Subjektivität aufzugeben und fortschreitend zum Objekt eines anderen zu werden – eines anderen, der offensichtlich selbst immer noch ganz Subjekt ist. Selbstlosigkeit: die Definition der vollkommenen Weiblichkeit, höchste Tugend für Mutter und Ehefrau, für „die Frau" schlechthin, und heute die Zwangsfalle für jede Mutter im Land. Tugend: das Vorrecht der Frauen, während sich Männer mit weniger als Heiligkeit begnügen; während Männer Frauen dazu auffordern, ihr Heil in der Selbstüberwindung, der Selbstaufgabe, „der Transzendenz der Persönlichkeit"[17], dem Selbstverlust zu suchen, und selbst das Risiko eines langsameren Heils und einer späteren Erlösung im Jenseits auf sich nehmen zu Gunsten des Privilegs der Selbstbehauptung, des Egoismus des *Ich bin*, des ausschließlichen Rechts auf Subjektivität. Dieser spirituelle Altruismus, dieser existentielle und materielle Egoismus predigt den Frauen im 19. Jahrhundert, ihre „Selbstüberwindung als menschliches Wesen" bedeute ihre Erfüllung als „richtige Frau", als Engel im Hause; predigt ihnen im 20. Jahrhundert ihre Erfüllung als „sexuelles Wesen", als „Sexualobjekt": als Engel im Bett.

Niemand war selbstsüchtig im weißen Hotel. Dieser Niemand ist die Frau, auf dem besten Weg dazu, niemand, kein Mensch, ein Nicht-Mensch zu werden. Jedermann sonst im weißen Hotel ist äußerst selbstsüchtig: Sie wollen sie alle für

„Sex", sie wollen sie alle „haben". Sie behaupten die eigene Subjektivität mittels des Objekt-Körpers der Frau und ihrer entleerten Menschlichkeit.

Der Gebrauch des Blickwinkels und der simulierten Stimme der Frau in der erzählerischen „Ich"-Form – die Übernahme ihrer linguistischen und erzählerischen Subjektivität – bewirkt keineswegs eine Mäßigung der pornographischen Struktur und deren grundlegender Ausschließung der Frau als Subjekt. Ganz im Gegenteil verschärft dies noch die Tilgung weiblicher Subjektivität. So ist denn auch der simulierte Blickwinkel der Frau oder des Opfers eines der erprobten und bewährten Stilmittel der Pornographie, bis hin zu den weiblichen Pseudonymen der Autoren pornographischer Literatur. Es ist das erzählerische Äquivalent von Bergers „versteckter Kamera", das wie diese Zugang zu einem Bereich geben soll, der „vom Betrachter [Leser] selbst nie wird betreten werden" (vergleiche hierzu *Inside Linda Lovelace*). Der sogenannte weibliche Standpunkt ist eine Männerkonstruktion, die vom Autor erfundene passive Opferrolle seines Szenarios und notwendiges Gegenstück zu seinem aktiven Aggressor: Ob „sie" ihrer Vergewaltigung Widerstand leistet, ob sie sie als unfreiwillige körperliche Reaktion gegen den eigenen Willen „genießt" oder ob sie sich freiwillig und endlos seiner Nötigung zur Verfügung stellt – sämtliche möglichen Alternativen dienen dazu, den pornographischen Genuß, die aktive Subjektivität und das Lebensgefühl des Mannes zu steigern. Die Auswahl ist streng umgrenzt durch den einen Imperativ, daß es ihr geschehen *muß:* „Sie" darf dazu eine Attitüde wählen. Wie Roland Barthes es mit charakteristischen Schrägstrichen beschreibt:

> Der Schrei ist das Zeichen des Opfers; sie macht sich selbst zum Opfer, weil sie zu schreien wählt; würde sie bei derselben Nötigung ejakulieren (sic), so wäre sie kein Opfer mehr, sondern würde zur Libertine: *Schreien/Ergießen* – dieses Paradigma ist der Anfang der freien Wahl, d.h. Sadeschen Sinns.[18]

Beachtlich, wie hier das passiv leidende Opfer plötzlich zur scheinbar aktiv Handelnden wird: *Sie macht sich selbst zum Opfer,* indem sie zu schreien *wählt.* Ebenfalls beachtenswert ist, wie „dieselbe Nötigung" jenseits jeglicher Wahl, jeglicher Veränderung liegt. Der Text, das Szenario, ist gegeben: „Sie" kann noch nach Belieben am Rande vermerken. Während die einfache, direkte Verdinglichung und Ver-Opferung die Subjektivität der Frau schlicht vernichtet, wird sie in diesem Fall übernommen und gefälscht: Der Meister-Autor konstruiert eine männergemachte Subjektivität und projiziert sie in das entleerte Frauenkörper-Gefäß.

Die zitierten Passagen aus dem *Weißen Hotel* weisen das ganze Spektrum der möglichen Opfer-Reaktionen auf, vom widerständigen Leiden und dem Schmerz durch den Kampf über den unfreiwilligen „Genuß" gegen den eigenen Willen – „seine hämmernden Finger füllten mich mit einem gähnenden Schlund des Begehrens", „es war so süß, daß ich schrie" – bis zu ihrer totalen Bekehrung zu den Absichten ihres Peinigers: „Ich sagte, bitte fick mich, bitte."[19] Der weibliche Schlund des Begehrens, die große Leere, die auf männliches Stopfen wartet, ist einer der bevorzugten Männermythen und entspricht der männlichen Besessenheit von der Größe des Glieds sowie der männlichen Furcht, je größer desto besser.[20]

Ich möchte hier Thomas' Text nicht unnötig weiter reproduzieren und halte das Bisherige für ausreichende Illustration der pornographischen Struktur und der sexistischen Sexualpolitik des Romans, wie sie durch die fiktiven Schriften seiner Romanheldin zum Ausdruck kommen. Es bleibt deshalb zu untersuchen, wie ein Kritiker diese Struktur und Sexualpolitik in der Rezeption reflektiert. George Levine, der den Roman in der hoch literarischen *New York Review of Books* rezensiert, erkennt die „obszönen" Passagen sofort als pornographisch im landläufigen Sinn: „Ihre erste gewalttätige und pornographische Phantasie ist in losem Blankvers geschrieben."[21] Er ist sich jedoch gewiß, daß er die literarischen Qualitäten des Romans, die das Pornographische davor bewahren, zur Pornographie zu werden, unter Beweis stellen wird. In ihrem Aufsatz „The Pornographic Imagination", einer der einflußreichsten Apologien der literarischen Pornographie, erklärt uns Susan Sontag: „Ob ein pornographisches Werk zur Geschichte der Kunst und nicht des Schundes gehört... hängt von der Originalität, Gründlichkeit, Authentizität und Macht ab, die ihm innewohnen."[22] Das sind nicht gerade kritische Kategorien von großer Genauigkeit, aber wir werden sie noch oft widerhallen hören. „Gründlichkeit" dürfte zudem als Eigenschaft auch der Schund-Pornographie gelten: „Nichts als Sex, immer wieder und wieder und wieder." „Originalität", im Gegensatz dazu, ist ein Schlüsselbegriff der literarischen Bewertung und „Authentizität" ein Erbe der Romantik.

Wie auch der Literaturkritiker weiter als nur auf die pornographischen Elemente schaut, um literarische Originalität und Echtheit aufzuspüren, geht es der feministischen Kritikerin in dem, was die Heldin Lisa Erdmann „schreibt", um mehr als nur das „Obszöne". Die Nutzung des Holocaust in der größeren Struktur des Romans verstärkt den Verdacht des Zynismus von Thomas: Es war schon unglaubwürdig, daß ein zeitgenössischer Schriftsteller so unschuldig in bezug auf die erzählerischen Konventionen sein könnte, daß er meint, er könne sich „durch eine Frau" ausdrücken oder er „behandle in der Poesie die weibliche Seite seiner selbst" oder schaffe mit einem Frauencharakter den „Standpunkt einer Frau".[23] Es ist schlechthin unvorstellbar, daß er tatsächlich glaubt, die Verbindung von sexueller Gewalt mit dem Holocaust sei eine tiefgründige, originelle oder künstlerische Errungenschaft. Nationalsozialistischer Sadismus ist ein Kernstück des pornographischen Repertoires – und zudem ein sehr einträgliches. Was also macht ein Literaturfachmann aus dieser verheerenden Kopplung?

George Levine hält *Das weiße Hotel* für „einen Roman von immensem Ehrgeiz und großer Virtuosität [was Thomas daraus „macht"]. Durch die Kraft seines genauen und gewagten Sprachgebrauchs hebt er uns vom Selbst in das Historische."[24] Wessen Selbst? Wessen Geschichte? Wen „uns"? Levine bemerkt, daß der Roman mit Freud und Jung beginnt und „irgendwo jenseits der Geschichte endet... Zwischen diesen beiden Extremen verfolgen wir das Leben einer fiktiven Frau, Elisabeth Erdman."[25] Lisa Erdman, alias Anna G. steht, wie wir schon gesehen haben, im Mittelpunkt der pornographischen Schilderungen ihrer angeblichen Schriften, d.h. der als harte Pornographie erkannten Kapitel; und sie steht auch im Mittelpunkt der Erfahrung des sadistischen Horrors der Holocaust-Erzählung. Um diese Erzählungen aus dem Reich der

Pornographie, dem Mülleimer der Kultur, in das Schutzgebiet der hohen Kunst zu retten, bedürfte es einer beträchtlichen Leistung im Rest des Romans, bedürfte es des Wagemuts wie auch enormen Ehrgeizes, der Originalität sowie der machtvollen Kunst, laut den Regeln des literarischen Arguments. (Obgleich, wie wir wissen, es in der Praxis nichts weiter braucht, als daß der Roman von jemandem geschrieben ist, von dem wir schon gehört haben.) Levine empfindet die Enormität der Aufgabe: „Der Wagemut von Thomas' Leistung ist am unmittelbarsten in seinem Ehrgeiz zu spüren."[26] Er findet offenbar, daß der Ehrgeiz erfüllt und die Leistung erbracht ist. Und wie sieht er sie erbracht? Schon im Aufbau der Romanstruktur sieht er Lisa Erdmans Leben als schlichten Übergang vom historischen Selbst (Freud) zum „Jenseits der Geschichte" des Holocaust. Der Anziehungspunkt im Brennpunkt ist das Selbst, das Subjekt: „Freud ist einer der Hauptcharaktere, der die Erfahrung sowohl untersucht als auch miterlebt und der die zurückhaltende und offenbarende Sprache seiner besessenen Suche nach wissenschaftlicher Wahrheit spricht."[27]

Eine Verwandtschaft wird offensichtlich empfunden zwischen dem Autor (oder Leser) und diesem bedeutenden Helden Freud sowie deren gemeinsamem Projekt, Lisa Erdmans Erfahrung von Schrecken, Folter und sexuellem Angriff zu untersuchen. Beide wollen sie an ihrer Erfahrung im voyeuristischen Verhältnis des Analytikers/Romanciers teilnehmen, wollen indirekt an der Erfahrung einer anderen teilhaben, indem sie „die zurückhaltende und offenbarende Sprache" sprechen, die die Frau zum Darstellungsobjekt macht – der eine auf der besessenen Suche nach wissenschaftlicher Wahrheit, der andere auf der besessenen Suche nach dem (einträglichen) Literarischen. Der gegenseitige Blick der Anerkennung zwischen dem weißen Mann und seinem Gast, Autor und Leser, ist über die Achse der Identifizierung mit ihrem dargestellten Vertreter, dem Helden Freud, hergestellt worden. Kein Verdacht, daß dieses zurückhaltende und offenbarende Verhältnis der Sprache – der Darstellung – zu der gegebenen „Erfahrung" problematisch sein dürfte, daß es gerade diese Problematik ist, die die Aufgabe rechtfertigen könnte. In seinem einzigen Eingriff als Erzähler, der als Versuch gelten könnte, das Wagnis seines Unterfangens zu retten, nennt Thomas die Erfahrung Lisa Erdmans (und die aller anderen Opfer des Massakers von Babij Jar) munter „verblüffende Erfahrungen".[28] Sein Bewußtsein der Problematik seines Verhältnisses dazu spiegelt sich in der Banalität seiner Bemerkung: „Noch können die Lebenden je für die Toten sprechen."[29] Aber das Sprechen läßt er sich nicht nehmen.

Levines Behauptung, daß „weder Freud noch Babij Jar durch die Fiktionalisierung entwürdigt oder ausgebeutet werden und daß auch weder der eine noch das andere die Heldin Elisabeth herabsetzen, die zu einer Fallstudie wird ... und zum Opfer des Massakers",[30] bleibt Behauptung ohne Beweisführung und verrät, wie mir scheint, ein zugespitztes Unbehagen. Wir haben schon bemerkt, wie der Blick vom Mittelpunkt der Erfahrung zu den Prioritäten Freud und Babij Jar, Mann und Geschichte, wechselte, um schnell zu prüfen, daß weder der eine noch das andere entwürdigt wurde. Die fiktive Heldin (nicht einmal mehr „die Frau") tritt als nachträglicher Einfall auf und in der vertrauten Form der reduzierten Identität, eines Vornamens ohne Nachnamen. „Freud ist einer der Hauptcharaktere ... Elisabeth tritt fast wie eine Randbemerkung in die Handlung ein ... in einem Brief ... von Freud an seinen Freund und Jünger Hanns Sachs."[31] In dieser Galerie berühmter Männer ist Elisabeth Erdman schlicht Elisabeth, die fiktive Heldin (Freud bleibt Freud, offenbar auch im Roman), eine Bemerkung in einem Brief, eine Fallstudie, ein Massakeropfer, eine Randbemerkung – und wenn Levine darin keine Herabsetzung sehen kann, so weil er sich für eine Frau eine Stellung, Größe oder Bedeutung erst gar nicht vorstellen kann. Der Blick des Kritikers harmoniert mit der Struktur des Romans.

In bezug auf Lisa Erdmans Schreiben an Freud bemerkt Levine: „Die sprachlichen Bilder hier (die sich durch das ganze Buch immer wiederholen) scheinen fast wichtiger als die Patientin."[32] Das (fiktive) Projekt Freuds und das des Autors und Lesers sind sich eng verbunden: Im einen wird Lisa Erdman zur Patientin und Fallstudie (keine Herabsetzung), im anderen zur fiktiven Heldin von nebensächlicher Bedeutung, der Bildsprache des Autors deutlich untergeordnet und vom „Thema des Romans", wie es Levine definiert, klar unterschieden: „Diese Briefe sind alle von Freud geschrieben und deuten alle darauf hin, daß er das Hauptthema des Romans ist."[33] Zudem bleibt die fiktive Heldin, laut Levine, trotz ihres Schreibens ein „Mysterium". Doch „ihr ‚Schreiben'... allein (obwohl die Autorin ein Mysterium bleibt) genügt schon, die Bewunderung zu rechtfertigen, die dieser Roman bei den Kritikern bereits hervorgerufen hat".[34] (Wir erinnern uns, daß wir auszogen, dieses „Schreiben" durch den Roman, in den es eingebaut ist, zu rechtfertigen.) Für den Kritiker auf der besessenen Suche nach der literarischen Qualität wird die durch die bestechende „Virtuosität" und den „Geist" des Autors dargestellte Phantasie der „Frau" zum erfreulichen Anziehungspunkt: „Eine Prosa-Verarbeitung ihrer Verse, die die poetischen Bilder sorgfältig wiederholt und weiterentwickelt... Die Sprache des Gedichts und des Briefes reicht vom schlicht Vulgären oder Banalen bis zu einer üppigen romantischen Intensität, mit einer beachtenswerten Genauigkeit der Bildsprache. Ihr Schreiben ist voll von Dislokation und Überraschungsmomenten; es ist verführerisch, erschreckend und wunderschön lebendig."[35] In Wahrheit ist es voller Pein, Gewalt und Vergewaltigung: „Was immer das Buch auch sonst sein mag, es ist ein Genuß zum Lesen."[36]

Levine gibt ein Zitat wieder, das mit den folgenden Zeilen endet: „Ich ruckte und ruckte, bis sein Schwanz die kühle sanfte Flut entließ. Verkohlte Leichen hingen von den Bäumen." Levine kommentiert: „Diese Sprache stellt unmittelbar die machtvolle Präsenz der mysteriösen ‚Anna G.' her."[37] Ich weiß nicht, ob Levine wirklich meint, was er sagt, jedenfalls kann ich ihm hier fast beistimmen. Wir erinnern uns an Levines Bemerkung, Lisa Erdman bleibe trotz ihres Schreibens, ihres angeblichen Selbstausdrucks, ein Mysterium. Mit den Darstellungsmitteln und der Benennungsmacht, die seit Beginn der Geschichte den Männern gehören, läßt sich die Präsenz der Frau nicht leicht herstellen. Die Präsenz, die hier hergestellt wird, ist die der „Anna G.", fiktive Protagonistin von Freuds Fallgeschichte, die wiederum eine Fiktion von Thomas ist. Die Erfahrung von Lisa Erdman ist immer noch nirgendwo, wie sehr Thomas auch „durch eine Frau" sprechen mag.

Es ist uns jedoch schon vorher aufgefallen, daß Levines Interesse ohnehin woanders liegt; daß er den Roman wie irgendein Pornographiekonsument mit dem Interesse am männlichen

Genuß liest, der diesem abzugewinnen ist („ihr" Schreiben ist „verführerisch"), daß die Frau im Spiel zum Objekt reduziert wird – Mittel zum sicheren Zweck, Vehikel seines Genusses. Seine Sorge ist nicht, wie sich die Wollüstigkeit der Pornographie und des Holocaust-Kitzels wohl rechtfertigen ließe. Seine Sorge gilt der Frage, ob Thomas so tief sinken könnte, Freud zu diskreditieren. Mit einem Seufzer der Erleichterung bemerkt er: „Freud zu diskreditieren ist weder ein besonders interessantes erzählerisches Unterfangen noch Thomas' wahre Absicht. Thomas' Freud ist sowohl verletzlich als auch heroisch, in seinem wissenschaftlichen Ratespiel auf zweideutige Weise bestätigt und ergreifend menschlich gemacht durch seinen Versuch, den Todestrieb aus der Geschichte abzulesen."[38] Lisa Erdman ist sowohl verletzlich als auch heroisch, in ihrer Erfahrung des Todestriebs von Babij Jar unzweifelhaft jenseits jeder menschlichen Ergriffenheit verdammt. Levine aber ist gegen diese Seite der Erzählung immun. Freud ist aufgrund von Levines eigenen Überzeugungsversuchen zum unumstrittenen Helden seiner Interpretation geworden („Freud ist jedoch hier nicht einfach eine Hintergrundsfigur"): Freud „ist der Held der Suche nach einer sinnvollen Welt, und er wird dabei selbst zum Opfer".[39] Freud ist also der Held dieses Romans, der mit grundloser pornographischer Ausbeutung beginnt und mit maßloser Gewalt und sadistischem Sexualhorror endet – Held des Romans, dessen Handlung, so sollen wir verstehen, sich um die heroische Suche nach wissenschaftlicher Wahrheit dreht, um die Irrwege unwissenschaftlichen Ratens und die rührende Verletzlichkeit des Genies, das unberührte („virgin") Wissensbereiche erforscht. Die Tiefe dieser romantischen Intensität, die emotionale Reichweite dieses Dramas, liegt in der Erniedrigung des Helden-Genies zum „Opfer". Ein äußerst ergreifendes, aufwühlendes Menschendrama.

„Ergreifend" ist übrigens auch das Wort, mit dem Levine Babij Jar beschreibt; ergreifend, weil der Eingriff des Erzählers bezüglich der „verblüffenden Erfahrungen" der Opfer „etwas anderes ist, als ein Verspotten von Freuds Werk".[40] Die Menschlichkeit des Autors liegt darin, daß er seinen gefallenen Helden nicht verhöhnt. Und wie dieser Kritiker hinter die Fakten des Romans zum Drama vom Helden, vom Autor und vom Leser dringt, so „dringt" („penetrates") auch sein Held Freud, „hinter die Fakten und zwingt die Patientin aus dem Versteck hinter ihren eigenwilligen Täuschungen hervor".[41] Kein Stilwechsel ist erforderlich beim Übergang vom Pornographischen zum Literarischen (oder Literaturkritischen): Penetration hält an, die Patientin wird auch hier genötigt – aus dem Versteck hinter ihrer eigenwilligen Maskerade als Frau, als Subjekt, als Handelnde getrieben. Sie ist Patientin, Erleidende, und es wird ihr angetan werden; sie hat die Wahl, Widerstand zu leisten (an ihren Täuschungen festzuhalten) oder es willig anzunehmen und den Text (er ist schon geschrieben) mit den Zeichen ihrer „Wahl" zu versehen: dem Schrei des Opfers oder dem Ergießen der Libertine. Wie jedes pornographische Opfer tut sie beides: sie protestiert – und versieht den Text mit einer Fußnote und einem Nachwort (der Text bleibt), wie sie auch buchstäblich Freuds Fallgeschichte „Anna G." markiert und um ein Nachwort bereichert. Und obendrein ist sie dem weisen Professor, ihrem Meister, auch noch dankbar. Und auch der andere Text bleibt bestehen. Welche Wahl sie auch trifft, es ergibt sich de Sadescher Sinn; es ist ein Genuß zum Lesen, schon ihr „Schreiben" allein reicht aus, die Bewunderung, die dieser Roman bereits erweckt hat, zu bestätigen.

Und langsam zeigt sich auch der wahre Zweck von Thomas' Roman (nein, zum Glück nicht die Verspottung Freuds): „Dieser Roman erreicht seine Kraft und Bedeutung nicht einfach durch die Ideen, die Kritik oder die dramatische Bestätigung Freuds."[42] Obgleich „der ‚Todestrieb' im Roman allgegenwärtig ist", ist Levine überzeugt, daß im Roman insgesamt „die Kräfte auf seiten des Lebens noch mächtiger" sind: „Durch die Nähe zwischen dem wirklichen Tod (von Freuds Mutter und Kind und sogar seiner Schwester im Holocaust) und einer Theorie, die ihn erklären kann, spüren wir, daß auch der Druck des Lebens nah ist."[43] Für den überlebenden Beobachter mag angesichts des Todes, der durch Todesfälle in der Verwandtschaft real geworden ist, eine Theorie, die ihn erklärt, wohl ermunternd sein und die Nähe von Lebenskräften andeuten. Freuds Fähigkeit, den Tod der anderen zu theoretisieren (wie der Zufall es will, sind dies Frauen – und zwar Frauen, die durch familiäre Beziehung zu ihm definiert sind und nicht durch ihre eigenen Namen), und Thomas' Fähigkeit, Geschichten zu erzählen, vermitteln ihnen den Druck des Lebens, das Lebensgefühl, den Segen des Subjekts. Auch Levine, der Dritte im Bunde, ist vom Todestrieb fasziniert:

> Thanatos existiert in der Energie des Eros, oder so dachte Freud jedenfalls. Elisabeths Phantasien bestätigen diese Ansicht, denn es stimmt, daß die Wirksamkeit der Pornographie in ihrem Schreiben die Katastrophenphantasien, die sie unfehlbar begleiten, um so schrecklicher macht. Wenn beispielsweise in ihrer zweiten Phantasie eine der Mutterfiguren aus der Seilbahn zu Tode stürzt, gibt es eine fast heitere Sexualität.[44]

Vermutlich weniger heitere Sexualität für die Mutterfigur, sondern mehr für jene, die zuschauen und weiterlesen und die die Katastrophe nicht sehr zu erschrecken scheint. Die Pornographie existiert in der Symbiose von Thanatos und Eros. Die Phantasien von Elisabeth, von Thomas, von Levine bestätigen diese Ansicht. Und es scheint vielmehr zu stimmen, daß die erschreckenden Katastrophen, die ihre Sexualphantasien unfehlbar begleiten, die Pornographie um so wirksamer machen. Sie ist um so mehr „wunderschön lebendig", je toter das Opfer und Sexualobjekt.

Lisa Erdman ist mehrfach tot und gestorben. Fast an den sexuellen Vergewaltigungen durch „Freuds Sohn" (Thomas' Phantasie) gestorben, von Freuds Versuch, sie in die Fallgeschichte „Anna G." einzuzwängen, weitgehend verstümmelt, einen vielfachen Tod durch die Hand ihrer Folterer in Babij Jar sterbend, wird sie vom literarischen Leser Levine noch einmal begraben, indem sie aus der Handlung des Romans verbannt und dem Helden Freud als Spielzeug, als Objekt, als Mittel zur Stimulierung der Phantasien zugeworfen wird. Wenn's hoch kommt, bereitet die Frau, Lisa Erdman, „die neurotische ‚Anna G.'" – in den sukzessiven Stadien ihrer Fiktionalisierung durch ihre Phantasierer –, „ein Moment potentieller Heilung für Freud selbst".[45] Der große Held mit seinem unermüdlichen Phantasieren ist „verletzlich und heroisch" in seiner Dominanz, „zweideutig bestätigt in seinem unwissenschaftlichen Ratespiel" über Frauen und ergreifend menschlich in seiner Deutung des Todestriebs in der Geschichte – in seiner Projektion von Sex und Gewalt, dem pornographischen Axiom, in die Geschichte der Menschheit, die Kultur der Männer.

Mit seiner „genauen und erfinderischen Prosa", „seinem geistreichen Einfall, Fiktion mit der historischen Geschichte zu vermischen"[46], der ihn auch die pornographischen Phantasien mit den historischen Greueltaten Babij Jars verbinden läßt, ist Thomas zum Snuff-Künstler des kulturellen Establishments geworden. Denn er versteht, daß Lisa Erdman nicht einfach fiktives Opfer der Erzählung, phantasierte Konstruktion in Freuds Fallgeschichte sein soll, sondern für den vollendeten literarischen Genuß ein wirkliches Opfer der authentischen Geschichte sein muß. Sie muß eine wirkliche Frau sein, und sie muß wirklich tot sein, um den literarischen Höhepunkt auszulösen. Er weiß es, weil er beim Schreiben schon einen hat:

> Schreiben ist auch Ersatz für sexuellen Genuß, eine Sublimierung des sexuellen Instinkts. Und was *wirklich* geschieht, ist, daß du etwas schreibst, das du sexuell wirklich genießt. Dann schaust du drauf zurück und sagst: „Ich habe das sehr genossen, aber für das Buch geht das nicht." ... Erst als ich Kuznetsovs *Babij Jar* las, machte es „klick" ... So schrieb ich also vom Gedicht die Prosa-Erweiterungen, indem ich jeden Teil nahm und als Erzählung neu faßte. Dann ging es in Realismus über.[47]

Schreiben ist ein Ersatz für Sexualgenuß. Es vermittelt das Lebensgefühl. Soll es uns somit erstaunen, daß diese literarische Kunst den tradierten männerdefinierten Sexualakt spiegelt, den sexuellen Angriff auf das Sexualobjekt? „Mein Herausgeber sagt, meine Romane seien wie Explosionen, und ich denke, das stimmt. Es (sic) kann wie ein feuchter Schwärmer abgehen, oder es kann einen schönen Knall geben, aber sicher wird's nicht einer dieser langen, sich hinziehenden... (sic) Ich kann nicht so arbeiten."[48] Was sagten die Frauen? „Es sei zu schnell, zu grob und zu phallisch." Und was die Gegenseitigkeit dieses Sexualaktes betrifft – hier ist, wie Thomas' Partner geschieht: „Es muß... einen Einschlag haben, so daß der Leser erschüttert ist... aber schnell vorbei, sonst interessiert es mich einfach nicht... Einen fünfhundert-, achthundertseitigen Roman zu schreiben ist für mich unvorstellbar."[49] Kein Zweifel.

Der männliche literarische Leser Levine, der sich über den Helden Freud mit seinem Helden, dem Autor, identifiziert, ist empfänglich für Thomas' Realismus und hält ihn für Realität: „Thomas entwirft eine Realität, die gleichzeitig vital und tödlich ist und zudem zugänglicher, als wir es – durch unsere Dokumente und Bücher geschützt – gern wahrhaben möchten."[50] In seinem Genuß hat er „keine Vorbehalte" hinsichtlich dieses großen Kunstwerks: „Seine Stärken sind bleibend."[51] „Sein Titel deutet darauf hin, daß das Leben gleichwie als Sache des Friedens oder der Gewalt angesehen werden kann."[52] Vielleicht hängt es doch etwas vom jeweiligen Sichtpunkt ab. Levine jedenfalls fühlt sich zufrieden, fühlt sich sicher und geborgen im literarischen Schutzgebiet.

Die feministische Leserin, im Gegensatz dazu, kann in dieser literarischen Romanze keine Rolle für sich finden. Ihr würde der Platz des Opfers zugewiesen, aber wenn die Wahrheit an den Tag soll: Sie hat kein Verlangen nach Thomas' Einschlag, keine Lust auf seinen großen Knall (wie schnell er auch vorbei sein mag). Diese Art Lesen – pornographisches Lesen – ist „nur für Männer". Die Leserin paßt nicht in Levines „wir": Sie findet weder Schutz noch Sicherheit hinter seinen („unseren") Dokumenten und Büchern; das Literarische ist kein Schutzgebiet für sie. Und sie hat allen Grund, wahrhaben zu wollen: wie leicht zugänglich diese Realität ist, wie leicht zugänglich sie dieser Realität ist – tödlich für sie, aber ach so vital für die Patriarchen, unsere literarischen Männer.

8. Problem

Das Literarische und die Produktion von Wert

Wie sich gezeigt hat, sind sich die feministische Kritikerin und der Literaturkritiker oder Pornographiebefürworter nicht uneinig darüber, daß das Pornographische pornographisch ist. Die Debatte beginnt auf der Ebene der Kunst und der Literatur, wo behauptet wird, das Pornographische in der Literatur sei keine pornographische Literatur; wo also Kritiker wohl bereit sind, ein Werk als pornographisch zu bezeichnen, nicht aber als Pornographie. Dies zeigt uns, daß Pornographie offenbar mehr als nur pornographisch ist, denn in diesem Fall sind ja beide – das pornographische literarische Werk wie die Pornographie – pornographisch. Was die Pornographie offenbar von der Literatur unterscheidet, ist, daß sie nicht literarisch ist. Entscheidend ist nicht mehr die Präsenz pornographischer Elemente, sondern die Präsenz des Literarischen, das aus dem Pornographischen mehr als nur Pornographie macht. Was es macht, wie wir schon gesehen haben, ist, das Pornographische zu legitimieren. Allerdings kann man den Literaturkritiker dabei ertappen, schon allein die pornographischen Elemente zu würdigen, ohne ihren rettenden literarischen Rahmen: „Ihr ‚Schreiben', und dies allein, genügt schon, um die Bewunderung, die der Roman bei den Kritikern bereits hervorgerufen hat, zu rechtfertigen." Es wird von „Virtuosität", „Geist" und „beachtenswerter Genauigkeit der Bildsprache" gesprochen, obwohl nirgends erläutert wird, woraus diese genau bestehen oder wie eigentlich eine Bildsprache „genau" sein kann.

Anfangs meinten Feministinnen, ihre Aufgabe bestehe darin zu beweisen, daß Pornographie Frauen erniedrigt. Sie nahmen an, das genaue Aufzeigen der Mechanismen und Strukturen der Pornographie würde für sich selber sprechen und den Fall beweisen. Die Pornographie wäre offen dargelegt, bloßgestellt – so daß es jeder sehen könne. Nun stimmen die Pornographen jedoch zu, daß sie es sehr wohl sehen können – sie wissen, daß sie Frauen erniedrigen: „Klar tu ich das. Die *New York Times* auch."

Es geht also letztlich um die Frage, ob damit etwas nicht in Ordnung sei, ob an der systematischen Erniedrigung von Frauen in der Gesellschaft, der allgemeinen Verdinglichung der Frau in der Kultur, der Usurpation weiblicher Subjektivität durch das Männergeschlecht etwas nicht in Ordnung sei. In dieser Streitfrage ist jedoch die feministische Kritikerin eine einsame Stimme ohne Verbündete, denn die selbst-erklärten Gegner der Pornographie haben nichts gegen die Erniedrigung von Frauen in der Pornographie; sie haben nur etwas gegen bestimmte Formen von „Sex" in der Pornographie. Der Literaturkritiker wiederum hat etwas gegen den Mangel an Originalität, Geist oder Genauigkeit der Bildsprache in den massenproduzierten Werken unbekannter Autoren, er hat jedoch nichts gegen die Präsenz von Pornographie in literarischen Werken und schon gar nichts gegen die Erniedrigung von Frauen darin. Mit ihrer Behauptung, es sei etwas nicht in Ordnung mit der systematischen Erniedrigung von Frauen, steht die Feministin also im Disput nicht nur mit den Pornographen, sondern auch mit den etablierten Fachmännern der Kultur. Der Pornograph, angesichts der *feministischen* Opposition zur Pornographie, verteidigt sich nicht, sondern sucht Schutz hinter der allgemeinen kulturellen Praxis der Darstellung, die die Erniedrigung von Frauen billigt und die freie Marktwirtschaft, Garant der freien Meinungsäußerung, verbürgt. Denn was die Darstellung und Verdinglichung der Frau betrifft, so reproduziert der Pornograph nur, wenngleich auf weniger erhabener Ebene und in weniger exklusiver Ausführung, was der Künstler in den esoterischen Gefilden der hohen Kunst betreibt, und er zieht daraus mehr Profit im Austausch gegen weniger Prestige.

Frauen, die aus ihrer kulturellen Sozialisierung erwachen – aus ihrer Ausbildung zum Blickwinkel des männlichen Geschlechts und ihrer Schulung im Gemeinsinn für das, was gefällt und mißfällt –, mögen wohl fragen, wie es möglich ist, daß die Erniedrigung von Frauen von einer Kultur toleriert wird, die „die höchsten Leistungen der Menschheit"[1] verkörpert sowie „den edlen Ehrgeiz, die Welt besser und glücklicher zu verlassen, als wir sie angetroffen hatten"[2] – eine Kultur, die, wie

Matthew Arnold fand, „am besten als der Liebe zur Perfektion entspringend beschrieben wird".[3] Frauen sollten sich ernsthaft fragen, was ihre Rolle in diesem Projekt der Vervollkommnung ist – wessen Vervollkommnung eigentlich angestrebt wird und auf wessen Kosten. Denn während die Kultursubjekte (die „Menschheit") dabei sind, sich als Subjekte zu vervollkommnen, haben Frauen das zweifelhafte Privileg, zu ihrer eigenen Vernichtung als Menschen fortzuschreiten (von der Mitgliederliste der „Menschheit" gestrichen zu werden) und die „Vollkommenheit" zu erreichen, „zum Objekt eines andern zu werden". Es hat den Anschein, als ob die höchste Leistung der Menschheit darin besteht, die soziale, politische und ökonomische Gesellschaftsordnung, die die Austilgung der Frauen als Subjekte bereits verkörpert und Frauen ihrer „Menschenrechte" beraubt, kunstvoll zu erklären und zu rechtfertigen.

Was Frauen an der Pornographie beanstanden, haben sie schon gelernt, in den Produkten der hohen Kunst und der Literatur zu akzeptieren. Was die feministische Analyse als die pornographische Struktur der Darstellung identifiziert – nicht die Präsenz einer variablen Qualität von „Sex", sondern die systematische Verdinglichung von Frauen im Interesse der exklusiven Beanspruchung der Subjektivität durch die Männer –, ist ein Gemeinplatz der Kunst und der Literatur wie der Pornographie. Strukturen der Darstellung, und unsere Einstellung dazu, werden in den Fachgebieten der Darstellung entwickelt und von den kritischen Fachdiskursen betreut und gesellschaftlich institutionalisiert. Es sind die dort entwickelten Begriffe des Ausdrucks und das auf solche Weise normalisierte Verständnis der gesellschaftlichen Rolle der Darstellung, auf die sich das Gesetz in seinem Bemühen, die Rede- und Gedankenfreiheit zu garantieren, begründet. Wir müssen uns deshalb diesen fachmännischen Ansichten und den Wertesystemen der hohen Künste zuwenden, um zu verstehen, wie die Verdinglichung von Frauen als durchaus annehmbares Mittel zur Vervollkommnung der „Menschheit" konstruiert wird. Werte, so edel und erhaben, daß sie die Opferung der Frauen zu Gunsten der Perfektion und des Glücks der Männer gewährleisten, verdienen, etwas genauer untersucht zu werden.

Wir haben sowohl den Schriftsteller D. M. Thomas wie auch

den Kritiker George Levine die pornographische Struktur produzieren und reproduzieren sehen, in welcher ein männliches Subjekt einem weiblichen Subjekt ein Szenario der Gewalt aufzwingt, das letzteres zum Status eines Objekts erniedrigt. Das dargestellte Szenario, in welchem Freud, Freuds Sohn und Nazis in der Rolle der Subjekte auftreten, wird auf die Struktur der Darstellung ausgedehnt. Autor und Leser verbünden sich bei der Aneignung der weiblichen Subjektivität und Erfahrung. Gemeinsam belegen sie den verfügbaren Raum des Schreibens und des Lesens, die somit zu Aktivitäten werden, die auf dem Gemeinsinn des männlichen Geschlechts beruhen und auf Kosten der weiblichen Subjektivität den Genuß des Lebensgefühls abwerfen.

Das pornographische Szenario ist im Grunde die nackte Darstellung des Verhältnisses des Männergeschlechts zu den Frauen. Es ist äußerst beschränkt und dreht sich um den sadistischen Akt von Sex-und-Gewalt, was das Gefühl der Literaturfachmänner erklärt, es gebe überhaupt kaum eine Handlung, nur Sex, immer wieder und wieder und wieder. Es gibt aber doch eine Handlung: die kulturelle Ur-Fabel der Macht. Macht ist auf seiten der handelnden Helden, Machtlosigkeit verkörpert im Opfer-Objekt. Diese Ur-Fabel hat die Struktur: Subjekt-Verb-Objekt; das Verb ist immer transitiv. Wir müssen jedoch auch die Struktur der Darstellung mit in Betracht ziehen, um dieses zeitgenössische Märchen, in welchem der Held zur Belohnung seiner Heldentat von Aggression und Dominanz die Prinzessin gewinnt, in seiner Gesamtheit zu begreifen. Wo einst Blaubart, Drache oder böse Hexe sich dem Helden entgegenstellten, steht heute die Frau – die „Ursache" der von der männlichen Psyche empfundenen Bedrohung. Die Prinzessin, die dem Helden nebst dem Königreich seiner absoluten Vorherrschaft in Kultur und Gesellschaft als Belohnung winkt, ist der Genuß – das Lebensgefühl, das ihm jede erneute Behauptung seiner Macht, seiner Subjektivität und seiner Dominanz einbringt. Er zieht aus als (mächtiger) Held und kehrt zurück als König, der im Vollzug seines Genusses eine ganze Thronfolge kleiner Kronprinzen zeugt, einen stammhaltenden Nachwuchs aspirierender Kultursubjekte, begierig, selber Helden zu werden. Überwältigte der Held im herkömmlichen Volksmärchen den bösen Vater, die Hexe oder den Drachen oder stürmte die Burg, die ihm den Zugang zur Braut verwehrte (die Braut auch im Märchen kein Subjekt, keine Handelnde, sondern Belohnung)[4], so bekämpft der moderne Kulturheld die Frau, die seinem vollendeten Genuß, der Erfahrung absoluter, überlegener und ausschließlicher Subjektivität, im Wege steht.

Wie beim gewöhnlichen Volksmärchen sind auch hier kleinere Handlungsvariationen ohne Belang: Sie sind in der Struktur oder „Morphologie" des pornographischen Szenarios selbst enthalten und auf diese zurückführbar.[5] In der patriarchalen Kultur, deren Produkt es ist, ist der Held ein Mann, das Opfer eine Frau. Umkehrungen der Geschlechterrollen innerhalb des dargestellten Szenarios sind eben genau das – eine Umkehrung, d. h. eine vertraute Transformation des Archetypen, davon abgeleitet und abhängig, so wie es auch einige Volksmärchen gibt (selbst wenn sie im 19. Jahrhundert aus den Sammlungen der Grimms und anderer Gebrüder ausgeschlossen wurden), in denen die jüngste dreier *Töchter* auf Abenteuer und zu Taten auszieht.[6]

Wie wir schon gesehen haben, gibt es zwei wichtige dramaturgische Varianten bezüglich des Objekts oder Opfers. Sie ist entweder unwilliges oder williges Objekt, aber Opfer bleibt sie. Sie hat die „Wahl" einer Einstellung zum Geschehen, aber sie hat keine Handlungswahl im Geschehen. Das Gebot des Handlungsablaufs ist zwingend: Es wird ihr geschehen, wie immer sie sich auch dazu stellen mag. Die Grundstruktur der transitiven Handlung, die ihr Objekt-Status zuweist, bleibt sich gleich. Es ist ein paradigmatisches Grundmuster der Beherrschung, der Nötigung und der Erniedrigung der/des Anderen. Das Handlungsmuster – die Wahl einer Tätigkeit – erlaubt nur transitive Verben, jene, die ein Objekt erfordern.

Es besteht nicht eigentlich die Notwendigkeit, daß Feministinnen diese Struktur aufdecken und bloßstellen, damit die ganze Welt sie sehen kann. Vielmehr war es eine Notwendigkeit für die Neue Frauenbewegung, für das Geschlecht, das erst in jüngerer Zeit begonnen hat, am Lesen der Kultur in ihrer ganzen Breite teilzunehmen, die Universalität dieser Kulturfabel zu erkennen. Das Geschlecht der Männer kennt sie schon, kann sie sehr gut sehen. Die Frage, die die feministische Kritik nun stellen will, betrifft die *Verantwortung* für dieses Grundschema der Unterwerfung. Und Verantwortung für die dominanten Darstellungsformen ist, wie sich schon gezeigt hat, weniger unter den Abfallprodukten der Kultur zu suchen als bei den „verantwortungsvollen" hohen Künsten.

Wir haben dem Literaturkritiker zugeschaut, wie er in der Bloßlegung der Struktur von Thomas' Roman assistiert, wie er hilft, jegliche Frage nach der Subjektivität der Frau, die im Mittelpunkt der Handlung steht, aus seiner Interpretation zu verbannen. Die Aufgabe des Kritikers, wie er sie versteht, wie sie die literaturkritische Praxis nahelegt, ist es, bloßzulegen und zu assistieren, nicht kritische Fragen zu stellen. Insbesondere soll er das große Werk innerhalb dessen künstlerischen Bereichs auslegen, nicht aber Fragen stellen, die jenseits der Grenzen des Schutzgebietes auf die Realität, auf die Funktion der Darstellung in der Kultur, auf die Verteilung der Darstellungsrollen in der Gesellschaft oder auf die sozialen Bedingungen der Klasse des Darstellungsobjektes zeigen. Denn in der großen Aufteilung der Fachkunden und Kompetenzen wurden Kunst und Literatur zu einem abgesonderten Reich erklärt, einer Welt losgelöst von der Realität.

Kulturfachmänner beherrschen einen besonderen Bereich von Kopfarbeit und Kopfprodukten, die ausdrücklich „nichts zur Erkenntnis" und zum Wissen beitragen. Das Ästhetische ist der ungetrübteste Ausdruck spielerischen Denkens – des Denkens der Männer, das im Spiel, als Spiel und um des Spieles und Genusses willen geschaffen wird. Es steht im Gegensatz zu „Arbeit". Die ästhetischen Produkte sind Muße- oder Freizeitprodukte: Sie sind frei vom Zwang einer Notwendigkeit oder einer übergeordneten Autorität entstanden. Dieser Freiraum des Subjekts, losgelöst von Realitätszwängen, diese von der Ästhetik gewährte Lizenz für pure Subjektivität ist wohl ein erster Ansatzpunkt für unsere Suche nach der Verantwortung in der Kultur.

Die, die den ästhetischen Bereich in ihrer Obhut haben, bedienen sich einer merkwürdigen Sprache. Die Erzeugnisse des freizeitlichen Schreibens, Malens, der Musik, des Films usw. sind „Werke", die „geschaffen" wurden. Als dem reinsten Ausdruck des „Menschen"-Geists wird ihnen die gleiche Ehrfurcht und der gleiche Respekt gezollt wie der Schöpfung selbst. So wie es die Schöpfung gibt, gibt es auch die Werke: Sie sind da; sie wurden. Sie sind die Antwort des Mannes auf die Schöpfung Gottes. So wie die Naturwissenschaftler sich mit Gottes Schöpfung befassen, machen sich auch die Geisteswissenschaftler daran, die Schöpfung des Menschen, die Kultur, zu beschreiben, zu analysieren und zu klassifizieren und dabei den Geist, der sie geschaffen hat, zu bewundern. Sie nehmen die Werke gleich der Schöpfung als gegeben hin: ein weiteres Geschenk vom Himmel. Im Fall der Literatur nennt sich diese Geisteswissenschaft auch Literaturkritik. Diese Kritik hat ihren Ursprung in der Bibelkritik: in der Auslegung und Deutung der Heiligen Schrift, dem Wort Gottes. Sie ist die Auslegung der zeitgenössischen Schrift, dem Wort des Mannes. Es gilt das Wort zu deuten, auszulegen und zu bewundern, aber es soll nicht grundsätzlich in Frage gestellt werden. Es ist heilig, eine Manifestation des Geistes. Vor allem sein Autor, der Schöpfer, der Künstler steht jenseits jeden Zweifels und jeder Kritik. Was ein Künstler schafft, ist zwangsläufig Kunst, selbst wenn es Pornographie ist, wie wir im Fall von Fellini, Oshima, Pasolini und Thomas gesehen haben.

Die moderne Literaturkritik – wie überhaupt die Textkritik – ist grundsätzlich biblisch. Sie hebt den Text auf ein Podest, um ihn um so besser von unten bewundern zu können. Zu den modernen Bibeln gehören beispielsweise Marx, Freud oder die klassische Literatur. Ein zeitgenössischer Schriftgelehrter mag ausdauernd an den Texten Freuds oder Shakespeares arbeiten, viel Textkritik erbringen und Auslegung betreiben, aber die ganze Arbeit wird innerhalb der grundsätzlichen Voraussetzung und Akzeptanz dieser Texte geleistet. Die Text- und Literaturkritik verkörpert das Grundprinzip der Bibelkritik. Das Wort „Kritik" ist etwas unpassend. Welcher Kritiker Shakespeares würde sich schon erlauben, Shakespeare ernsthaft zu kritisieren? Im Sinn einer Kritik, die den grundsätzlichen Glauben an die Heiligkeit des Shakespeare-Texts erschüttern könnte? Und wenn es einer einmal tut, dann ist er auf dem Abweg – einer von denen, die das Prinzip des literarischen Geschmacks, der kritischen Distanz, der interessenlosen ästhetischen Würdigung nicht richtig erlernt haben. Denn es ist eine unausgesprochene Regel literarischer Etikette, daß sich der Kritiker (wie der Gläubige) mit Texten befasse, die er bewundert: Es gilt als schlechte Manieren, Kritik mit kritischen Absichten zu betreiben.

Kritiker zeitgenössischer literarischer Produkte sind ein besonderer Fall: Sie stehen vor einem formlosen Korpus unklassifizierter Werke, die sie in bleibende (heilige) Schrift und vergängliche Konsumliteratur („Kunst" und „Schund") sortieren sollen. Es wäre daher zu erwarten, daß diese Kritiker „kritisieren" und einige der Produkte, die sie besprechen und bewerten, verwerfen. Und doch ist das selbst hier eher die Ausnahme als die Regel, und das unausgesprochene Gebot der wohlgesinnten Textkritik gilt auch hier. Ein negatives Urteil wird dann vor allem durch Nicht-Kritik, d.h. dadurch ausgedrückt, daß das Buch gar nicht erst besprochen wird. Es fällt auf, daß es an einer ausdrücklichen methodologischen Verbindung zwischen den beiden kritischen Tätigkeiten – der Kritik klassischer Literatur und der Rezension neuer Werke – fehlt, stattdessen zeichnet sich eine Arbeitsteilung ab: Manche Wissenschaftler klassischer Literatur unterlassen es, sich mit zeitgenössischen Neuerscheinungen zu befassen und überlassen dies den Journalisten und Rezensenten, was ein schweigendes Eingeständnis sein dürfte, daß die (bibel-)kritischen Instrumente dazu nicht ausreichen. Wird jedoch eine Begründung für diese Praxis angeführt, so meist, daß erst die *Geschichte* ein Urteil fällen wird – die Kehrseite der Annahme, die klassische Literatur enthalte jene Werke, die die Probe der Zeit schon bestanden hätten. Dies scheint eine merkwürdige Ablehnung der Verantwortung seitens der Synode, aber es gibt wohl Gründe für diese Bescheidenheit.

Aus Gründen, die sie wohl selbst am besten kennen, lieben Männer zwar die Macht, aber nicht unbedingt, bei deren Ergreifung gesehen zu werden. Ein rührendes Zeichen von Empfindlichkeit, angesichts der Macht, die sie sich genommen haben. Die Verteilung der Macht unter Männern ist jedoch selbst ein ernsthaftes Problem, und sie haben dazu eine beträchtliche Literatur über die Ethik und Rechtfertigung der Macht verfaßt. Unter ihren ethischen Werten gibt es auch einen, der die Lust an der Macht für unedel hält: Macht, so heißt es, ist eine schwerwiegende Verantwortung, von der höchsten Macht, Gott oder der Natur, heruntergereicht und den Besten unter den Männern anvertraut. Die nackte Gier nach Macht um der Macht willen ist, wie die Männer zu ihrem eigenen Schaden wissen, eine beträchtliche Gefahr für alle anderen Männer, die die gleiche Gier haben. Es wird daher unter den nobelsten der Brüder sehr wenig über Macht geredet und noch weniger davon offen gezeigt – und die Literatur, mit ihrem Mangel an Machtanspruch in der Realität, gehört zu den edelsten Beschäftigungen der Männer.

In der Institution der Literatur sehen wir denn auch nur die Exekutive, d.h. die ausübende Gewalt – auch Diener der Kunst, wie die Diener Gottes, genannt; die Gesetzgebung bleibt im Verborgenen. Wenn wir die Lehre machen im Dienst der Kunst, so lernen wir, die große Literatur mit den Fragen anzugehen, inwiefern und auf welche Weise sie groß ist, und ihre Größe zu beschreiben. Es ist nicht vorgesehen, daß wir fragen, warum es die Literatur gibt, wer sie hingestellt hat und was die Alternativen gewesen wären. Die Auswahl des Kanons – die Kanonisierung der großen Werke – fand vor unserem Beitritt statt: Sie ist jenseits unserer Fragen und unserer Kritik. Fragen wir dennoch, so lernen wir eben, daß die Geschichte sie hingestellt hat: Die großen Werke haben die Probe der Zeit bestanden. Und die Geschichte, wie jeder weiß, ist nicht von Menschen gemacht, sondern eine Naturkatastrophe, wie viele andere. Daß die Werke die Zeit überlebt haben, beweist, daß sie unter den Stärksten waren. Als Studenten der Literatur helfen wir, das immer wieder zu beweisen, wie es unsere Vorgänger ja bereits bewiesen haben.

Als Literaturstudent/inn/en hören wir so gut wie nichts über die ökonomische Infrastruktur, welche die literarische Institution untermauert. Wir sind es meist nicht gewohnt, Werke einer ökonomischen Analyse der Arbeit und der Produktion zu unterziehen; stattdessen lernen wir, nur von Werten zu reden: ethischen, ästhetischen oder technischen; phantasievollen, komplexen, originellen, authentischen. Wir lernen nicht, was wir dabei werten und bestätigen. Wir lernen, literarische Werke als mentale Konstrukte, Ausdruck des schöpferischen Geistes zu sehen; wir werden kaum ermuntert, die Bücher als Produktion ökonomischer Güter zu studieren. Obwohl uns gelehrt wird, in unseren Fußnoten und Quellenangaben die Verleger zu zitieren, so sollen wir diese Verleger als im Dienste der Literatur und nicht die Literatur als im Dienst ihres Geschäfts verstehen. Wir glauben, sie verlegten Bücher aus Gutherzigkeit, aus ihrer Anerkennung der Werte und aus echter Begeisterung für die Literatur. Und wir achten viel zuwenig darauf, wie unsere literarischen Werte und ihre Marktwerte Hand in Hand gehen.

Die feministische wie teilweise auch die marxistische Kritik haben einen Bruch in diesem nahtlosen Konstrukt der Literatur erzeugt, indem sie die von der Literaturgeschichte abgelehnten und ausgeschiedenen Werke wieder aufgegriffen und damit die Prozesse der Auswahl und Ausscheidung ins Licht gerückt haben. Die Frage, wer dafür verantwortlich ist, ob ein Werk in die Literatur aufgenommen oder aus ihr ausgeschlossen wird, läßt sich nicht mehr länger links liegenlassen und vor allem nicht länger der höheren Gewalt der Geschichte in die Schuhe schieben. Es ist klar, daß Personen (Männer) an diesen Prozessen aktiv beteiligt sind, indem sie Bücher auswählen und besprechen und dadurch werten oder sie nicht rezensieren und somit unbewertet und wertlos lassen. Klar, daß auch Personen (Männer) schon vorher Entscheidungen treffen, was überhaupt veröffentlicht werden soll und was nicht; und weitere Personen später weitere Entscheidungen treffen, ob ein Werk nachgedruckt oder in einer Sammlung abgedruckt wird oder nicht, d.h. ob Werke zugänglich bleiben oder eben nicht mehr verfügbar sein sollen. Alle mischen bei der Bewährungsprobe der Zeit mit und helfen, die bleibenden Werke immer weiter zu werten. So viele weiße Männer, die den Werken auf ihrem Lebensweg als materielle, ökonomische und kulturelle Güter der Realität weiterhelfen.

Herausgeber, Kritiker und Rezensenten, die diese Entscheidungen treffen, erhalten ihre Grundausbildung meist von Literaturwissenschaftlern, die ihnen mit Rat und Fachkunde auch weiterhin beruflich beistehen. Sie werden jedoch ebenso von den Wertmaßstäben des Buchhandels, ihres Lebensunterhalts, beeinflußt. Die akademischen Literaturkritiker haben einen gewissen Einfluß auf die Werte, die die Marktwerte bestimmen; sie gehören gewissermaßen zur Verkaufsabteilung. (Das genaue

Ausmaß ihres Einflusses ist schwierig zu messen, ebenso die Wirkung anderer Prozesse der Marktbeeinflussung wie Werbung und Verkaufsförderung.) Die herkömmliche Aufteilung in das Verlagswesen einerseits und die Literaturwissenschaft andererseits erhält jedoch weiterhin die Illusion von der Universität als einem Elfenbeinturm (von der Realität abgesetzt) aufrecht, in dem literarischen Werten scheinbar interessenlos und um ihrer selbst willen nachgegangen wird.

Die Literaturwissenschaft in ihrer reinen, d.h. akademischen Form bleibt auffallend unberührt von den Entdeckungen und Argumenten der feministischen und marxistischen Kulturkritik. Sie bleibt bei einer Methodologie, die auf der Bibelkritik begründet ist, und setzt literarische Texte weiterhin als gegeben voraus, wie Felsen von der Natur gegeben sind. Es ist scheinbar nicht Sache der Literaturwissenschaftler, zu fragen, was der Zweck eines Werkes ist und wie seine Existenz auf die Realität einwirkt. Es wird in der Existenz selbst eines literarischen Textes oder Kunstwerks keine Verantwortung wahrgenommen in dem Sinn, in dem wir eine Verantwortung in der Existenz politischer gesellschaftlicher Einrichtungen anerkennen, d.h. es wird nicht nach der Autorenschaft, der verantwortlichen gesellschaftlichen Handlung des Autors gefragt. Im zeitgenössischen Kunstverständnis gibt es scheinbar hinter dem Werk keinen Autor im Sinn einer gesellschaftlichen und politischen Person, wie auch scheinbar hinter der Veröffentlichung des Werkes kein kommerzieller Produktionsprozeß im Sinne von gesellschaftspolitischen Entscheidungen steht. Es gibt nur „Schöpfungsgeist", „Genie", „Phantasie", „Erfindung" und literarische Qualität zu bewundern, in immer sich erneuernden Manifestationen. Der Autor literarischer Schrift existiert nur in dem abstrakten Sinn, in dem der Herr hinter der Heiligen Schrift steht: Am Anfang war das Wort – Ich bin das Wort. Der Autor ist im Wort verkörpert. Wie Roland Barthes es in „Der Tod des Autors" ausdrückt: „Schreiben ist die Zerstörung jeder Stimme, jeden Ursprungs."[7] Trotz der langen Tradition der Autorenverehrung in der Literaturwissenschaft, die der heutigen Textbetonung vorausging – oder bei genauerem Hinsehen vielleicht im Einklang mit ihr –, scheint es zwar Schriftsteller und Künstler zu geben, nicht aber Autoren im Sinn von verantwortlichen Urhebern ihrer Werke. Und es scheint immer neue literarische Erzeugnisse in der Welt zu geben, wie immer neuer Regen vom Himmel fällt – ein unumstößliches Gesetz der Natur, ein Naturgesetz der Kultur und Geschichte. Jeder einzelne in der Literaturszene weiß nur zu gut, daß sehr viel mehr als nur Kreativität zur Entstehung eines literarischen Werkes beiträgt (ganz zu schweigen von der Entstehung eines Schriftstellers oder Künstlers); und doch schlägt sich dieses persönliche Wissen (die Stellung jedes einzelnen ist von solchen praktischen und politischen Faktoren bestimmt) kaum in der Praxis, in der Methodologie oder Theorie nieder. Als Kritiker möchten sie mit dem Autor an der Unverantwortlichkeit des Textes teilhaben; wie die Autoren möchten auch sie Teil der Naturgesetze sein. Warum wohl?

Es ist nicht schwer zu verstehen, warum Autoren die Existenz ihrer Werke gern einem Naturgesetz zuschreiben: Impliziert ist der Mythos, daß die besten überleben, wie in der Natur die Stärksten, Tüchtigsten. Die gesellschaftlichen Personen, die auch Autoren sind, lieben es, sich von einer willentlichen Autorenschaft zu distanzieren und von ihren Werken zu sagen, sie hätten sich „wie von selbst geschrieben", jenseits ihrer bewußten Kontrolle, nur vom Wahn der Inspiration, die heraus will, getrieben. Und was den zweiten Schöpfungsprozeß der Buchproduktion und Veröffentlichung betrifft, so wird auch der besser übergangen und durch das Märchen von der Zeitprobe und vom Publikumserfolg ersetzt. Dieser Glaube an einen öffentlichen und historischen Konsens hilft, in der Literatur ein Klassensystem zu erhalten – wie im Bereich der Ausbildung und beruflichen Beförderung der Glaube an den verdienten Erfolg: Die, die dort sind, sind es wohl, weil sie die Tüchtigsten sind. Den ganzen Aufstiegsweg entlang werden sie von Experten und Fachmännern beurteilt und geprüft, um zu bestätigen, daß sie die besten sind. Daher erklärt sich auch, warum Kritiker – die prüfenden und beurteilenden Fachmänner auf dem Weg – dem Mythos ebenso verbunden sind. Die eigene Qualität und Existenz als Fachmänner beruht auf demselben System der Bestätigung: Auch sie sind auf ihren Expertenplätzen, weil sie die Besten und die Kundigsten sind. Dieser Grundmythos der Demokratie überlebt unbefleckt selbst heute, wo Verkaufsstrategien und Werbemechanismen – die kommerziellen Gebote der Konsumwirtschaft – so allgegenwärtig und vordergründig wie kaum noch zu übersehen sind. Und Teil desselben Mythos sind die Chancengleichheit und der gleichberechtigte Zugang sowie die freie Wahl und Auswahl ohne Berücksichtigung der Produktionsfaktoren – sei es der materiellen Produktion oder der Produktion von Verdienst, Meinung oder Wert.

Selbst in der sogenannten ideologiekritischen Literaturwissenschaft geht die Kritik nicht unbedingt über die Grenzen des Literarischen hinaus. Der links-engagierte Kritiker bespricht ideologischen Inhalt und manchmal auch Form und kritisiert vielleicht die politische Haltung des Autors, die sich im Werk niederschlägt. Aber er akzeptiert das Werk als Kunstwerk[8] und bedient sich einer besonderen Strategie, um die Kritik des Literarischen an sich zu vermeiden, denn das benötigt er weiterhin für seine Arbeit als Literaturwissenschaftler. Der berüchtigste methodologische Trick, der sowohl den Autor als auch den Kritiker entlastet, ist der des „Aufzeigens" und „Bloßlegens", der scheinbar direkt dem weltlichen Begriff des Realismus entspringt, aber auf das mittelalterliche Verständnis der Kunst als ein „Sichtbarmachen der Schöpfung Gottes" zurückgeht. Als der Literaturkritiker Frank Kermode während des Gerichtsverfahrens gegen *Lady Chatterley's Lover* wegen Unzüchtigkeit als Fachzeuge auftrat, bezog er sich auf eine Tradition des Realismus: „Die Tradition, welche den Roman nicht als Unterhaltung, sondern als Mittel zur Untersuchung benutzt, nicht zu Propagandazwecken, sondern einfach, um ein zeitgenössisches Bild der moralischen Realität *zu untersuchen und dem Leser darzulegen*."[9] (Meine Hervorhebung.)

In ähnlicher Weise werden beispielsweise die sich wiederholenden bürgerlichen Sexualdramen des Filmregisseurs Rohmer gepriesen, die die sich wiederholenden bürgerlichen Sexualdramen unserer modernen Gesellschaft aufzeigen, damit alle Welt sie sehen kann. Die zunehmend gewalttätigen Geschichten des modernen Films werden mit der Begründung gerechtfertigt, sie zeigten die zunehmend gewalttätigen Tendenzen des modernen Lebens auf. Angesichts der Pflicht zum Realismus scheint es natürlich, daß Darstellungen die Hauptzüge der Realität widerspiegeln; und angesichts der naturgesetzlichen Existenz von

Kunstwerken fragt niemand, wozu wir solche Darstellungen oder Spiegelbilder wohl brauchen, warum sie jemand herstellt und schon gar nicht, inwieweit diese selbst die Realität, die sie zu spiegeln vorgeben, mit formen. Künstler wie Kritiker sind dazu da, die Realität der Wirklichkeit, im abgesonderten Reich der Kunst, aufzuzeigen.

Werner Herzog, gefeierter Filmemacher der kultivierten Avantgarde, macht *Fitzcarraldo*, einen Film, der vom massiven Mega-Ego eines Kolonialisten handelt, der mitten im peruanischen Dschungel ein Opernhaus bauen will und bei der Ausführung seines Plans Hunderte einheimischer Indianer ein Dampfschiff über einen Hügel tragen läßt. Der linke Kritiker ist befriedigt: Der Film zeigt die massive Arroganz eines damaligen Kolonialisten (legt sie bloß). Dabei wird nicht erwähnt, daß das massiv aufgeblasene Mega-Ego eines europäischen Cinéasten die gleiche Übung des (post-)kolonialen Imperialismus und der Arroganz noch einmal wiederholt, indem er seine Filmproduktion wie die Oper Fitzcarraldos in den Dschungel trägt und Hunderte einheimischer Indianer ein Dampfschiff über den Hügel tragen läßt, blind gegen die Wirkung seines eigenen Eingriffs in die ökonomische und kulturelle Situation der einheimischen Bevölkerung. Die Wiederholung dieses Ego-Dramas scheint dadurch gerechtfertigt, daß es im Interesse eines großen Kunstwerks geschieht, wobei nichts darüber gesagt wird, daß dieses große Kunstwerk ganz dem Interesse eines großen Künstler-Egos des westlichen Kulturestablishments dient, vom finanziellen Interesse der Produzenten einmal abgesehen. Herzog, ein großer Künstler, zieht aus, um sich zu beweisen, und kehrt als großer Künstler zurück. Die Verpflichtung zum Individualismus der großen Kunst ist so grundsätzlich, daß sie auch die meisten marxistischen Kritiker, die ja angeblich jeden Ego-Individualismus mißbilligen, zum Schweigen bringt. Die Vermutung läßt sich nicht unterdrücken, daß der beeindruckte Kritiker den Film am liebsten selbst gemacht hätte.

Der Kunstfilm verdeutlicht die Aufblähung des Künstler-Egos zu gigantischer Größe. Im Gegensatz zu seinem ärmlichen Bruder, dem Schriftsteller, gelingt es ihm kaum, sich als Bohèmien, der auf dem ungeheizten Dachboden mit Bleistiftstummel kritzelt, auszugeben. Dieser Künstler braucht ein paar

Millionen Dollar und ein Team untergeordneter Techniker, um dem Wahn seiner Inspiration Ausdruck zu verleihen und seine Subjektivität auf den Bildschirm der Kultur zu projizieren. Der Kritiker ist um so mehr beeindruckt, anscheinend von der Größe der Inspiration und dem Ausmaß der Einbildungskraft. Daß dieses Massenmedium – das weder von einem einzelnen Mann gehandhabt werden kann, noch für einen einzelnen Zuschauer oder zum Selbstausdruck bestimmt ist – von den Sachverständigen zur Kunstform stilisiert wird, verrät eine bewußte Wahl. Sie harmoniert mit dem kulturellen Feiern von Künstler-Egos, der Produktion von Star-Künstlern. Das Medium selbst würde vielmehr eine Konzeption der kollektiven Autorenschaft, der Zusammenarbeit eines Teams, die alle zum Werk beitragen und alle nötig sind, nahelegen. Stattdessen drängt uns die Tradition, ein Teammitglied herauszugreifen und als den eigentlichen Schöpfer und Künstler wie all unsere andern Künstler zu feiern. Trotz der auffallenden Dimensionen der Produktion und ihrer offensichtlichen Verankerung in Industrie und Kommerz schafft der Kritiker einmal mehr eine Schutzzone um das Werk herum, um es als Text und als Kunstwerk zu besprechen, als wär's durch ein Wunder entstanden.

Der Literaturkritiker, mit seiner Einstellung zu Kunstwerken wie zu Felsen der Natur, duldet die Unverantwortlichkeit des Autors mit gutem Grund. Sie versieht ihn mit Arbeit und einem Lebenszweck. Es ergibt sich eine scheinbare Arbeitsteilung, bei welcher der Autor seine kritische Verantwortung ablegt, um eine Stelle für den Kritiker zu schaffen. Der Kritiker, dankbar für die Beteiligung an der edlen Aufgabe, den Anteil an der großen Kreativität, wird sich würdig erweisen: Er wird im Austausch für den Abglanz der Ruhmesehre von der Kritik absehen. In Bewunderung der manifestierten Phantasie des Künstlers wird er seine Zeit damit zubringen, dem offenbarten Ideenreichtum Beifall zu zollen. Zöge er die unbefleckte Empfängnis der Kunstwerke in Zweifel, so würde er sich damit arbeitslos zweifeln; schlimmer noch, er stellte damit seine Stellung in der Kulturelite in Frage. Die Literaturszene hängt davon ab, daß es Autoren, Schriftsteller, Künstler gibt sowie das Gefolge von Kritikern, Herausgebern und Rezensenten. Sonst gäbe es bloß Leute, die schreiben, und das könnte bedeuten, daß alle möglichen Leute schreiben, und es würde schwierig werden zu sagen, wer unter ihnen am besten und am schönsten schreibt (sofern es immer noch um Schönheit ginge). Und es gäbe Dialog und Debatte statt einer hierarchischen Arbeitsteilung; Erwiderung auf Geschriebenes statt Auslegen einer einbalsamierten Schrift. Die Werte der Bewertung müßten offen zutage treten. Aber die Kulturelite, trotz ihrer offensichtlichen Interessen in der Wertfabrikation, scheut sich vor jeder offenen Formulierung von Werten wie vor jeder Kritik, die die Werte des Literarischen kritisiert. „Literatur- und Kunstkritiker sind berühmt für die Bequemlichkeit, wenn nicht die Arroganz, mit der sie sich anmaßen, Kunstwerke oder Künstler definitiv in Schichten der Größe einzustufen", schreibt Michèle Barrett, die bezeichnenderweise keine Literatur- oder Kunstwissenschaftlerin, sondern Soziologin ist.[10] Bequemlichkeit, weil eine Bewertung mit Bezug über das selbstbezogene „Literarische" oder „Künstlerische" hinaus kaum je vorkommt; Arroganz, weil es nichts weiter als der Autorität des Kritikers – des Fachmanns – bedarf, um die „Größe" zu bestätigen. Statt einer wirklichen Bewertung nach klar dargelegten Kriterien wird das Literarische kontinuierlich gefeiert, in einer Selbstbestätigung der Kreativität, die endlos im Kreis herumführt. Indem er eifrig feiert, beweist der Kritiker, daß er der Gesellschaft schöpferischer Autoren würdig ist.

Dies läßt sich am Beispiel des Picador-Verlags zeigen, der als Spezialist zeitgenössischer Prosaliteratur an der Konstruktion des Literarischen entscheidend beteiligt ist. Es handelt sich dabei nicht einfach um kommerzielle Verkaufsförderung, da diese Hand in Hand mit literarischer Fachkunde vorgeht. Zeitgenössische Literatur, wie schon gesagt, stellt einen besonders interessanten Fall dar als Schnittpunkt, an dem gegenwärtige Literaturproduktion zu Literaturgeschichte gemacht wird.

Der Begriff „literarisch" ist, wie der des „Geschmacks", nicht beschreibend, sondern wertend. Verwandt mit „Qualität" – wie „Geschmack" eine Abkürzung für „gute Qualität", „guten Geschmack" –, heißt literarisch „gute literarische Qualität" oder literarisches Verdienst. Begriffe wie diese bedeuten also nicht direkt, was sie meinen, sondern verweisen auf Regeln, die anderswo gemacht werden. So bedauerte die Jury des Observer-Virago-Kurzgeschichten-Wettbewerbs im Jahre 1981 „die schlechte schriftstellerische Qualität" der meisten Beiträge, ohne uns jedoch zu sagen, worin eine bessere Qualität bestanden hätte.[11] Wer Geschmack hat, weiß eben, was Qualität heißt und was sie ist; sie nicht zu haben verrät die Unkenntnis dieser Definition (nicht etwa ihre Ablehnung). Haben oder Nicht-Haben, Geschmack haben oder keinen Geschmack haben: Die Begriffe werden zum binären Gegensatz – entweder/oder –, die eine genaue Differenzierung verhindern. Laut denen, die den Geschmack bestimmen, gibt es keinen anderen Geschmack, nur „keinen Geschmack" (auch schlechter Geschmack genannt). „Literarisch" ist ebenfalls ein solcher ausschließender Begriff: Entweder etwas ist literarisch oder eben nicht. Raymond Williams zitiert in seinem Buch *Keywords* die scheinbar „natürliche" Frage in bezug auf Literatur, nämlich „ob alle Bücher und Schriften Literatur seien (und wenn nicht, welche *ausgeschlossen werden* und nach welchen Kriterien)"[12], und wir dürften anhängen: „Von wem?" Geschmack – ihn zu haben und zu wissen, woraus er besteht – definiert eine Gruppe und ihre Mitglieder – eine Geschmackselite –, und umgekehrt definiert der Klan indirekt den Geschmack, indem er ihn hat. Der Geschmack ist am wichtigsten für die Mitglieder dieser selbstgewählten Gruppe, wie auch der Mangel an Geschmack ihnen am schwerwiegendsten scheint, nicht aber unbedingt denen, die den Geschmack nicht „haben". (Dies ist ein entscheidender Unterschied zwischen diesem „Haben" und materiellem Haben.) Um das Literarische zu erkennen, braucht es den Geschmack, der die literarische Qualität erkennt. Wir wollen nun sehen, mit welchen Mitteln diese Qualität erkannt wird.

Picador beginnt mit einer Liste unklassifizierter Werke, dort ansetzend, wo die Literaturgeschichte aufgehört hat, d. h. etwa vor fünfzig Jahren, mit den bereits eingestuften Werken der „Modernisten" Joyce, Faulkner, Musil usw. Das ideologische Projekt Picadors ist, die jüngere „Literatur" zu umgrenzen, Verlagsziel ist, daß die von ihm verlegten Bücher in die begehrenswerte Kategorie mitaufgenommen werden. Die Argumentation wird in den Kurztexten der Schutzumschläge und den Werbetexten auf den letzten Seiten der Bücher geführt.

Ein neues Buch hat hauptsächlich zwei Möglichkeiten, in die

neue Literatur aufgenommen zu werden: entweder, indem es von einer Autorität, einem bereits akkreditierten Mitglied der Literatenelite (das also Qualität erkennt – siehe „Geschmack"), ausgewählt und gewertet wird oder indem es einem anderen schon als „literarisch" bestätigten Werk ähnlich oder gleich ist (Arroganz oder Bequemlichkeit). Am besten ist eine Kombination von beiden. Was in beiden Fällen stattfindet, ist eine Übertragung der literarischen Qualität durch Assoziation: mit jemandem, von dem man schon gehört hat, oder mit einem Buch, von dem man schon gehört hat. Die Qualität selbst, die werkeigenen literarischen Werte brauchen somit weder erwähnt noch analysiert oder bewiesen zu werden.

Auf der Rückseite des Covers von Thomas Pynchons Roman *Gravity's Rainbow* lesen wir: „*Moby Dick* und *Ulysses* kommen einem beim Lesen am häufigsten in den Sinn ... *Gravity's Rainbow* ist ein Fortschritt gegenüber beiden." Was ist wohl ein Fortschritt bezüglich *Moby Dick*, bezüglich *Ulysses*? Fortschritt in welchem Sinn? Und weiter: „Das Enzyklopädische eines Thomas Wolfe, die Dichte eines Faulkner, die Gelehrsamkeit eines John Barth" (*New Society*). Die genannten Qualitäten sind selbstverständlich an sich nicht ausreichend, um das Literarische zu garantieren: Es ist die mit dem literarischen Thomas Wolfe verbundene enzyklopädische Qualität, nicht die von *Knaurs Konversationslexikon*, die Dichte Faulkners, nicht die eines juristischen Dokuments, die Gelehrsamkeit John Barths, nicht die eines akademischen Pedanten. Die scheinbare Identifikation von „Qualitäten" ist deshalb illusorisch: Was konstatiert wurde, ist „literarische Qualität" aufgrund der Verbindung mit literarischen Größen.

Unter den Kapazitäten – von denen man schon gehört hat – befinden sich sowohl bekannte Persönlichkeiten als auch Institutionen, wie z. B. angesehene Zeitschriften und Zeitungen mit Anspruch auf literarische Mitgliedschaft. *Gravity's Rainbow* weist vorwiegend Empfehlungen von letzteren auf: *The New York Times*, *Saturday Review*, *Time*, *The Listener*, *Newsweek*, *The New Statesman*, *The Sunday Telegraph*, *New Society*. Pynchon's *The Crying of Lot 49* kann sich mit Autoritäten beider Typen brüsten, dem Urteil des führenden englischen Kritikers und Professors Frank Kermode: „Der beste amerikanische Roman, den ich seit dem Krieg gelesen habe", sowie einer Mischung aus Persönlichkeit und Blatt: Norman Shrapnel von *The Guardian*, wobei es offenbar Zweifel gibt, wer oder was mehr (literarisches) Prestige hat. Wie wir schon bei Thomas gesehen haben, verleihen auch literarische Preise Autorität: So wird bei Picador Beckett als „Nobelpreisträger" oder Ian McEwan als „Träger des Somerset Maugham-Preises" angepriesen.

Wo Zeitungen und Zeitschriften zur Empfehlung herangezogen werden, sehen wir im Folgenden die schon genannte Aufteilung in Zeitungsrezensenten und „reine" literarische Persönlichkeiten aus der Literaturwissenschaft: Erstere werden gewöhnlich unter dem Namen ihrer Zeitung subsumiert, letztere zeichnen mit ihren eigenen berühmten Namen: Frank Kermode, Adrian Mitchell, Pritchett, Gore Vidal, Canetti, Toynbee usw. Gelegentlich stellt sich das Problem, wie bei Pynchons *The Crying of Lot 49:* Sind Norman Shrapnel oder Peter Lewis Persönlichkeiten oder einfach literarische Tagelöhner von *The Guardian* oder *The Daily Mail*? Und vielleicht ist es umgekehrt ebenso eine Frage: Sind *The Guardian* und *The Daily Mail* genügend renommiert im *literarischen* Sinn, um ohne die Namen der Kritiker als literarische Autoritäten zu fungieren?

Der zweite Weg, auf dem ein Werk zur neuen Literatur werden kann, ist mittels einer Assoziation mit schon etablierten Werken der Literatur, die entweder mit Titel oder dem Namen ihrer Autoren zitiert werden. James Joyce ist einer der am häufigsten beschworenen Autoren, wie z. B. bezüglich *Gentlemen Prefer Blondes* oder zur Empfehlung von Flann O'Brians *The Third Policeman*: „Selbst mit *Ulysses* und *Finnegan's Wake* im Rücken dürfte James Joyce neidisch sein" (*Observer*). Impliziert wird, daß Flann O'Brians Roman den Romanen Joyces gleich ist (Joyce könne sie geschrieben haben) und auch überlegen (ein Fortschritt, der Joyce neidisch machen würde). Der Klappentext zu Becketts *Murphy* spricht auf die Literaturgeschichte an: „Historisch gesehen schlägt *Murphy* eine Brücke zwischen den Romanen James Joyces und der neuen Literatur der Nachkriegszeit, in welcher das Werk Becketts einen so prominenten Platz einnimmt." Ein wahrhaftiger Kreislauf: Beckett schlägt eine Brücke zwischen Joyce und Beckett, zwischen der „modernistischen" und der neuen Literatur; die Brücke

Murphy ist also dank ihrer verbindenden Funktion wie auch dank ihrer Assoziation mit dem schon etablierten Beckett literarisch. In ähnlichem Rundlauf wird Borges beschworen, um das Werk Borges zu empfehlen; er wird als Kapazität auf dem Klappentext für eine Sammlung eigener Werke, *A Personal Anthology,* angeführt: „Südamerikas bedeutendster Prosaschriftsteller wählt persönlich die Werke, auf denen er seinen Ruf begründet wissen möchte." Borges, am Ende von Borges, schafft sein Oeuvre aus literaturhistorischer Sicht und bereitet seinen posthumen Ruf vor. Und bezüglich Borges' *The Aleph and Other Stories* verkündet Picador: „Die umfassendste Sammlung in englischer Sprache. Sie enthält eine brillante Auswahl von Prosatexten sowie einen langen ausschließlich für diese Sammlung geschriebenen autobiographischen Aufsatz." Borges ist nicht nur Kritiker, Herausgeber und Historiker zu Borges, sondern auch Borges' Biograph. Und was seine Funktion als Herausgeber seines Werks angeht, so fällt auf, daß vielmehr die getroffene Auswahl brillant geheißen wird als die Prosa selbst. Wie dem auch sei, Borges schmeißt hier den ganzen literarischen Laden allein.

Das Lob der neuen Werke deutet wiederholt darauf hin, daß sie im Begriff sind, *zu Literatur zu werden,* und zwar nach bewährter Manier: aufgrund historischer Dauer, aufgrund ihres Rufes und dank der Einschätzung durch Fachkundige der Literatur. So wird beispielsweise von Brautigan gesagt, er sei „etabliert als einer der bedeutendsten Schriftsteller unserer Zeit", wobei seine Etablierung anderswo stattfand und wir sie aufgrund der Autorität dieser Aussage in Treu und Glauben annehmen müssen, ohne durch Argumentation überzeugt zu werden. Hier wird nicht mehr von einer Persönlichkeit erklärt, er sei ein großer Schriftsteller, sondern schlicht, er sei schon etabliert – vermutlich aufgrund des anonymen Konsens, der zuschaut, wie unsere Zeit zur Geschichte, zur nächsten literarischen Epoche wird. Es wird mehrfach auf diese (von allein) im Werden begriffene Epoche hingewiesen: „Einer der größten Prosaschriftsteller dieses Jahrhunderts" in bezug auf Beckett; oder Frank Kermode: „Der beste amerikanische Roman, den ich seit dem Krieg gelesen habe"; oder Philip Toynbee über Musil: „Einer der ganz wenigen Komiker dieses Jahrhunderts."

Die Geschichte wählt und der Konsens der Literaten destilliert die ganz wenigen Meisterwerke der Epoche. Toynbees Betonung liegt auf „eine[m] der ganz wenigen", Canettis Einschätzung Musils: „Der einzige Schriftsteller irgendwelcher Sprache, der so aufregend wie Proust ist", wo Proust als Bezugspunkt dient für das Einmalige. „Wenn ich morgen auf den Mond verbannt würde und nur fünf Bücher mitnehmen könnte, dieses [*Gravity's Rainbow*] wäre eins davon", erklärt der Kritiker der *New York Times*. „Nur wenige Romane verändern das Leben. Dies ist einer davon", steht auf der Umschlagrückseite von Gabriel García Marquez' *One Hundred Years of Solitude*.

Die Qualität oder Qualitäten, die diese Werke zu literarischen Meisterwerken machen, sind selbst-bezogene Qualitäten: Größe, Kunst, Meisterhaftigkeit: „Eines der großen Werke", „eines der größten Werke dieses Jahrhunderts", „ein Meisterwerk der Komödie", „ein Meisterwerk", „ein schamlos originelles Kunstwerk", „ein zeitgenössischer amerikanischer Klassiker", „ein kleines Meisterwerk von schauerlicher Faszination", „nachgerade perfekt", „ein bedeutendes Werk der zeitgenössischen Literatur... der südamerikanische *Don Quijote*... ein Klassiker". Keine der Fragen ist beantwortet: Was ist Größe? Was ein Klassiker? Was originell oder perfekt an einem literarischen Werk? Was ist ein Werk? Was ein Meisterwerk? Was ein Werk der Literatur? Das höchste Lob, das einem Werk erteilt werden kann, ist, daß es ein Werk der Literatur ist; das Auffallendste an dieser Konstruktion der neuen Literatur ist, daß sie im Kreis herumgeht und sich auf sich selbst bezieht. Wir etablieren durch das Etablierte, durch die Behauptung einer Ähnlichkeit und durch die paradoxe Kombination von Gegenteilen: von gleich und gänzlich ungleich, Ähnlichkeit einerseits und Originalität andererseits. Kein Vergleich durch Analyse, kein Beweis der Ähnlichkeit: nur die Behauptung von ähnlicher Größe, ähnlicher Meisterhaftigkeit, ähnlicher literarischer Qualität. Die Begutachter können urteilen, weil sie selbst schon literarische Größen sind: Sie brauchen nicht zu sagen, was sie an einem Text schätzen, nur *daß* sie ihn schätzen, weil es genügt, daß *sie* ihn schätzen: „Der beste Roman, den *ich*... gelesen habe"; „Wenn *ich* gefragt würde"; „Wenn *ich* morgen auf den Mond verbannt würde." (Meine Hervorhebung.)

Der enge Picador-Kreislauf funktioniert wie ein Mikrokosmos der besseren Gesellschaftskreise: manche der Kapazitäten, die als Zeugen aufgeführt werden, sind selbst bei Picador verlegt; sie sind, mit anderen Worten, selbst dank Picador zu „Etablierten" und zu „Literatur" geworden, so z. B. Canetti (vor dem Nobelpreis), Kafka, Borges, Coover, Kesey usw. Letztlich können diese Picador-Autoren fast ungestützt auf eigenen Füßen stehen – ein Pantheon großer Picador-Autoren –, wie der Sammelband *The Naked I* (Das nackte Ich) zeigt: „Darunter Kafka, Borges, Nabokov, Coover, Ken Kensey." Und der Klappentext beginnt: „In diesem Zeitalter ohne feste Werte..."

Dies ist nicht einfach ein kommerzieller Kunstgriff: Wie wir gesehen haben, arbeiten die Verleger mit den Fachmännern der Literatur und der Literaturwissenschaft aufs engste zusammen. Auch gleicht das Picador-Pantheon auffallend dem Curriculum der zeitgenössischen Literatur an den Anglistikfakultäten. Zudem können wir dasselbe Prinzip in den reineren Sphären der Akademie am Werk sehen. Die Anthologie *The American Tradition in Literature*, die von Anglistikprofessoren angesehener Universitäten der USA herausgegeben wurde, nimmt sich auf ähnliche Weise der zeitgenössischen Dichter an. Elizabeth Bishop erhält eine Empfehlung von ihrem Zeitgenossen Randall Jarrell, der schon in der unmittelbar vorhergehenden „Epoche" zum „etablierten" Dichter der „Mitte des Jahrhunderts" geworden war; es wird von ihr zudem gesagt, sie zeige eine „Ähnlichkeit mit ihrer langjährigen Freundin Marianne Moore" (einer etablierten Lyrikerin des frühen Jahrhunderts).[13] Das Literarische wird von einer literarischen Kapazität und mittels der Ähnlichkeit zu anderen literarischen Werken auf das neue Werk übertragen.

Weitaus am häufigsten wird Robert Lowell als Maßstab des Literarischen bemüht (er ist der James Joyce der Poesie), der ebenfalls zum Establishment der Mitte des Jahrhunderts gehört und schon das „ernsthafte Ansehen der Kritiker für sich gewonnen hat".[14] Er soll „Macht und Originalität" haben (wir erinnern uns an Susan Sontag), während seine Größe weiter durch einen biographischen Eintrag bewiesen wird, der länger ist als der eines jeden Zeitgenossen und manche zusätzlichen „Beweise" (durch Assoziation) seiner literarischen Mitgliedschaft enthält. Randall Jarrell schrieb auch über Lowells Lyrik eine Rezension, die, wie die Herausgeber betonen, deshalb besonders interessant sei, weil „Lowell sie für die Veröffentlichung zusammen mit einer Auswahl seiner Lyrik, anstelle einer eigenen Einführung, genehmigte".[15] Wer bestätigt hier wen als groß und literarisch? Die Meinung ist, daß der Kritiker das Werk des Dichters beurteile; die heilige Autorität des Dichters selbst wird jedoch angeführt, um zu bestätigen, daß der Kritiker recht hat (vergleiche Borges). Trotzdem wird auch hier noch „Ähnlichkeit" benötigt: Lowell „teilt mit [Ezra] Pound" die Vorliebe, die Gedichte anderer seriöser Dichter, wie z. B. Homer, Rilke und Pasternak, in Übersetzung nachzudichten. Und um sicherzugehen, werden noch drei weitere Kritiker mit Namen angeführt und zitiert. Auf diese Weise über jeden Zweifel hinweg als Mitglied der Literaturelite etabliert, kann Lowell nun seinerseits als Autorität auftreten, um die Talente geringerer Dichter zu bestätigen. So zum Beispiel Anne Sexton, die „bei Robert Lowell an der Universität von Boston Lyrik studierte" – und so wohl literarische Qualität durch Körpernähe abbekommen hat.[16] Oder Adrienne Rich, deren Lyrik „Robert Lowell als ‚eine ausgewogene und intakte Erfüllung' sieht, die stark an ‚Dichter der Antike... und noch mehr an unsere Prosaschriftsteller – vor allem Hawthorne – erinnert'".[17] Oder Sylvia Plath, die „in *Ariel* erreichte, was Robert Lowell als ‚erschreckende und permanente Erfüllung' bezeichnet".[18]

Auffallend ist, daß Lowells Empfehlung zugunsten von drei von vier Lyrikerinnen herangezogen wird, die in dieser Gruppe von „Lyrikern des Dreivierteljahrhunderts" vertreten sind, während scheinbar keine namhaften Kapazitäten nötig waren, um die zwölf männlichen Lyriker zu bestätigen, die nämlich von allein „Ehren erhalten" sowie „Anerkennung", „Literaturpreise" und eine „Gefolgschaft gewonnen" hatten und zudem selbst als Kapazitäten zugunsten ihrer Lyrik zitiert werden.[19] Die vierte Lyrikerin, Denis Levertov, ist Amerikanerin nur durch Heirat und Lyrikerin scheinbar auch durch Heirat: „Sie heiratete den amerikanischen Schriftsteller Mitchell Goodman und begann durch ihn, sich für die amerikanische experimentelle Lyrik zu interessieren."[20]

Auf diese Weise erfüllen die Herausgeber ihre Aufgabe, die

zeitgenössische literarische Produktion in die „Titanen" und die „Dichter geringerer Statur, deren Werke überdauern", einzuteilen.[21] Sie helfen ihnen überdauern mittels titanischer Assoziation und durch Aufnahme in die Anthologie. Sie möchten uns jedoch glauben machen, diese Werke „überdauerten" ganz von allein, kraft ihrer eigenen Stärke, wegen ihrer Tüchtigkeit und weil sie die schwierige geistige Probe der Zeit überstehen und sich den Konsens der interessenlosen Zuschauer verdienten. In ebendem Buch-Objekt, für welches ich so und so viele Dollar bezahlte, gebe ich mich der Illusion hin, daß solches „Überdauern" sonstwo stattfindet, dort drüben im literarischen Schutzgebiet der Werte, während dieses materielle Objekt und dieses Herausgeberunternehmen gerade die bestimmenden Faktoren im erneuten Überdauern dieser Werke sind. Vom Beitrag der Anthologie zum Vergessen all der nicht einbezogenen Werke ganz zu schweigen.

9. Problem

Das Geschäft mit den Büchern

Es dürfte inzwischen klar sein, daß eine Absonderung der Literaturwissenschaft vom Büchergeschäft illusorisch ist, da sich beide gegenseitig brauchen, voneinander abhängig sind und harmonisch ineinandergreifen. Rezensenten werden zu Werbeleuten einer Handelsgesellschaft, Akademiker finden Teilzeitarbeit bei Zeitschriften, für die sie Bücher rezensieren, Professoren bilden zukünftige Herausgeber und Lektoren aus, Verleger veröffentlichen Bücher, und Dozenten nehmen sie in den Lehrplan auf. Und doch hält die Volksmythologie die beiden säuberlich getrennt: Wie das Märchen der ästhetischen Interessenlosigkeit eine Isolationszone um Kunst und Literatur schafft, so stellen die Legende der interessenfreien Suche nach der Wahrheit und die Mär des verdienten Erfolgs einen Zaun rund um die Akademie, der den Kommerz der Geschäftswelt angeblich fern hält.

Die kommerzielle und industrielle Seite der Produktion des Literarischen – die Fabrikation literarischer Bücher – ist folglich ein Problem für die Volksmythologie. Die Heirat der Jungfrau im Elfenbeinturm mit dem Geschäftsmann vom Marktplatz dürfte zu Spannungen führen. Wie wir schon gesehen haben, geht es der „hohen" Literatur um die Produktion von Eliten – von Meisterwerken und von Literaten. Das Hauptanliegen des Literarischen ist Ausschluß: das Ausgrenzen der Massen von Geschriebenem und Schreibenden, die hinter die strengen, wenn auch schlecht-definierten Normen zurückfallen. Die gute Literatur ist wie die gute Gesellschaft einer Gemeinschaft verbaler Darstellung; ihre Journale und Zeitungen lesen sich wie die Klatschspalten der bürgerlichen Presse. Namen werden eingeflochten von den Jemands, von denen man schon gehört hat, und sie werden gewöhnlich von jemandem eingeflochten, von dem man immer mehr hört.

Die Verleger hingegen sind nicht im Gespräch, sondern im

Geschäft. Ihr Hauptanliegen ist Einschluß: das Einschließen der Massen von Konsumenten in ihre Kundschaft und das Einschließen ihrer Produkte in die verkaufstüchtigen Konsumgüter. Es wäre logisch, Ehekonflikte zu prophezeien. Und doch kommen die beiden – das Literarische und das Geschäft – erstaunlich gut miteinander aus. Wir wollen sehen, wie sie das machen.

Picador, wie wir bereits sahen, ist ein Verlag, der den Interessen des Literarischen scheinbar ganz ergeben ist, an der vordersten Spitze bei der schwierigen Aufgabe, die künftige Elite unter der neuen Generation auszuwählen. Der Verlag veranstaltet sozusagen einen Debütantinnenball. Den Interessen der schon etablierten älteren literarischen Generation willfährt das Verlagshaus, indem es auf verschiedene Weise Zeichen gibt, daß es hierbei „literarisch" und „exklusiv" zugeht. Der Penguin-Verlag beispielsweise benutzt hierfür bei seinen Taschenbüchern Farbkategorien: Schwarz für die toten Klassiker, Grau für ältere etablierte Klassiker der Neuzeit, Orange für Klassiker, die noch in der Entwicklung stehen, und in jüngerer Zeit das neue Format King Penguin, das durch Größe und Aufmachung eine Ähnlichkeit mit Picador, dem Spezialisten der ungeformten Zeitgenossen, und mit Virago, der progressiven Außenseiterin der Frauenbewegung, zu verstehen gibt. Gleichzeitig winken die Verleger jedoch den nicht-so-literarischen Kunden zu, sie seien nicht wirklich ausgeschlossen, und locken sie mit Buchumschlägen, die an weniger exklusive Gattungen erinnern. Besonders beliebt sind Fotos aus der Verfilmung des betreffenden Buches (wie z.B. bei D.H. Lawrence, Kate Chopins *The Awakening*, John Fowles *The French Lieutenant's Woman* usw.) oder fotografische Bilder, die so aussehen, als könnten sie aus Filmen, Frauenheften oder Soft-core-Männerheften sein (z.B. Edna O'Brian, Muriel Spark, Iris Murdoch bei Penguin oder Ian McEwan bei Picador). Abbildungen aus den Massenmedien Film, Fernsehen und Fotografie ersetzen vermehrt die exklusiveren Reproduktionen von Gemälden der Kunst.

Die Werbetexte tragen weiter dazu bei, den Mythos der Exklusivität, des einmaligen Meisterwerks, des Einen unter Tausenden zu fördern. So haben wir schon manche Romane als „den *Ulysses* des späteren 20. Jahrhunderts" angepriesen bekommen, jeder noch einmaliger als der andere. Literaturkritiker und Rezensenten unterstützen diese Vervielfachung der raren Einzelfälle aus gutem Grund: erstens, weil ja kein Kritiker von einem einzigen Meisterwerk pro halbes Jahrhundert leben kann, und zweitens aus Furcht, von der (Literatur-)Geschichte blamiert zu werden. Wir erinnern uns alle noch an die Banausen, die seinerzeit *Ulysses* oder D. H. Lawrence verwarfen, und wir möchten es ihnen nicht nachtun. Deshalb ist es klüger, häufig auf ein mögliches Meisterwerk zu setzen: je öfter desto besser stehen die Chancen. Aus demselben Grund lohnt es sich nicht, *gegen* ein neues Werk zu sprechen, denn die Geschichte verzeiht jenen, die nichts sagten (sie können nicht zitiert werden), stellt aber diejenigen bloß, die sich wagemutig exponierten. Andererseits ist der Rezensent oder Herausgeber nie völlig auf sich allein angewiesen: Für den Rezensenten besteht eine gewisse Garantie bereits in der simplen Tatsache, daß das Buch veröffentlicht wurde, während der Ruf des Verlagshauses und möglicherweise die Kategorie der Ausgabe (z. B. King Penguin) zusätzlichen Beistand leisten. Ähnlich verläßt sich der Herausgeber bei der schwierigen Entscheidung, ob ein Buch wert ist, verlegt zu werden, auf Gutachter und Lektoren („Leser"), um die Verantwortung zu teilen. Gelingt es, ein Buch mit der Empfehlung eines berühmten Kritikers zu veröffentlichen („Das beste X seit ich Y gelesen habe"), so fühlt er sich schon um einiges sicherer.

Doris Lessing hat mit ihrem Versuch, einen Roman unter Pseudonym erscheinen zu lassen, ein klares Experiment angestellt, das die Fähigkeit von Herausgebern und Rezensenten, literarische Qualität zu erkennen, auf die Probe stellte. Verleger schnitten dabei etwas besser ab als Rezensenten, mit Ausnahme von Lessings üblichen beiden britischen Verlegern, die das Manuskript der unbekannten „Jane Somers" ablehnten. Ein dritter Verleger, Michael Joseph, kaufte den Roman, weil er ihn „an die junge Doris Lessing erinnerte".[1] Andere europäische Verleger kauften das Manuskript ebenfalls: der deutsche Verlag, weil er die seltene Politik verfolgt, junge unbekannte Autoren (von denen man noch nichts gehört hat) zu verlegen. Der französische Verlag kaufte es, weil ein scharfsichtiger Lektor eine Ähnlichkeit mit dem Stil Lessings wahrnahm und vermutete, die

Autorin hätte der unbekannten „Jane Somers" geholfen. Als das Buch unter dem Pseudonym „Jane Somers" erschienen war, wurde es an „all die renommierten Kritiker geschickt, die mein Werk seit Jahren analysieren, alle jene, die Dissertationen und ganze Bücher über Doris Lessing geschrieben haben, und auch jene, die sagten, ich sei in meiner Realismus-Phase besser gewesen [als in der späteren „Space Fiction"-Phase]. Es gibt nicht einen einzigen unter ihnen, der auch nur eine Zeile geschrieben hätte."[2] Mit anderen Worten, die Kritiker entschieden sich, das Buch durch Nicht-Kritik zu verwerfen. Ihre berühmte Fähigkeit, Ähnlichkeit festzustellen und „literarische Qualität" zu erkennen, so unfehlbar im sicheren Wissen über Lessings Autorenschaft, hatte sie ohne diese Sicherheit kläglich verlassen. Und wenn sie den Kritiker nicht verlassen hatte, dann die Redakteure der berühmten literarischen Zeitschriften und Journale:

> Keine „seriöse" Zeitschrift nahm mein Buch zur Kenntnis. *The New York Times Book Review* schickte den Roman einer frei arbeitenden Journalistin [eine noch geringere Tagelöhnerin als der festangestellte Journalist]. Sie schrieb eine begeisterte Rezension, aber sie wurde nicht veröffentlicht.[3]

Und Lessing berichtet weiter:

> Die einzigen Artikel, die veröffentlicht wurden, erschienen in Zeitschriften in der Provinz. Journalistinnen hatten auf dem Umschlag gelesen, die Autorin sei eine bekannte britische Journalistin, die sich hinter einem Pseudonym verberge.[4]

Es hat fast den Anschein: je geringer das literarische Prestige – Provinzblatt statt nationale Zeitung, freier statt festangestellter Kritiker, Journalist statt Kritiker, Frau statt Mann – desto besser stehen die Chancen, daß ein echter Versuch gemacht wird, ein Buch zu analysieren, um so geringer ist die Gefahr, daß anstelle einer ehrlichen Beurteilung die Autorität des schon angehäuften Kapitals an literarischem Prestige eingesetzt wird. Die optimale Chance bietet sich offensichtlich, wo ein Maximum an minderwertigen Qualifikationen zusammentrifft: bei der frei arbeitenden Journalistin in der Provinz – es sei denn, daß diese aus beruflicher Solidarität handelte, wie Lessing anzudeuten scheint.

Die Kritiker in den USA sagten ganz offen, daß ihre Markt- und Reklamekriterien die literarischen überwiegen: „Zwei ausgezeichnete Literaturkritiker riefen ihren Redakteur an und sagten, sie fänden das Buch zwar sehr gut, könnten es aber nicht fördern: Es gebe ja kein Foto und keine Biographie. Und heute ein Buch zu fördern, braucht es eine Persönlichkeit, die verkauft werden kann."[5] Gibt es keine Persönlichkeit, von der man schon gehört hat, so können die Verkäufer aus dem körperlichen Aussehen der Autorin und den Eigenheiten ihrer Biographie eine kreieren. Die literarischen Qualitäten des Werks sollen dabei ja nicht stören. Persönlichkeit – die laut der ästhetischen Interessenlosigkeit keine Rolle spielt – ist gerade das beste Kapital für die Verkaufsförderung des literarischen Produkts. Dessen höchste literarische Qualität, dessen verläßlichste und am häufigsten beschworene Garantie ist das Prestige des literarischen „Jemand, von dem man schon gehört hat". Und dieses wird nicht in der abgesonderten Domäne des Literarischen, des abstrahierten Textes und des manifesten Geistes gemacht, sondern in der Realität der kommerziellen Medienwelt. Eine einzige Dosis des Kulturkapitals, das sich im Konsumgut „Doris Lessing" angesammelt hat, würde genügen, um den kommerziellen Erfolg von irgend etwas zu sichern, das unter ihrem Namen veröffentlicht wird. Keine noch so große Portion literarischer Qualität von Doris Lessings Schriftstellerei garantiert den gleichen Erfolg. Der Konkurrenzgeist der freien Marktwirtschaft setzt offenbar alles daran, einen wirklichen und offenen Wettbewerb zu vermeiden.

Autorenprestige ist das Musterbeispiel des literarischen Werts. Nicht nur bedeutet es „literarisch" aufgrund einer bereits bestehenden literarischen Assoziation, es deutet auch auf den höchsten Wert des Elitesystems, nämlich Ausschließlichkeit und Einmaligkeit. Andere Qualitäten, wie z.B. Dichte, Gelehrsamkeit, Originalität oder Stil können sich mehrfach manifestieren; Lessinghaftigkeit, Becketthaftigkeit, Joycehaftigkeit sind absolut einmalig, die endgültige Garantie der Exklusivität. Und kann die Lessinghaftigkeit nicht in der Prosa bestimmt werden, so läßt sie sich problemlos von der Einmaligkeit der Person und ihrer Biographie ableiten. Der Status der individuellen Autorin als Star verkörpert den Inbegriff der Elitequalität – die Einzigartigkeit – und steht im direkten Gegensatz zu dem, was die Masse, die Massenmedien, den gemeinen Mann und die gemeine Frau ausmacht. Die letzte Konsequenz der elitären Kultur ist es, eine endgültige Hierarchie nicht nur der Besseren, sondern des Besten, des Größten, des Einzigen herzustellen.

Da aber selbst die erhabene Literatur mit den Füßen auf dem ökonomischen Boden steht, wird diese letzte Konsequenz nie vollständig gezogen, wird der Ausschluß nicht bis zum endgültigen Nullpunkt getrieben. Deshalb haben wir ein friedliches Miteinander von vielen dieser Größten, dieser Besten, dieser Einzigartigen, dieser originellen und einmaligen Erscheinungen des Literarischen: eine Aristokratie ohne ihren König. Daraus entsteht der Schein einer Demokratie bei der Elite: die Demokratie des Konsums und der Auswahl auf den Regalen der literarischen Markthalle. Die Hochzeit des literarischen Elitebegriffs mit dem Prinzip des Konsums erzeugt ein notwendiges Klassensystem innerhalb des Systems, das die Auswahl der „Besten" bekräftigt und die Herrschenden legitimiert, ohne jedoch die geringeren Mitglieder für die kommerzielle Ausbeutung zu verlieren. Die paradoxe Verbindung ist ein notwendiger Teil zur Produktion des Klassensystems oder der stratifizierten „Größe" sowie der Werte von Klasse, Klassikern und „Qualität". Die Literatur steht an der Spitze der Produktion verbaler Kultur, von wo sie die Mythen der interessenlosen Verdiensthaftigkeit, der verantwortungslosen Autorenschaft und des vom Publikum erzeugten historischen Konsens produziert und verbreitet, die wiederum auf weniger erhabener Ebene die Herstellung der Pornographie als Massenartikel ermöglichen und beschützen. Ökonomisch wird die Produktion der geadelten Literatur von der Produktion der Massenliteratur unterhalten und gestützt. Auf der ideologischen Ebene der Werte braucht es zum „Erhabenen" auch das „Triviale", zur hohen Kunst einen niedrigen Schund und für einmalige Star-Individuen die Masse, von der sie sich abheben.

Am unteren Ende des Spektrums steht die Produktion der

Massenkultur, mit einer Masse von Konsumgütern für ein Massenpublikum. Hier herrscht das Prinzip des Miteinschlusses absolut: lieber einen Dollar in der Hand als zwei auf dem Dach der komplizierten Produktion von Prestige. Weder muß sich das Produkt von anderen Produkten unterscheiden noch der Autor oder der Leser von der Masse der Produzenten und Konsumenten. In den literarischen Kreisen wird die Einzigartigkeit des Autors vom Leser und Kritiker vor allem deswegen geschätzt, weil der Abglanz des ersteren auch auf den letzteren fällt, wenn dieser die Einmaligkeit erkennt und zu würdigen weiß. Wie die (Massen)Konsumentinnen, die Chanel no. 5 kaufen, ermutigt werden, sich so einmalig zu fühlen wie der Star Catherine Deneuve, die dafür wirbt, so fühlen sich auch die beträchtlichen Massen der literarischen Minorität, die Star-Autoren lesen, ermutigt, sich für einmalig literarisch und zur Elite gehörig zu halten. Im Gegensatz dazu unterläßt es die Massenproduktion schlicht, ihre Konsumpolitik zu verstecken, und spricht direkt ein Massenpublikum an, das sich nicht darum schert, von einer Geschmackselite ausgeschlossen zu sein. Das Produkt selbst ist ein einfaches Konsumgut, welches im Konsum konsumiert wird (es ist „vorübergehend", nicht wie die Literatur „überdauernd"). Das literarische Produkt hingegen ist gleichzeitig eine Investitionsmöglichkeit für die Produktion und Reproduktion von literarischem Kapital. Was an Vertriebsmöglichkeit eingebüßt wird, wird als wiederinvestierbarer Mehrwert wettgemacht: Das Produkt – Buch oder Autor – kann in Zukunft zur Übertragung literarischer Qualität auf ein anderes Produkt eingesetzt werden.

Trotz dieser Unterschiede haben die Massenproduktion und die der elitären Literatur wichtige Produktionsfaktoren gemeinsam, die für die Frage der Darstellung von Bedeutung sind. Sie teilen beide das Prinzip der Verdiensthaftigkeit und das Prinzip der Unverantwortlichkeit der Autorenschaft – der Produktion selbst. Der Hauptwert der Konsumideologie ist, was die Mehrheit schluckt. Die Konsumenten schlucken angeblich aus freiem Willen und im Konsens. Die Produzenten übernehmen keine Verantwortung für das Produkt: Die Masse hat es gewählt und als „gut genug" (hier geht es nicht um „das Beste") bestätigt, indem sie es geschluckt hat. Das Produkt hat die

Probe des Konsums bestanden. Daß das Angebot zum großen Schlucken schon vorselektiert ist, wird möglichst nicht erwähnt. Und daß Konsumenten von den Produzenten darin beraten werden, was sie konsumieren sollen, ist heute so alltäglich, daß es nachgerade natürlich scheint und keiner weiteren Kritik mehr bedarf. Wichtig ist, daß der Konsument eine Auswahl hat, daß er die Wahl hat zwischen Kellogg's Cornflakes und Kellogg's Honig Pops und Kellogg's Smacks und Kellogg's Coco Krispies. Schlucken muß er. Er hat nicht die Wahl, nicht zu schlucken – laut dem Konsum-Szenario. Es ist gerade das Markenzeichen der Konsumideologie, daß der Markt frei ist und der Konsument die Auswahl hat. Die zur Verfügung stehende Auswahl an Gütern existiert wie nach Naturgesetz: Die Güter sind; sie wurden; es gibt sie. Der Konsument darf sie bewerten. Die Tatsache des Angebots, der Produktion, der Autorenschaft wird in den Schatten der Nachfrage gestellt – die Nachfrage des konsumierenden Publikums. Wie angeblich der Konsens des literarischen Lesepublikums die angebotene Produktion literarischer Güter gutheißt, so heißt angeblich die Nachfrage, das Konsumschlucken das Angebot der Konsumgüter gut. Der Konsens wird Zeuge der Probe der Zeit im Fall der Literatur, der Probe der Konkurrenz im Fall der Konsumgüter allgemein bei der Auswahl der Besten oder Tüchtigsten oder Gefragtesten. Die Bedürfnisse, Verlangen und Begehren des Publikums, werden behandelt, als wären sie Ausdruck eines authentischen und unumstößlichen Instinkts, sich das Lebens- und Überlebensnotwendige zu sichern – als wären sie ein biologischer Trieb. In der Rhetorik der freien Marktwirtschaft wird die Nachfrage zu einem Naturgesetz, ohne Hinweis, daß die Bedürfnisse, Werte und Aspirationen selbst produziert werden: durch die von der Produktion bestimmte Auswahl des Angebots, die Kanonisierung der bestehenden Konsumgüter.

Das meistgebrauchte Argument der Pornographie-Produzenten und der Massenmedien ist, daß es für das, was sie liefern, eine Nachfrage gibt. Im persönlichen Beisein ihrer Kritiker stimmen sie jedoch gern zu, was das Publikum begehre, sei schändlich und von schlechtem Geschmack – nur: Jeder sei frei, und auch der Markt sei frei. Als gesellschaftliche Personen schlagen sie sich auf die Seite der Geschmackselite und distanzieren sich vom Massenpublikum. Raymond Williams zitiert einen ehemaligen Direktor der *Mirror*-Verlagsgruppe:

> Natürlich muß man dem Publikum geben, was es verlangt, sonst geht man pleite... Nur Direktoren von Zeitungen und ähnlichen Organisationen wissen wirklich, wie unendlich gleichgültig, wie dumm und wie uninteressiert an Bildung jeglicher Art der große Haufen des britischen Publikums ist.[7]

Die Verantwortung ist damit abgeschoben, angeblich auf die Konsumenten, während die Autorität, die Macht zur Autorenschaft der Produktion, aus dem Blickfeld verschwunden ist. Die Verantwortung der Urheberschaft, in der Literatur wie im Geschäft, wird von den Produzenten verneint und abgelehnt, und im einen Fall dem literarischen, gebildeten, geschichtemachenden minderheitlichen Leserpublikum zugeschrieben, im anderen der unglaublich dummen Masse des restlichen Publikums. Die Verantwortung der Produzenten, wie sie es sehen, gilt ihrem Geschäft – der Produktion von Literatur und Gewinn –, nicht dem Produkt oder dem Konsumenten. Die Verantwortung für die Kultur, nach der die Feministin fragt – die Verantwortung des Autors gegenüber seiner kulturellen Aussage, die Verantwortung gegenüber seinem „Stoff" –, scheint es nicht zu geben, scheint dem Literaturbetrieb und dem Büchergeschäft nicht ins Konzept zu passen.

Die Literatur selbst ist ein produktives System, auf dem Verlagswesen aufgebaut und von industriellen Interessen und ihrer Ideologie bestimmt. Als eine kulturelle Einrichtung ist sie an der Produktion von Werten beteiligt – spezifisch den Werten des Literarischen und Künstlerischen, den Klassenwerten des Elitedenkens. Im Interesse dieser Werte muß sie die Produktions- und Förderungsprozesse verbergen, die sie sonst als eigennützig und weit entfernt von ideologischer Reinheit und Interessenlosigkeit offenbaren würden. Kunstwerke werden folglich wie Naturerscheinungen behandelt, die ihren Fortbestand der Genehmigung durch die Leserschaft verdanken, die ihrerseits nach Mitgliedschaft bei der Elite trachtet. Unter der Herrschaft des Klan-Prinzips, wo die neue Literatur aufgrund ihrer Familienähnlichkeit mit der älteren Literatur gewählt wird, findet nur eine sehr beschränkte Form von Kreativität überhaupt Ausdruck oder Beifall, die hinter dem Gütezeichen der Originalität durch gewisse Züge der Gleichheit charakterisiert ist. Unter dem Druck des Geschäfts wird die „einzigartige" Qualität vervielfacht, was den Eindruck der Gleichheit noch verstärkt. Der „moderne amerikanische Roman", der heute auch in England und anderswo produziert wird, ist ein Beispiel. Die Massenindustrie der Pornographie ist nur das Extrem einer Realisierung des Geschäftspotentials der Literatur. Hinzu kommt, daß die Zugabe einer der Massenkultur entlehnten Prise Pornographie, durch endlose Gleichheit gekennzeichnet, der Literatur ein Element der gewagten „Einmaligkeit" verleiht. Wie die russischen Formalisten bemerkten, zehrt die Literatur, um sich zu erneuern und um die abgeflachten Avantgardequalitäten zu ersetzen, von den „unteren", nicht-literarischen Gattungen, so zum Beispiel von der Pornographie.[8] Der zeitgenössische Literaturkritiker hat sich entschlossen, im gegebenen Szenario mitzuspielen und die Verantwortungslosigkeit des Autors durch seine eigene zu ergänzen, um des Hochgenusses willen, mitspielen zu dürfen: in der glamourösen Welt der Kunst, dem Showbusiness der Oberschicht, dem Hollywood der Gebildeten. Der Pornograph weiß, daß er von keinem Literaturkritiker etwas zu befürchten hat. Das literarische Establishment gibt der großen Schaustellung des Schöpfergeistes seinen Segen und schätzt den Ausdruck der Einbildungskraft als ein Produkt des Unbewußten, das er für die Quelle der Wahrheit, die Natur in der Kultur, für die große Konstante der Menschheit hält. Es schätzt sie alle, weil es sich selber schätzt, weil es keine Kriterien, keine Stellungnahme, keine Verbindung zur politischen Realität wahrnimmt, die als Bezugspunkt gelten könnten. So begrüßt es sämtliche Auswüchse des Geistes (sofern sie unter seiner Lizenz hergestellt sind), schätzt sie für die bloße Tatsache, daß sie geschaffen wurden, ein Wunder aus der Sicht des Mannes (oder ein Komplex bezüglich der Kreativität, ein Fall von Gebärmutterneid?). Innerhalb seiner pluralistischen Einheit beschwört das Establishment diese und jene Werte – enzyklopädische Qualität, Dichte, Originalität, Macht, Vollkommenheit –, aber das Literarische selbst ist über jeden Wert erhaben, ist Wert an sich.

10. Problem

Auf dem literarischen Spielplatz

Das Verständnis von Kunst und Literatur als abgesonderte Sphären, von der Wirklichkeit losgelöst durch eine Trennungslinie zwischen Fiktion und Realität, hat auch zu einer Loslösung des Autors von seinem Werk geführt. Die bibelkritische Einstellung zu Kunstwerken sieht im Künstler nicht ein Mitglied der menschlichen Gemeinschaft, sondern das Ideal des Subjekts: verkörpert in seinem Wort, durchs Medium zum vollständigen Selbstausdruck gelangt. „Schreiben ist der neutrale, komplexe, mittelbare Raum, wo uns das Subjekt entgleitet – das Negative, in dem jede Identität verlorengeht."[1] Das „Subjekt", das hier entgleitet, ist die gesellschaftliche Identität der Persönlichkeit, denn Schreiben ist der Spielraum des (postmodernen) Subjekts, das sich der sozialen, ökonomischen, Geschlechts-, Klassen- und aller anderen einschränkenden Faktoren entledigt, um sich als Subjekt der Sprache im Prozeß der Signifikation und der Unendlichkeit der Bedeutung gleichzeitig zu konstituieren und zu verlieren. Dieser ästhetische Begriff eines metaphysischen Spielraums hat sich derart eingebürgert, daß daran kaum noch jemand Anstoß nimmt. Der Kritiker akzeptiert die Umgrenzung, hüpft hinein und fährt fort, aufzuzeigen und bloßzulegen, was der Künstler vor ihm schon aufgezeigt und bloßgelegt hat. Was sie zusammen bloßlegen, wenn nicht gerade „gespiegelte Realität", ist das privilegierte Kultursubjekt, wie es zur vollständigen Subjektivität und zur Erfüllung im Selbstausdruck gelangt, mit dem Sinn spielt und das Genußgefühl erreicht.

So kann Angela Carter als Kritikerin den Marquis de Sade geradezu als „Vorläufer" der feministischen Kritikerinnen beanspruchen: Er hat die Mechanismen und die Mechanik des pornographischen Szenarios beschrieben, gezeigt, aufgezählt und bloßgelegt – vor ihnen und für sie. Ihm folgend müssen sie nur noch aufzählen und aufzeigen. Carter schreibt:

> Sade ist und bleibt ein monströses und erschreckendes Kulturdenkmal, und doch würde ich meinen, daß er die Pornographie in den Dienst der Frauen gestellt hat oder sie doch einer Ideologie zugänglich machte, die Frauen nicht unfreundlich ist. Und geben wir dem alten Monster sein Verdienst – hier ist er mit einem erheiternden rhetorischen Ausbruch: „Bezauberndes Geschlecht, ihr sollt frei sein: so wie Männer es tun, sollt auch ihr alle Freuden genießen, die die Natur euch zur Pflicht macht; enthaltet euch keiner. Soll die göttlichere Hälfte der Menschheit von der anderen in Ketten gehalten werden? Ach, sprengt diese Fesseln: Die Natur will es."[2]

Carter, die potentielle feministische Kritikerin, zieht sich ins literarische Schutzgebiet zurück und wird zur Literaturkritikerin: „Sade" ist nicht mehr der Mann, der vielfache Vergewaltiger und Mörder, über den sie so sorgfältig forschte; als Schriftsteller und Pornograph verdient er die literaturkritische Haltung, die ihn als Künstler und schreibendes Subjekt begreift. Als gute postmoderne Literaturwissenschaftlerinnen lassen wir ab vom Autor und gehen zum Werk über, das seinen Namen trägt: Sade ist ein Kulturdenkmal (ein Felsen der Kultur); ein literarisches Gebilde, das dementsprechend außer Reichweite der politischen, der feministischen Kritik rückt. Sades pornographischer Angriff auf die Darstellung der Frau als Mutter wird in den Augen Carters zur Dienstleistung an den Frauen. Sein mörderischer „Menschenhaß" (sic), so argumentiert sie, „erzeugte in ihm einen Haß auf die Mutterfunktion, der ihn dazu bewog, die geheiligtsten Züge der Frauen zu entmystifizieren, und hat er Frauen geschaffen, die leiden, so hat er auch Frauen geschaffen, die Leiden verursachen".[3] Frauen haben zwar die mütterlichen Züge ihrer patriarchalen Darstellung weder erfunden noch geheiligt, dennoch ist zu bezweifeln, daß sie Sade dafür danken sollten, den Mythos der Mutter durch den des Opfers oder der invertierten pornographischen Sadistin ersetzt zu haben. Abgesehen davon, daß Carter in die literarische Schutzzone abtaucht, geht sie hier der Chancengleichheit auf den Leim: Den Fußstapfen ihres Versorgers folgend scheint sie begierig, die Chance, die er ihr bietet, zu nutzen – und Leiden zu verursachen, „wie Männer es tun".

Aber Sade ist schlauer, als Carter vermutet. Er rasselt nicht mit den Ketten, damit sie ihnen entkomme, und sein aus Menschenhaß geborener „Befreier"-Geist müßte ihr verdächtig sein. Doch geblendet von der Offerte der Gleichberechtigung mißversteht sie ihn. Sein Angebot ist ein binäres Entweder/Oder: zu leiden oder Leiden zu verursachen; zur einen Hälfte der Menschheit zu gehören oder zur anderen. Es steht ihr jedoch nicht frei, zu wählen, denn die Alternativen sind geschlechtsspezifisch. Was er ihr bietet – wie später auch Barthes wieder –, ist die Wahl einer Attitüde zu ihrer vorgegebenen Rolle: „Sprengt diese Fesseln", „Ihr sollt frei sein", „Ihr sollt genießen... eure Pflicht". Freiheit und Genuß werden mit der Autorität eines Befehls verordnet: Sie sind strenge Pflicht. Seinen Zauberhut lüftend tritt Sade vor sein erstaunliches rhetorisches Denkmal und knickst mit einem Lächeln: die Natur in Person! Denn diese Freuden der Frauen (Ketten, Gewalt, Pein) sind ein Naturgesetz: Die Natur macht sie zur Pflicht, die Natur will es. Carter, die sich immer noch auf dem literarischen Spielplatz tummelt, klatscht diesem erheiternden Gebilde Beifall und sieht darin eine „Ideologie, die Frauen nicht unfreundlich ist". Da sich alles im Reich des Literarischen abspielt, kann es für Frauen in der Wirklichkeit unmöglich unfreundlich sein, und umgekehrt ist das Literarische weit außer Reichweite feministischer oder ethischer Begriffe wie „unfreundlich". Auch Barthes hat uns also nichts Neues zu erzählen mit seiner Formulierung:

> Der Schrei ist das Zeichen des Opfers; sie macht sich selbst zum Opfer, weil sie zu schreien wählt; würde sie bei derselben Nötigung ejakulieren, so wäre sie kein Opfer mehr [würde genießen], sondern würde zur Libertine [würde Leiden verursachen, statt zu erleiden]: *Schreien/Ergießen* – dieses Paradigma ist der Anfang der Wahl, d. h. Sadeschen Sinns.

Der Trick beruht auf Rhetorik: Die Autorität, zu benennen, gewohnt, verfügen Sade wie Barthes, daß das sich ergießende Opfer nicht mehr „Opfer" genannt werden soll. Ihre Rolle in der Nötigung (Gebot der pornographischen Handlung) bleibt unverändert, immer noch ist sie Opfer der ihr zugefügten Peinigung, aber der feinsinnige Kenner unterscheidet zwischen den Opferreaktionen („Attitüden"): Schrei, Ausdruck der Pein und des Widerstandes, oder Erguß, eine körperliche Reaktion des „Genusses". Ersterer ist Ausdruck des Willens vermischt mit dem unmittelbaren körperlichen Ausdruck; letzterer ist ein Ausdruck des Körpers, der sich dem Willen auferlegt.

Wiederum besteht zwischen dem Pornographen und seinen Kritikern, sei es Barthes oder Carter, keine Uneinigkeit. Beide zeigen sie auf, legen bloß und formulieren wieder, was sie beobachtet haben. Die feministische Kritikerin jedoch ist nicht einig, mit den Kritikern ebensowenig wie mit dem Pornographen. Sie ist der Meinung, das Pornographische sei nicht jenseits ihrer Kritik. Ihre Kritik, im Bereich der Darstellung entwickelt, ist weder ausschließlich soziologisch (was der Literaturkritiker verwerfen würde) noch einfach moralisch gemäß der moralischen Pornographiegegnerschaft. Die feministische Kritik ist literaturpolitisch, eine politische Kritik der Literatur, eine Kritik an der Politik der Literatur und Kultur. Ihr Argument: Schreiben ist politisch, eine politische Handlung in der Realität. Und ihr Argument ist weiter, daß die literarische Tradition und Wissenschaft selbst politisch, d. h. ideologisch belastet sind und der Begriff des Literarischen als abgesondert, als ästhetische, unpolitische Schutzzone und als freies Feld des Begehrens eine politische Vorstellung ist: ein Grundstein der patriarchalen Kultur. Die Pornographie ist geschützt dank ihrer Teilnahme am Literarischen als der „Schund" zu dessen „Erhabenem", und sie ist geschützt, weil sie vom Literarischen, mittels der unverantwortlichen Autorenschaft, gebilligt wird.

Das zeitgenössische Literaturverständnis ist in einem Wandel begriffen, der strukturell mit dem Wandel des pornographischen Szenarios, wie es von Sade entworfen wurde, harmoniert. Wir haben schon bemerkt, wie sich das „niedrige" Pornographische und das „erhabene" Literarische einander annähern: Die Pornographie verbessert die Qualität der künstlerischen Ausführung, die Handlung, die Charaktere und die Originalität ihrer Produkte; die Literatur integriert zunehmend mehr pornographische Elemente. Es herrscht jedoch noch tiefere Übereinstimmung. Die Aufteilung der traditionellen Literaturwissenschaft in die Literatur einerseits und die Literaturwissenschaft andererseits ist in der Auflösung begriffen und wird von einem Konzept des Schreibens abgelöst, laut dem sich Schreiben anderem Schreiben angleicht, zu *écriture* wird. Diese *écriture* teilt mit der Pornographie ihre wichtigsten strukturellen Merkmale. Wir können diese Entwicklung sowohl in der Literatur als auch in der Literaturwissenschaft nachvollziehen, da die beiden in einem dialektischen Verhältnis stehen: Kritik nähert sich von der Literatur, Literatur entwickelt sich zusammen mit der kritischen Theorie, Theorie formt sich aus der literarischen Praxis, und beide vermischen sich mehr und mehr und werden das Gleiche – Schreiben, Fiktion, (un)politische Handlung.

Eine bestimmte Gattung der „modernen amerikanischen Fiktion" mag als Beispiel für die Literaturentwicklung dienen (sie hat auch die nationalen Grenzen schon lange überschritten): Henry Miller, Norman Mailer, Charles Bukowsky, Philip Roth, Joseph Heller, Saul Bellow, Thomas Pynchon, Ian McEwan, Erica Jong usw. Als Beispiel für die literaturwissenschaftliche Seite dient die vom surrealistischen Entwurf geprägte kritische Tendenz von Bataille, Sartre, Lacan, Barthes, Foucault, Sontag usw. Das gemeinsame Thema bei beiden: die Suche nach dem Genuß (von Sade geprägt), das Spiel des Begehrens. Selbstverständlich bleibt dies nicht ein thematisches Anliegen, sondern wird auch zum strukturellen und formalen Anspruch. Dieser Genuß und dieses Begehren werden erforscht und bestimmt mittels Sex und Sexualität sowie durch Schreiben. Die gemeinsame Struktur ist die des zweiten pornographischen Szenarios, die gemeinsame Entwicklung ist die Umwandlung des ersten ins zweite. Szenario Nr. 1 ist das des einfachen Sadismus, wo das Opfer gegen ihren Willen genötigt wird und im Schmerz aufschreit; im Szenario Nr. 2 „wählt sie, zu ejakulieren", verwandelt sich in die Libertine, vergnügt sich und würdigt ihre Nötigung. Der Held bleibt sich in beiden Szenarien gleich: *Der Held,* in den modernen amerikanischen Romanen auch Anti-Held oder der kleine Mann auf der Straße genannt.

Henry Miller und Norman Mailer stehen noch fest in der „sadistischen" Tradition – im Sinne des allgemeinen Sadismus-Verständnisses als dem Szenario Nr. 1 entsprechend, mit dem vergewaltigten und leidenden Opfer. Der moderne amerikanische Held ist auf der Suche nach seiner Sexualität, und der Roman, wie gewöhnlich, nimmt die Form der Suche an. In den früheren Versionen, hier von Miller vertreten, verfolgt der Held seinen Genuß mit uneingeschränkter Brutalität und peinigt ohne Rücksicht. Daß sie schreie, wird vom Opfer erwartet. Der sich abzeichnende Held wandelt sich jedoch mit dem Reifen der Gattung: Nun braucht er für den erstrebten Genuß, für seine Sexualität, auch den Genuß der Frau – den Genuß der „emanzipierten" Frau, der befreiten Frau, befreit wie auf Sades Befehl: Ihr sollt genießen – eure Pflicht wie eure Freuden; entzieht euch keiner. Der Held kann seine Vergewaltigungen und Morde nicht mehr so genießen, wie Millers Held es noch konnte: Er *will* die Lust seiner Frau. Ihr Orgasmus wird ihm zur Obsession; er verlangt ihren Erguß. Hier ein willkürlich herausgegriffenes Beispiel (es fänden sich viele andere) aus Joseph Hellers *Something Happened:*

> Frauen im Alter meiner Frau ... treiben es fröhlich mit Typen, die viel jünger sind als sie selbst ... Die Ehemänner ... können es nicht ertragen, daß ihre Frauen mit einem jüngeren Schwanz bumsen ... Unsere Schwänze sind so kläglich. (Ich spürte das sehr früh und war damit einer Wahrheit nahe. Ich fühlte Bedürfnis, nicht Macht ... [Szenario Nr. 2]) ... (Ein Mädchen kann immer einen Mann finden, der bereit ist, sie wenigstens einmal flachzulegen.) Ich glaube, sie fühlen sich bei Teenagern sicherer ... krallen sich mit ihren gespannten, geschärften Fingernägeln die Initiative ... Ich habe ein Mädchen, die verliert jedesmal, wenn sie einen Orgasmus hat, völlig die Kontrolle.[5]

Hier ist das weibliche Opfer scheinbar nicht mehr passiv, sondern ergreift („krallt sich") die Initiative, will es haben – wie Männer es tun. Macht allein bringt nur den Schrei des Opfers, aber der moderne Held verspürt ein Bedürfnis – und er wird all die Macht, die er als Held, als Meister, als Subjekt besitzt, dafür einsetzen, dieses Bedürfnis zu erfüllen und die Lust der Frau aus ihr herauszuzwingen. Die Macht wird nicht aufgegeben, vielmehr ist Genuß ein Mehrwert, denn offensichtlich bedeutet es immer noch sehr viel Macht, Ehemann zu sein, ein Mann, älter als Teenager und weniger sicher für Frauen. Höchstes Ziel, der Gral des Ritters, ist wie immer die Lust des Subjekts, sein Bedürfnis das Lebensgefühl, aber die Lust der Frau ist zur Zwischenstation auf dem Weg zum Endziel geworden. Ihr Genuß – eine körperliche Erwiderung auf seine Nötigung, ein Erguß anstelle eines Schreis – fasziniert den Helden: Sie „verliert jedesmal, wenn sie einen Orgasmus hat, völlig die Kontrolle". Die Lust der Frau, in Begehren umgesetzt und als „ästhetischer" Wert des Gefallens über das körperliche Empfinden hinaus ein Ausdruck ihres Bewußtseins, stellt eine Herausforderung dar für den Helden, ein zusätzliches Reizen seiner Macht, die er jedoch durch ihren „Erguß" gleichzeitig bestätigt sieht: Er hat ihr die Beherrschung abgezwungen, sie agiert nicht mehr als Subjekt mit einem eigenen Willen, sondern *re*agiert auf sein körperliches Drängen. Sie mag einen Orgasmus haben, aber „Ich habe ein Mädchen": Ich habe sie und ihren Orgasmus.

Diese neue Komplikation in der Handlungsgeschichte, dieses neue Hindernis, das der Held zu überwinden hat, diese neue Aufgabe, die er lösen muß, um seine Belohnung zu erlangen, ist eine so blendende Verfeinerung seines Genusses, daß sie alle anderen Faktoren in den Schatten stellt. Helden wie Kritiker sind derart überwältigt von diesen neuen Lebenszeichen des tot geglaubten Opfers, daß sie sie für den Erguß eines sich wiederbelebenden Subjekts halten. Gemeinsam schreien sie: Chancengleichheit! Gleichberechtigung! Jetzt hat auch sie ihren Genuß, laß uns also den unseren weiterverfolgen. Sie ejakuliert – wie Männer es tun. Der Kritiker Barthes bemerkt und zeigt auf, daß der ganze Schwindel ein rhetorischer Trick ist; und doch fährt er fort, den Trick zu beleuchten und in Dunkel zu hüllen, was sich dahinter verbirgt. Unmittelbar nach der zitierten Stelle bezüglich „Sadeschen Sinns" schreibt er:

> Der beste Beweis ist, daß es bei einem Satz, der mit der Erzählung einer Peinigung beginnt, unmöglich ist zu wissen, wer ihn ausspricht, weil es unmöglich ist, vorauszusehen, ob er in einem Schrei oder einem Erguß enden wird. Der Satz ist frei bis zum letzten Moment: „Verneuil kniff sie in den Hintern mit solch brutaler Gewalt..." (man erwartet etwas wie: „daß das Opfer ihre Schreie nicht mehr

> länger zurückhalten konnte"; was man jedoch aus der Syntax-Maschine, vom Satz-Gebaren, tatsächlich bekommt, ist genau das Gegenteil:) ... „daß sich die Hure auf der Stelle ergoß." (m. Ü.)[6]

Barthes' syntaktische Analyse ist wie immer tadellos; was jedoch erstaunt, ist seine Behauptung, der Sprecher stehe in Zweifel. Der Sprecher ist ohne Zweifel derselbe: der Pornograph, Erzähler der Peinigung. Wer könnte es denn sonst sein? Worauf Barthes hinaus will, ist, daß wir bis zum letzten Moment nicht sagen können, ob wir ein widerwilliges oder ein „williges" Opfer haben – oder in Sadeschem Jargon: Opfer oder Libertine. Wir brauchen jedoch nicht einmal die Reaktion des Opfers abzuwarten, um unsere subtile Differenzierung zwischen Schrei und Erguß anstellen zu können: Der Sprecher hat sie schon benannt, hat sie Hure, nicht Opfer, genannt. Als Sprecher, als Namengeber, als Rezitant von Peinigung bleibt er der Produzent Sadeschen Sinns und hat dieses Privileg nicht der Opfer-Libertine abgetreten. Nicht sie ist frei, sondern der Satz. Barthes stellt zudem fest, daß:

> [Sade] das Opfer nicht durch die Praxis definiert, in welcher sie gefangen ist („Leiden", „Aushalten", „Empfangen"): eine Maßlosigkeit, wenn man an die geläufige Definition des Sadismus oder die strukturelle Definition des Charakters denkt, daß die „Rolle" hier für übersehbar gehalten wird. Opfer ist nicht „der- oder diejenige, die sich unterwirft", sondern „der- oder diejenige, die eine bestimmte Sprache spricht". (m. Ü.)[7]

Barthes stellt fest, daß hier die Sadesche Rhetorik das Maß der Logik verloren hat und in den gewohnten Sadeschen Wortzauber abtreibt, wo Er entscheidet, daß die strukturelle Rolle zu vernachlässigen sei und die simulierte Opfer-Reaktion bestimmend werde, wenngleich ihr die strukturelle Fähigkeit, irgend etwas zu bestimmen, fehlt. Aber Barthes tut nichts weiter, als es festzustellen. Weder stellt er es richtig, noch wiegt er es durch seine eigene, maßvollere Analyse auf; vielmehr folgt er seinem Mentor in die Maßlosigkeit, wiederholt den Höhenflug. Er fährt fort: „Im Sadeschen Roman – wie im Proustschen – teilt sich die Bevölkerung in Klassen auf, nicht entsprechend einer Praxis, sondern einer Sprache oder genauer, entsprechend ihrer Sprachpraxis."[8] Die neue und maßlose Analyse ist zur normalen geworden, schon vertraut und „natürlich", und was ursprünglich von Sade und von Proust verursacht ist, wird zur objektiven Tatsache, zur Situation. Nicht Proust oder Sade teilen die Bevölkerung in Klassen ein, sondern „die Bevölkerung teilt sich in Klassen" – wie nach Naturgesetz, objektiv beschrieben; und wie das Opfer „wählt" die Bevölkerung diese Teilung, indem sie eine bestimmte Sprache gebraucht. Verflogen ist jede Idee einer „Rolle", einer strukturellen Analyse, die das Opfer, wie die Bevölkerung, in einer Praxis verfangen zeigt, von der sie definiert wird. Verflogen ist auch die Idee, daß der Diskurs vom Subjekt verfaßt ist, erst recht der simulierte Opferdiskurs (Erguß), der strukturell der gesamten Praxis, dem Szenario untergeordnet ist. Der Sadesche Text, durch eine Assoziation mit dem Proustschen, ist literarisch geworden – und der Kritiker ebenso.

In einer früheren Tradition gab es eine klare Einteilung im literarischen Betrieb: Der Meister schrieb – Meisterwerke, Literatur –, und der Kritiker/Leser empfing. Der Prozeß war eindeutig transitiv: Subjekt – Prädikat – Objekt/Rezipient. Das kritische Schreiben wurde „Sekundärliteratur" genannt und stand im Dienst der Meister-Literatur. Der Autor war der Held des literarischen Szenarios.

La nouvelle critique – die neue poststrukturelle, postmoderne Kritik – versteht sich als radikaler Bruch mit dieser Tradition. Sie verkündet den „Tod des Autors" und die Geburt des Lesers.[9] Ihr Ziel ist die Suche nach dem Genuß und dem Begehren. Nicht nur das Autorensubjekt findet Erfüllung durch das Medium, Befriedigung im Selbstausdruck, auch der Leser „genießt" es, („jouit"), nimmt am Prozeß aktiv teil, will ihn auch, den Genuß, den Orgasmus, die *jouissance.* Er läßt den Lesertext, den *texte lisible,* zurück und promoviert zum *texte scriptible,* zur Schrift, zum Schreiben, zur *écriture.* Mit dem Konzept des orgasmischen Schreibens, dem orgasmisch Literarischen, verschwindet die Unterscheidung zwischen Schriftsteller und Leser, denn nun „schreibt" der Leser den Text, konstruiert den Sinn – wie Männer es tun, wie Autoren es tun. Sex/Sexualität und Schreiben vermischen sich und verschmelzen: Beides sind Projekte des Subjekts – das Verfolgen seines Begehrens, das im Orgasmus endet („jouissance"). Die Texte Lacans bilden einen wesentlichen Teil der Basis dieses neuen literarischen Verständnisses; seine hartnäckigste Frage ist: „Was will das Weib?" Was will Lacan, daß die Frau wolle? Wie alle anderen modernen Helden begehrt er, *will* er ihre Lust. Wie die anderen ist er zu diesem Szenario Nr. 2 auf dem Weg über Szenario Nr. 1 gelangt: „Lacan, der selten seine Abweichung von Freud nachzeichnet, ist stolz, den einen Unterschied klarzumachen... ‚Was ich dieses Jahr angehe, ist, was Freud ausdrücklich beiseite ließ... das *Was will das Weib?*'"[10] Wo Freud sich zufrieden gab, seinen Studien der Sexualität nachzugehen, ohne je nach der „Attitüde" des Opfers zu fragen, ist Lacan hinter „jener anderen Befriedigung" her, nämlich „jener, die auf den phallischen Genuß reagiert".[11] Nicht, es sei beachtet, hinter dem, was die Frau vielleicht will, sondern hinter jenem Erguß des Frauen-Objekts, der Reaktion auf die phallische Peinigung: ihr Genuß eine Reaktion und somit *seine* Befriedigung. Das Szenario, in dem sie bedrängt wird, etwas zu wollen, ist schon fertiggestellt: ein strikter Befehl, der eine Antwort verlangt, so wie Lacans Frage – sein „Satz-Gebaren" oder seine Syntax-Maschine – eine Antwort verlangt, die syntaktisch vorbestimmt ist. Die Wahl, nicht zu antworten, sich der Peinigung nicht zu unterwerfen, gibt es nicht; es gibt nur eine Haltung, eine Attitüde zu wählen.

Der Un-Held des modernen amerikanischen Romans, auf der Suche nach Sex und seiner Sexualität („ihr" Genuß sein Bedürfnis) ist ebenso auf der ständigen Suche nach seinem Schreiben. Er will ein Schriftsteller werden, ein Autor; er wird Schriftsteller, schreibt einen Roman, einen modernen, amerikanischen. Im gleichen Zug, wie die neue Kritik den Autor für tot erklärt, taucht dieser im eigenen dargestellten Szenario in der Rolle des Helden wieder auf. Das Begehren des Subjekts ist dramatisiert in der doppelten Suche des Helden als Sexualsubjekt und als schreibendes Subjekt: ein Mann auf der Suche nach der Lust der Frau, Mittel zu seiner eigenen, ein Autor auf der Suche nach dem Genuß des Lesers, als Mittel zu seinem eigenen. Die zwei bilden ein einziges Begehren: „Ihre" [des Opfers] Lust, so konsequent gesucht, so hartnäckig verbucht, beseelt die Art seines Schreibens; es ist „écriture”, jenes Schreiben vermischt mit Lust, mit Begehren, mit „jouissance“ – Szenario Nr. 2.

Wie der weiße Mann, Autor des Mordes an Thomas Kasire und Autor der Darstellung, stellt sich der Schreib-Autor selbst ins Bild, dramatisiert sich als Held in der dargestellten Handlung. Als Held bietet er einen Identifikationspunkt für den Leser, wo dieser sich dazugesellen kann, um den Text mit ihm zu „schreiben” und das Bild mit ihm zu komponieren: um seinen Genuß zu konstruieren und einem anderen möglichen Identifikationspunkt – dem des Opfer-Objekts – keine Beachtung zu schenken. Der Leser, vormals Empfänger im literarischen Szenario, darf nun den Text mitschreiben und hilft, den Orgasmus mitzuproduzieren – produziert den Text, den Genuß, den Sinn. Barthes hat uns gezeigt, wie – in der Transformation von Szenario Nr. 1 zu Szenario Nr. 2 (vom Schrei zum Erguß) der Sinn erzeugt wird. Gemeinsam produzieren Autor und schreibender Leser das Szenario der sexuellen Befreiung der Frau (unter Sadescher Befehlsgewalt): ihre Lust, die ihrer beider Wille ist. Der Leser, ehemals Empfänger des transitiven Prozesses, „feminisiert” in seiner literarischen Rolle, erhebt sich, um seinen Genuß zu produzieren: Er beschließt zu ejakulieren. Dieser Erguß, dieser orchestrierte Orgasmus des Lesers (*jouissance*), ist die Produktion Barthes'schen Sinns, literarischen Sinns. Das Literarische ist homolog mit dem Sadeschen Szenario: ein Angebot Sadescher Auswahl, eine pornographische Nötigung.

Im traditionellen literarischen Szenario ist die Peinigung die spezifische Not des Kritikers: Er leidet passiv an der Zuweisung einer minderwertigen Rolle, als Diener seines Herrn. Er ist derjenige, der keine Wahl hat. Er wird mit Kunstwerken beliefert wie mit Felsen der Natur. Aber nach dem modernen Szenario hat er nun eine Wahl – die Wahl einer Attitüde, einer verbesserten Chance innerhalb seiner Rolle, nämlich Gefallen zu finden an seiner machtlosen Stellung und zu helfen, sie aufrechtzuerhalten. Die Sadesche/Barthes'sche Namensgebung ist wesentlich: Das willige Opfer wird Libertine genannt. Libertinen sind die Gäste des weißen Mannes, die Gäste de Sades. Während dieser immer der Autor bleibt – der Intendant und Dramaturg –, sind die Gäste geladen, die „aktiven" Rollen in seinem Szenario zu übernehmen: zu tun, wie er tut; und sie dürfen auch die Instamatic bedienen. Damit wird, bei de Sade wie bei van Rooyen, die Identifizierung zwischen Gast (Leser, Publikum) und Autor gefestigt. Auch gelingt es Sade damit, den Unterschied in der Autorität zu tarnen, der ihn als obersten Autor beläßt und seine Libertin-Gäste ein empfangendes Publikum. Vor allem aber hat er damit eines seiner Opfer – den Gast – als Kollaborateur gezeichnet. Und Barthes, wie Sades Libertin-Gast, folgt ihm gehorsamst und verkündet das Verschwinden des Autors, wenn das Spiel beginnt: „Im Sadeschen Film ist niemand – kein „Ich" – das eigentliche Subjekt der Sequenz: Niemand filmt sie, niemand macht den Schnitt, niemand projiziert sie, niemand sieht sie; ein kontinuierliches Bild setzt sich in Bewegung, nur durch den Mechanismus der Zeit, der Uhr."[12] Das Bild, die Sequenz, der Sadesche Film – ist schlicht geworden.

Diese Produktion des Libertin, des willigen Opfers, verbirgt auch die Tatsache, daß immer noch ein weiteres Opfer gebraucht wird: ein unfreiwilliges Opfer für diesen Libertin, machtlos in bezug auf die Handlung und in einer Praxis verfangen, die schon bestimmt ist, so wie der Libertin seinerseits in der Praxis der Gastfreundschaft verfangen ist, als Empfänger der Dienste und Gaben seines Gastgebers. Das kollaborierende, ejakulierende Opfer wird „Libertin" getauft, abgeleitet vom Lateinischen für „Freigelassener" – ein Mann, der freigelassen worden ist von einem, der die Autorität und die Macht dazu hat, ihn freizusetzen. Mit Sade im Amt der Benennung erstreckt sich die Sprache der Gastlichkeit selbst auf das bleibende, unwillige Opfer: „Keine Frau der Welt hätte jemals Ursache gehabt, sich über meine Dienste zu beklagen..."

Der Leser und Kritiker, von der dargestellten Handlung geblendet, übersieht das andere Szenario der Darstellung, in dem er das literarische zum Libertin gewordene Opfer ist. Begeistert von der Chance, von der Einladung zum Fest seines illustren Gastwirts, geht er hin als Gast, ohne auch nur auf den Gedanken zu kommen, das Fest zu kritisieren. Er zeigt sich erkenntlich für die Gastfreundschaft, indem er beschließt, nicht aus der zwingenden binären Entweder/Oder-Struktur der Literatur auszubrechen, die bedingt, daß es Gastgeber und Gäste gebe, um ein Reich der Phantasie und des Genusses, einen von der Wirklichkeit losgelösten Spielplatz zu ermöglichen. Wie Carter erklärt er sich bereit, entweder zu leiden oder Leiden zu verursachen, zur einen oder zur anderen Hälfte des Literarischen zu gehören. Diese Auswahl als natürlich hinnehmend, entwickelt er eine „Kritik", die ohne Wirkung ist in diesem Szenario politischer und kommunikativer Nötigung. Das Literarische ist jedoch so „natürlich" wie die Natur, die Sade erfand – eine Erfindung des Patriarchats. Dieser Kritiker will „Befreiung", will Gleichberechtigung und Chancengleichheit innerhalb der vorgegebenen Chancen – will Libertinismus: er will den Orgasmus, er will genießen, er wird als ergebener Diener der Kunst die Pflicht, die ihm die Literatur auferlegt, mit Begeisterung erfüllen und sich strikt an die Grenzen des ästhetischen Schutzgebietes halten. Und er wird teilnehmen an der endlosen Wiederholung des Gleichen, der Nacherzählung der Sadeschen Urfabel, dem Volksmärchen der patriarchalen Kultur. Denn Sade, der Patriarch, duldet keine Veränderung: Sie ist verboten, und durch das Angebot der binären Auswahl verunmöglicht. Sade will einen zeitlosen, ewigen Orgasmus; er toleriert nur die Variationen, die die Struktur nicht verändern. Auf diese Weise emanzipiert sich der Kritiker, befreit sich zum libertinären „Schreibenden", zum Abbild seines Autors. Sade, schon für die Geschlechtsverwirrung der ejakulierenden Frau verantwortlich, bürgt noch für einen weiteren Androgyn: den Literaturkritiker, der glaubt, er hätte kein Geschlecht, der meint, die literarische Ekstase sei geschlechtslos und die Ästhetik interessenlos; der sich zwingt zu glauben, das lesende Subjekt sei geschlechtslos und neutral, „menschlich" wie das schreibende Subjekt – ja eben.

Die Frau, das exemplarische Objekt und Opfer in der Darstellungsstruktur, wird nun auch eingeladen, als „freiwilliges Publikum" der Leserschaft und Zuschauerschaft der großen Kulturfabel beizutreten – jetzt, da die Struktur der Darstellung und das Szenario in der Darstellung festgelegt und auf die transitive Handlung beschränkt sind, und jetzt, da der geschlechtsspezifische (männliche) Akt des Lesens und des Sehens zur Norm geworden ist. Der unmündige Literaturkritiker, Empfänger einer Einbahn-Ästhetik, hat beschlossen, unter den zwingenden Umständen zu ejakulieren und sich in den androgynen Libertin zu verwandeln, den Text am Rande vermerkend und am Sadeschen Spiel teilnehmend. Die Chance sieht gleich aus für die androgyne Frau: Sie soll ihren Genuß und ihr Maß an Subjektivität haben und darf teilnehmen am Lesen und selbst am Schreiben, sofern dieser Genuß, diese Subjektivität, dieses Lesen und dieses Schreiben im Handlungsablauf des Autors vorgesehen sind – sofern sie „gleich" sind.

Ein Beispiel: Wir lesen, daß Danièle Dubroux, ehemals Filmkritikerin, jetzt auch Filme macht – ihr letzter ist *Les Amants terribles.* Der Kritiker von *Le Monde* will sich in einem Interview vergewissern, daß der Film wie auch die Macherin „gleich" sind. Er fragt: „Ziehen Sie Leiden dem Zufügen von Leiden vor?" Ihre Antwort: „Wie meinen Sie, als erotisches Jubilieren oder in menschlichen Beziehungen allgemein? Im allgemeinen füge ich nicht gern Leiden zu, es sei denn, es gibt einen guten Grund", und sie führt gleich drei solcher „guten Gründe" an.[13]

Die feministische Kritikerin kann sich in diesem Bild von ihr und ihrem Genuß nicht wiedererkennen, in der von Ihm und von ihm, vom Patriarchen Sade und seinem Libertin-Lakaien geschaffenen Darstellung. Sie trifft eine Wahl, die vom Meister-Hirn nicht geplant war: Sie beschließt, nicht mitzuspielen. Sie entschließt sich, in diesem Szenario nicht zu spielen, sie wählt, nicht wählen zu müssen zwischen Leiden und Leiden-Verursachen. Diese Wahl ist der Anfang von Kritik, von politischem Sinn. Die erste Frage stellt die Auswahl infrage, die Sadeschen Alternativen: Sie ist der Anfang einer feministischen Kritik.

Die feministische Kritik richtet sich an die Strukturen, die die Pornographie erzeugen, an die ideologische, politische Anordnung einer Gesellschaft, die Pornographie produziert, an die literarische Veranstaltung, die die Pornographie beschützt. Sie zeigt die Verbindungen auf zwischen der Pornographie und diesen Strukturen, die Harmonie ihrer Organisation. Sie legt die fabel-hafte Struktur des pornographischen Handlungsablaufs bloß und kritisiert die ewige Nacherzählung einer unveränderlichen Urfabel, immer wieder derselben Geschichte, die auch in der allgemeinen Kultur ständig wiederholt wird, um durch die Wiederholung zu überzeugen, daß Veränderung nicht möglich sei und Alternativen nicht bestehen, um das

Ewig-Wiederkehrende zu bestätigen. Und da die feministische Kritik die Selbstzensur der Literaturkritik zurückweist, die nur aufzeigt und vor Kritik zurückschreckt, ist sie auch bereit zu sagen, daß ihr nicht gefällt, was sie aufzeigt und bloßlegt. Sie lehnt die angebotene Entweder/Oder-Alternative und die Chancengleichheit ab und beginnt stattdessen, sie zu hinterfragen: zu beweisen, daß sie nicht unausweichlich sind, um damit neue Möglichkeiten, die nicht dem Herren-Hirn entspringen, zu eröffnen.

Die feministische Kritik verwirft die illusorische Arbeitsteilung, die den Autor veranlaßt, die kritische und politische Verantwortung für sein Schreiben und sein Geschriebenes abzulehnen, da auch sein Spiegelbild, der Kritiker, dieselbe Verantwortung ebenso ablegt, um dafür kollaborieren zu dürfen. Für die feministische Kritikerin ist die Voraussetzung zum Schreiben politisches Bewußtsein, nicht der Wunsch, Künstler zu werden. Schreiben setzt ebenso voraus, daß der Autor etwas zu sagen hat, und nicht einmal mehr eine Variante des Volksmärchens vortragen will. Kritik hört demnach auf, eine Schönheitskonkurrenz zu veranstalten, um zu jurieren, wer am „besten" schreibt. Die feministische Kritik will das Schreiben wieder für die Kommunikation beanspruchen: zum Zweck der Veränderung, nicht nur Erhaltung des Ewiggleichen.

Politisches Bewußtsein heißt, keine Schutzzonen gegen politische Realität anzuerkennen, keine ästhetischen oder phantastischen Enklaven, keine Inseln des spielerischen Begehrens. Politisches Bewußtsein heißt auch, die persönliche Politik einzugestehen, zu den eigenen politischen und historischen Bedingungen als schreibendes Subjekt, als Literaturpolitikerin zu stehen und das eigene Geschlecht sowie die Geschichte dieses Geschlechts anzuerkennen. Es heißt, die Phantasie des androgynen Kritikers aufzugeben.

11. Problem

Kollaboration

Die moderne kapitalistische Konsumgesellschaft hat ein einfaches Grundszenario: Es gibt Produzenten mit der ökonomischen Macht, den Produktionsmitteln, auf ihrer Seite; und Konsumenten, Empfänger der Konsumgüter, machtlos in bezug auf die Produktion. Der produktive Prozeß zwischen ihnen ist transitiv, ein Einbahnverkehr von Produzenten zu den Konsumenten. Er ist in dieser Hinsicht eine Zwangsstruktur mit einem obszönen Mißverhältnis der Macht.

Der Pornograph ist ein Produzent; der veröffentlichte Autor ist ein Produzent; der Leser ist Empfänger ihrer Güter. Der Prozeß ist ein Einbahnverkehr. Der Literaturkritiker erscheint auf den ersten Blick wie ein Zwitter in dieser Einrichtung, gleich den Werbe-Lakaien der Fabrikanten, die „Konsumenten-Bedürfnisse" erforschen, jedoch von den Produzenten bezahlt werden. Ein Leser im literarischen Szenario macht sich der Kritiker zum „idealen" Leser des Autors, zum Experten unter den Lesern. Der eigentliche Leser bleibt ein machtloser Konsument in einem Einbahnverkehr. Leser dürfen auswählen unter den angebotenen Produkten, aber sie haben nichts zur Produktion des Angebots zu sagen, haben keinen Zugang zu den Produktionsmitteln. Der androgyne Kritiker schiebt sich zwischen Autor und Leser (wie der Libertin zwischen Herr und Opfer) und wird selbst ein Schreibender, wobei er sich als Fürsprecher der Leser ausgibt. Er möchte aktiv teilnehmen. Wie das zum Libertin gewordene Opfer die übrigen Opfer verrät, so verrät der Kritiker die Leser: Er ist ein Kollaborateur. Er zieht es vor, an der Macht des Autors teilzuhaben, statt sich für die Interessen der Leser einzusetzen. Ist das „willige Opfer" ein Produkt der Phantasie des Pornographen, so ist der Kritiker real – ein politischer Agent in der Wirklichkeit. Er ist aber ebenso das Produkt der literarischen Phantasie, ein Auswuchs des großen Künstler-Ichs, des ästhetischen Subjekts.

Sade ist in der Tat ein großer Vorläufer. Er hat nicht nur das sadistische Meisterschema, die unerbittliche Struktur der Unterwerfung (Szenario Nr. 1) entworfen, er hat dazu auch den Meisterplan zur Bewältigung der voraussehbaren Rebellion des Opfers geliefert: die Einladung zur Kollaboration. Es ist ein Musterbeispiel der Politik, das sich in der Geschichte unzählige Male schemagetreu abgespielt hat. Kate Millet spürt dieser Struktur in *Sexus und Herrschaft* am Beispiel von Jean Genets späteren Werken nach, die die Kollaboration des Sklaven zum Thema haben:

> Unterdrückung erzeugt in den Unterdrückten eine bestimmte Psychologie. Der Marxismus, obgleich er die ökonomische und politische Situation solcher Personen geschickt analysiert, hat meist davon abgesehen – vielleicht aus nervöser Bestürzung – zu bemerken, wie gründlich die Unterdrückten durch ihre Situation korrumpiert werden, wie tief sie ihre Meister beneiden und bewundern, und wie völlig sie von deren Ideen und Werten verseucht sind, so daß sogar ihre Einstellung zu sich selbst von denen diktiert wird, die sie besitzen.[1]

Das ruft noch einmal den Literaturkritiker in den Sinn. Millet stellt fest, daß Genets Theaterstück, *Wände*:

> die Revolution anklagt, genau in das Muster ihrer kolonialen Vorgänger zu verfallen und die Massen, Said und die Frauen, in derselben miserablen Lage zu lassen, in der sie sich auch vorher befanden. Die letzten Szenen sind Duelle zwischen einer Gruppe prophetischer Matriarchinnen, großartig in ihrem poetischen Zorn und ihren Visionen von einer fortwährenden Revolution, und den blassen und roboterhaften Männern der neuen Ordnung, Abbilder ihrer französischen Feinde, berstend vor Narzißmus und Militärdisziplin – *la gloire* – und dem organisierten Schlachten, das auch Tapferkeit genannt wird.[2]

Die Revolution, von Sade wie von Marx vorausgesehen, wird stattdessen zur Umwandlung des Szenario Nr. 1 ins Szenario Nr. 2 und sieht die Geburt des Libertin. Sklaven, die konditioniert wurden, nur die eine Wahl wahrzunehmen – Herr oder

Sklave zu sein, Leiden zu verursachen oder selbst zu leiden –, sichern selbst beim Putsch den Fortbestand eines Herrn. In der Spiegelung des gegenseitigen Blicks gefangen schaukeln Herr und Sklave endlos auf und ab, hie und da die Plätze wechselnd; die Struktur jedoch bleibt intakt. Der Sklave hat das Gesetz des Herrn, daß es Herren und Sklaven gibt, akzeptiert; er hat eingewilligt, mitzuspielen. Und Sade, der Autor, ist zufrieden: Das Spiel bleibt beim Alten, Gäste und Opfer tauschen hie und da die Plätze, jedenfalls aber spielen sie mit, stimmen den angebotenen gleichen Chancen, der Offerte, (wie bei Williams) gleichberechtigt ausgebeutet zu werden, zu.

Für Sade wie für Marx steht beim zweiten Szenario der Libertin oder Kollaborateur im Brennpunkt, nämlich „die Männer der neuen Ordnung", die sich darauf vorbereiten, die Macht nach der Revolution zu übernehmen – wie die Männer es tun, wie die Herren es tun. Der Blick fällt ab von den übrigbleibenden Opfern – den „Massen", die bei Genet durch den Helden Said „und die Frauen" symbolisiert sind. Wie durch Zufall sind die übrigbleibenden Opfer, vom für die Dramatisierung notwendigen Helden abgesehen, „die Frauen", eine Geschlechtsklasse, die bei den meisten Revolutionen der Geschichte zurückgelassen wurde, selbst wo sie im Befreiungskampf mitgekämpft hatte. Das Szenario Nr. 2, das Szenario der Umwandlung mit Handlungsablauf und historischem Prozeß, verdeckt eine doppelte Unterdrückung, täuscht über die Tatsache hinweg, daß Unterdrückung fortbesteht trotz der oberflächlichen Veränderung, dem Auswechseln der Herren.

Das Wetteifern zwischen den schwarzen Männern und den weißen Frauen in den USA zur Zeit der Jahrhundertwende um das Vorrecht einer Machtbeteiligung mit den weißen Männern ist ein Beispiel der Libertinage innerhalb der von weißen Männern veranstalteten Nötigung. Die schwarzen Männer erklärten sich mit der fortgesetzten Unterdrückung der Frauen einverstanden, falls sie gleichberechtigt mit den weißen Männern werden durften, wie sich umgekehrt die weißen Frauen damit einverstanden zeigten, die rassistische Unterdrückung fortbestehen zu lassen, falls ihnen die Gleichberechtigung mit den weißen Männern gewährt würde.[3] Ihre jeweilige Befreiung war bedingt durch die Aufrechterhaltung von Ungleichheit sonstwo im System; weder die einen noch die andern machten Gleichheit für alle, die Befreiung aller, zu einer absoluten Voraussetzung für ihren Kampf. Gleichberechtigung für alle mochte wohl Ideal und endgültiges Ziel sein, aber die pragmatische Wahl in der Realpolitik – bei den im Szenario des weißen Mannes angebotenen Alternativen – war, an der Machtstruktur teilzunehmen, nicht sie abzuschaffen. Die Suffragette Elizabeth Cady Stanton spricht dies deutlich aus in ihrer Enttäuschung über die Emanzipation der schwarzen Männer: „Wenn angelsächsische Männer gesetzlich so für ihre eigenen Mütter, Ehegattinnen und Töchter bestimmen, was haben wir von der Gnade von Chinesen, Indianern und Afrikanern zu erwarten? ... Ich protestiere gegen die Emanzipation jedes weiteren Mannes, welcher Rasse oder Herkunft auch immer, bis die Töchter Jeffersons, Hancocks und Adams mit ihren Rechten gekrönt worden sind."[4] Im Kampf gerade für die Rechte der Frauen werden diese zu wohltätigen Gaben des Gastgebers reduziert – zu den Rechten von Müttern, Ehefrauen und Töchtern des weißen Mannes, der sie in Knechtschaft hält. Die Kategorie der schwarzen Frauen ist aus Stantons Szenario verschwunden, in welchem weiße Männer, schwarze Männer und Verwandte der ersteren vorkommen. Einige weiße amerikanische Suffragetten zu Beginn des 20. Jahrhunderts scheuten sich nicht, zur Förderung der eigenen Sache die opportunistische Karte des Rassismus offen zu spielen, welche die „unmittelbare und bleibende weiße Vorherrschaft garantieren würde".[5] Ebensowenig widersetzten sich schwarze Männer der Emanzipation nur schwarzer Männer und garantierten somit die unmittelbare und bleibende Vorherrschaft der Männer. Die einzigen, die gar nicht anders konnten, als eine Befreiung aller und eine „fortwährende Revolution" der Machtstrukturen selbst anzustreben, waren die Opfer einer doppelten Unterdrückung, nämlich die schwarzen Frauen – da sie weder durch die Befreiung der schwarzen Männer noch durch die Befreiung der weißen Frauen aus ihrer Unterdrückung befreit wurden und in der Libertinage der einen wie der andern zur Rolle der übrigbleibenden Opfer bestimmt waren. Sowohl im Kampf um die Emanzipation der (weißen) Frauen wie dem um die Emanzipation der Schwarzen (Männer) war das Mittel ein Bittstellen an den Slavenhalter, er möge

Freiheit gewähren – wie das pornographische Opfer sich von Sade erbittet, er möge sie in den Rang der Libertine erheben: ihr die Erlaubnis erteilen, nun Leiden zufügen zu dürfen, statt selbst leiden zu müssen. So überrascht auch nicht, was die Geschichte gezeigt hat, nämlich daß weder die Emanzipation der Schwarzen noch die der Frauen zur wirklichen Befreiung oder Gleichberechtigung geführt hat. Die Herren sind immer noch am Platz; das Szenario ist Szenario Nr. 2.

Während Sade und Barthes dem Opfer einen verbesserten Status gönnen, indem sie sie zur Libertine ernennen – Aufstieg in den Rang eines Gastes –, so ist auch daran zu denken, daß die Assoziationen in beide Richtungen gehen und auch der Libertin noch etwas von der Farbe des Opfers abbekommt. In der oben zitierten Passage, in der uns Barthes in der nuancierten Unterscheidung von Opfer-Attitüden unterrichtet, gibt er uns eine Alternative zum Paar Opfer/Libertine: Bevor das Opfer Zeit hat, sich als Libertine zu entpuppen, wird sie als Hure *(putain)* benannt. Der Unterschied zwischen dem unwilligen Opfer der Vergewaltigung und dem „willigen" Opfer ist also, daß sich letztere „prostituiert" – wie die Libertine einwilligt, Opfer zu sein im Tausch für eine zusätzliche Währung: die Glorie des Gast-Status oder Bezahlung durch den Herrn.

Wir wohnen hier zudem einem Prozeß der Benennung bei, einer Namenswahl, das heißt, einer männlichen Sinngebung. Bei gewissen Anlässen wird der willige Kollaborateur „Libertin" genannt – ein relativ geschlechtsneutraler Begriff, der zusätzlich ermöglicht, im historischen Prozeß zum Begriff des Freiheitskämpfers zu werden. Bei anderen Gelegenheiten wird das willige Opfer mit „Hure" benannt – ein Begriff unzweifelhafter Weiblichkeit. Wir bedienen uns des Begriffs „Prostitution", um im übertragenen Sinn Kollaboration, Libertinage, Verrat und moralischen „Ausverkauf" zu benennen. Die verschiedenen Begriffe in dieser Männersemantik haben aber unterschiedliche Mitbedeutungen, insbesondere Mitbedeutungen unterschiedlicher Schuldzuweisung. Dieses Namengeben gründet sich auf den Blick des Szenarios, wobei wie üblich der Held und sein verdinglichtes Opfer im Brennpunkt stehen, auf Kosten der Struktur der Darstellung, in welcher das Szenario verankert ist. Dies führt zur vertrauten Absurdität, dem Opfer die Schuld für die eingenommene Attitüde zuzuweisen: Sie „macht sich selbst" zum Opfer, weil sie zu schreien „wählt"; sie trägt die Last der Prostitution, weil sie sich entschließt, mitzumachen. Die Autorenschaft für das Szenario, die Wahl der Nötigung ist aus der Sicht verschwunden. Die Verantwortung ist versteckt worden zugunsten einer Schuldzuweisung. So wird die Beschreibung der Herr-und-Sklaven-Dialektik zu einer Schändung des Gedenkens wirklicher Sklaven: Sie schreibt die Schuld für eine „sklavische" Haltung dem Opfer zu. Es ist jedoch kein Wesenszug von Sklaven, das negative Abbild ihres Meisters anzunehmen, ebensowenig wie es ein Wesenszug von Frauen ist, das masochistische Gegenstück zu ihrem sadistischen Herrn zu sein oder die Prostituierte zu seiner Gönnerschaft. Die Kategorien der Sklaven-Ergänzung zum Herrn, der Masochistin-Ergänzung zum Sadisten sind das Resultat einer bestimmten Nötigung, die Rollen des jeweiligen Opfers, das in einer gewissen Praxis verfangen ist. Sie sind die Erfindung und Schöpfung des Herren-Geistes. Sie mögen zu Strategien des Überlebens werden, aber sie sind durch die Meisterhandlung erzeugt worden, bei der die Verantwortung ruht. Und sie sind nicht im eigentlichen Sinn des Wortes eine freie „Wahl".

Genets Theaterstück enthält zwei Arten Opfer: jene, die die Revolution leiten und zu den zukünftigen Unterdrückern werden, und jene, die, wie Said und die Frauen, eine Vision von einer anhaltenden Revolution haben und beibehalten, von einer Revolution, die Herren wie Sklaven abschafft. Sie sind ein Beweis dafür, daß die Konditionierung der Herr-und-Sklaven-Dialektik nicht zwingend ist, kein absoluter oder unausweichlicher Wesenszug der Sklaverei. Das Maß an „freier Wahl", das Said und die Frauen mit ihrem Festhalten an der Revolution einführen, ist nicht Teil des Angebots in der Meisterhandlung, denn letztere bietet nur die Rollen von Herren und Sklaven zur Auswahl. Ihre Wahl sprengt den Rahmen, bricht aus den gesetzten Grenzen der Meisterstruktur aus. Sie ist in diesem Maß auch nicht Teil der Gleichung bezüglich der Verantwortung, d.h. der Verantwortung für die Zwangsstrukturen und die durch sie produzierten „Attitüden". Verantwortung innerhalb des Rahmens der gegebenen Nötigung läßt sich nur beim aufsteigenden Libertin-Kollaborateur feststellen, in dem Maß, wie er an Macht in der Struktur gewinnt, nämlich die Macht, die er über die anderen erlangt, wenn er die Führung der Revolution übernimmt.

Er und seinesgleichen haben Verantwortung für die Unterdrückten übernommen, und in diesem Maß haben sie auch die Verantwortung für den Verrat ihrer Klasse zu tragen. Von ihnen ließe sich sagen, sie „prostituierten" sich für die Meisterstruktur, d.h. für die Macht.

Und doch scheinen solche verfehlten Revolutionen – die Zugriffe auf einen Anteil an der Machtstruktur durch die männlichen bürgerlichen Eliten kolonisierter Völker oder die schwarzen Männer und die weißen Frauen in den USA – der vollen Unbill zu entrinnen, die eine Bezichtigung der Prostitution bedeuten würde. Diesen historischen Subjekten der „Befreiung" scheint es zu gelingen, sich die endgültige Schande und Schmach, die dem Begriff der Prostitution innewohnen, vom Leib zu halten. Wie kommt es also, daß die Prostitution, das „älteste Gewerbe" der Frau, als die verworfenste Form der Kollaboration mit Macht, als der niederträchtigste Fall von „Ausverkauf" gilt? Was ist es, das den Libertin weiß wäscht, die Prostituierte jedoch beschmutzt?

Der feministischen Kritik der Pornographie und des Patriarchats allgemein geht es nicht nur um Sexualpolitik. Es geht ihr ebenso um die Sexualisierung des Politischen. Die Sexualpolitik liefert der Politik eine der einflußreichsten Metaphern: einen in der Natur begründeten Geschlechtsunterschied (in der oberflächlichen Anatomie) – männlich/weiblich. Politische Unterschiede und Mißverhältnisse der Macht jeder Art – Macht und Machtlosigkeit, Herr und Sklave, Subjekt und Objekt – werden in der Folge (wie bei Sade) als „geschlechtlich" bestimmt und als „natürlich" verstanden, entsprechend dem gesellschaftlichen und historischen Begriffsverhältnis von „Männlichkeit" und „Weiblichkeit", das dieses Machtdifferential schon verkörpert. Die strukturellen Rollen sind gegeben, ihre „Geschlechtsspezifik" ist kulturell etabliert, und fortan können sie von irgendwem belegt werden: Mann, Frau, Libertin, Prostituierte, Schwarzer, Weißer, Arier, Jude oder Palästinenser. Die Revolution wird durch die Austauschbarkeit der Rollen, die binäre Entweder/Oder-Struktur aufgefangen und entschärft.

Die kulturelle Metapher, die der Unterdrückung Geschlechtscharakter verleiht, ist in solchem Maß zur dominanten Sicht geworden, daß wir sämtliche Formen der Unterdrückung in ihrem Sinn sehen und dabei die Verhältnisse und Bedingungen, in denen sie verankert sind und die sie ihrerseits konstituieren, übersehen. Es ist ein Gemeinplatz, die Unterwerfung der Schwarzen in der Sklaverei als eine Entmannung zu verstehen – der weiße Herr knechtet den schwarzen Sklaven wie eine Frau zum Gehorsam (Szenario Nr. 1). Es ist ebenso üblich, die Kolonisation auf dieselbe Art zu beschreiben. Resultat ist, daß die Kategorien der schwarzen Frauen und der weißen Frauen aus dem Blickfeld verschwinden und mit ihnen die Machtbeziehung, die zwischen allen vier Kategorien bestehen. Bell Hooks schreibt: „Sexistische Geschichtsschreiber und Soziologen haben eine bestimmte Perspektive auf die Sklaverei vermittelt, unter der die grausamste Auswirkung der Sklaverei auf das Leben der Schwarzen, ihre schlimmste Entmenschlichung darin bestand, daß die schwarzen Männer ihrer Maskulinität beraubt waren."[6]

Die Perspektive ist vertraut und gründet auf der Ansicht, daß menschlicher Status gleich männlichem Status ist und daß es deshalb natürlich wird, den Status der Frau als eine Form der Entmenschlichung zu verstehen. Der Status des Sklaven – so erscheint es weiter unter dieser Perspektive – ist nicht als solcher verwerflich oder entmenschlichend, er wird es erst, wenn ein Mann als Sklave, d.h. wie eine Frau gehalten wird. Die Frau als Sklavin scheint keinen so großen Widerspruch zu bergen, weshalb auch die Geschichte der Frauen als Sklavinnen sehr wenig erwähnt und noch weniger analysiert wird.[7] Im Deutschen ist das Wort für Sklaverei „Knechtschaft"; Magdschaft wäre irgendwie nicht halb so entmenschlichend. Das Bild der Menschlichkeit, des vollen menschlichen Subjektstatus, ist auf der Basis des Unterwerfungsszenarios und der Erniedrigung des Anderen entwickelt und geformt worden. Subjektivität, so wie sie in der patriarchalen Kultur verstanden wird, läßt sich nur durch Unterdrückung und Erniedrigung erreichen: Subjekt sein bedeutet Vorherrschaft in bezug auf andere, nicht gleiche Beziehungen mit anderen Subjekten. Nur dann gibt es das Gefühl des Genusses – das Lebensgefühl. Wie soll denn das Subjekt wissen, daß er erhaben ist, wenn niemand erniedrigt wird? Wie soll er wissen, daß er frei ist, wenn niemand gefesselt ist? Die „natürliche" Unterwerfung der Frau als Geschlecht liefert dem männlichen Subjekt das Musterschema der Unterwerfung. Sein Verständnis des Geschlechterverhältnisses bildet die Grundlage seines Selbstverständnisses; es bestimmt sein Verständnis und seine Organisation der Gesellschaft, es bestimmt seine Semantik, seine symbolische Darstellung von ihr.[8]

In unserer modernen kunstbeflissenen Kultur ist der Schriftsteller, der große Symbolisator und Namengeber, zum Ideal des machtvollen Subjekts geworden: Steigt er als junger Mann erst einmal seinem Sexualleben nach, so sucht er später Erfüllung im Selbstausdruck, dem uneingeschränkten Selbstausdruck, der nur durch das ästhetische Schutzgebiet ermöglicht wird, das ihn sämtlicher menschlichen und politischen Pflichten entbindet. Die Subjektivität, die wir anstreben, das Rollenvorbild des menschlichen Subjekts ist nicht mehr die handelnde Person – der Held, der Libertin – in einem Handlungsszenario, sondern Sade, der Autor, Dramaturg des menschlichen Schicksals, einziger Meister des Spiels. Die Hierarchie von Subjekt und Objekt im Zusammenhang einer Gesellschaft führt notwendigerweise zu einer ausgedehnten wuchernden Hierachie mit einem obersten Herrscher an der Spitze. Daraus folgt auch die wuchernde Vermehrung der Opfer, die wir schon beobachtet haben: eine Leiter hierarchisch geordneter Stellungen mit Bezug auf die oberste Macht. Es sollte uns nicht erstaunen, daß diese ganze Hierarchie ihren Extremen entsprechend geschlechtsspezifisch polarisiert ist. Wird ein Mann unterworfen, so wird er dadurch entmannt, feminisiert. Kollaboriert das generische, d.h. weibliche Opfer mit der Macht, so mag sie (wenn sie hoch kommt) zur Geschlechtsneutralität, zur Androgynie des Libertin aufsteigen. Das beläßt uns aber immer noch mit dem Problem, warum das kollaborierende Opfer in gewissen Fällen nicht aufwärts entfeminisiert, sondern im Gegenteil weiter abwärts bis zum absoluten Tiefpunkt der Prostituierten feminisiert wird.

Die ursprüngliche Definition des Begriffs Pornographie ist von ihren Komponenten abgeleitet: „porno" (Griechisch *porne*) – Prostituierte – und „graphie" – Darstellung in Schrift oder Bild. Im *Shorter Oxford English Dictionary (OED)* steht folgende Definition: „Beschreibung des Lebens, der Sitten usw. von Prostituierten und ihren Gönnern und Kunden (‚patrons'); daher der Ausdruck oder die Andeutung obszöner und unkeuscher Inhalte in Literatur und Kunst." Kollaboration/Prostitution steht also im Kern dessen, was von der feinen Gesellschaft als obszön empfunden wird. (Es sei auch beachtet, daß Kunst und Literatur eng mit der Pornographie verbunden sind.) Wiederum schauen wir auf ein Szenario, das widerwärtig ist; wir versuchen deshalb, die Verbreitung der Darstellung dieses Szenarios zu bannen. Wir unterscheiden zwischen dieser und anderen ähnlichen Darstellungen aufgrund des Opfer-Objekts im Szenario, der Prostituierten: Im wirklichen Leben wie in der Darstellung trägt sie die Bürde der Unzüchtigkeit. Wir fragen nicht nach der Urheberschaft von Szenarien, in denen Prostituierte vorkommen. Die Zuweisung von Schuld lenkt ab von der Frage der Verantwortung. Erst in der zweiten Hälfte der Definition wird ein Unterschied gemacht zwischen verschiedenen Arten von Autorenschaft. Denn der ersten Definition gemäß wäre eine soziologische Studie über Prostituierte Pornographie, während die Darstellung eines Vaters, der seine Tochter mißbraucht, nicht darunter fallen würde. Die zweite Hälfte der Definition nimmt sich dieses Problems an, indem sie den Begriff des „Obszönen" einführt, der sehr viel weniger präzise ist als „Prostitution" und nicht mehr beschreibend, sondern wertend. Mit dem Begriff des Obszönen jedoch wird die anstößige Qualität im Darstellungsstoff der Kunst und der Literatur, d.h. in ihrem Inhalt gesucht.

Die Ableitung des Begriffs „Pornographie" von Prostitution ist äußerst bedeutsam. Die Wurzel „Prostitution" verweist auf das zentrale Verhältnis von Macht und Austausch im Kern der Pornographie, was offensichtlich weit über den „Sex" (der in Kunst und Literatur unter dem Namen „Erotika" erscheint) hinausgeht. Der *OED* ist zudem noch weiter behilflich, indem er die männliche Rolle im Prostitutionsszenario mit *„patron"* (Schutzherr, Gönner, Mäzen, Kunde) bezeichnet und nicht schlicht mit dem üblichen *„client"* (Kunde, Klient) oder *„customer"* (Kunde). Die Rollenverteilung in der Prostitution ist geschlechsspezifisch: Die Prostituierte ist eine Frau (mit wenigen

Ausnahmen); der „patron", Zuhälter oder Kunde, ist ein Mann (ohne Ausnahme). Als Mann, als Schutzherr hat er Teil an der Macht des männlichen Geschlechts in der patriarchalen Gesellschaft. Der *patron* wird wie folgt im *OED* definiert:

> einer, der zu einem oder mehreren anderen in einem vaterähnlichen Verhältnis steht; Herr und Meister; ein Beschützer... Der ehemalige Meister eines freigelassenen Sklaven, der gewisse gesetzliche Rechte über ihn beibehielt... Eine distinguierte Persönlichkeit, die einem Klienten [1. Bedeutung des Wortes „Klient": ein Plebejer unter der Schutzherrschaft eines Patriziers, ein Abhängiger] als Gegenleistung für gewisse Dienste beschützte... Einer, der eine gewisse Praxis, eine Sportart, eine Einrichtung usw. unterstützt. Auch (in Handelssprache) ein regelmäßiger Kunde, ein Stammkunde.

Der *patron* ist einer, der ein väterliches Verhältnis zur Prostituierten hat, ein Herr und Meister und auch ihr Beschützer. Ihr Status hat sich verbessert von dem einer Sklavin zu dem einer Freigelassenen (vom Szenario Nr. 1 zum Szenario Nr. 2), über die der Schutzherr gewisse Rechte behält. Sein Status ist der einer distinguierten Persönlichkeit, eines Mannes von Rang – der Patrizier zu ihrer Plebejerin – und seinen Schutz gewährt er als Gegenleistung für bestimmte Dienste – denn er unterstützt eine Praxis, eine Art Sport, eine Einrichtung, bei welcher er ein regelmäßiger Kunde ist. Er hat das Geld, die Prostituierte zu bezahlen und ihre Kooperation und Willfährigkeit zu kaufen. Die Prostituierte hat keine Macht: Nicht nur ist sie Frau (freigelassene Sklavin), sondern eine Frau „außerhalb der Gesellschaft" gemäß der Selbstdefiniton dieser Gesellschaft. Sie benötigt jedoch sein Bargeld, denn trotz allem lebt sie *in* der Gesellschaft – nicht den gesellschaftlichen Kreisen, sondern der ökonomischen Gesellschaft – ihres distinguierten Schutzherrn.

Die Prostitution ist das Grundmuster der Pornographie, auf welches sich alle Varianten zurückführen lassen. Der Vater, der seine Tochter mißbraucht, der Erwachsene, der ein Kind (ob Junge oder Mädchen) mißbraucht, oder der Mann, der Frauen gebraucht und mißbraucht, alle sind die *patrons* in einem Verhältnis der Prostitution: Sie kaufen die Willfährigkeit der anderen (wo sie sie nicht mit Gewalt erzwingen) mit der Macht, die ihnen als Männern, als Erwachsenen, als Vätern zur Verfügung steht. Sie sind nicht nur Nutznießer dieser Praktiken, sondern auch deren Schutzherren.

Der und die Libertin/e, die willigen Kollaborateure werden mit dem Prestige des Autors oder Schutzpatrons gekauft: Ein bißchen Abglanz der Ruhmesehre und der Macht erkauft die Kooperation des bereits abhängigen Opfers. Die Prostituierte allein wird mit Geld gekauft, dem zweideutigsten Machtsymbol der Kultur. Darin liegt ihre grundsätzliche „Obszönität", denn das schmutzigste Geheimnis der Kultur ist nicht „Sex", sondern das Geld.

Die Bereitschaft des Opfers ist eine verzwickte Sache, schwierig festzustellen in einem Objekt, das angeblich weder Willen noch Subjektivität besitzt. Um den Willen und die Bereitwilligkeit der Frau zu verstehen, müssen wir die Ökonomie dieses Objekts, wie sie von seinem männlichen Besitzer gesehen wird, näher untersuchen. Das Frauen-Objekt besteht allein aus Körper, ohne die Dimension eines menschlichen Willens. Ist es neu, ungebraucht und intakt, so trägt es das Siegel der „Unwilligkeit" in seiner Jungfräulichkeit. Das Szenario Nr. 1 ist ein Ausdruck der historischen Obsession der Männerkultur von weiblicher Jungfräulichkeit und dem Akt der Entjungferung: von dem Zerbrechen des Intakten, der Vernichtung der Wesenseigenheit des Objekts, dem Akt der Zerstörung und des Sich-Aufzwingens. Ist das Siegel ihrer Unangetastetheit einmal gebrochen, so kommt die Frauenmaschine erst so richtig in Schwung – sie entspricht nun ihrem Gebrauch. Die vermutete Unwilligkeit entpuppt sich schlicht als Unerfahrenheit. Es ist eine Grundannahme der Männerkultur bezüglich der weiblichen Biologie, daß der Frauenkörper unersättlich sei und frei von den physiologischen Beschränkungen des Männerkörpers.[9] Wo einer Jungfrau oder Nonne eine Spur (Un)Willens zugeschrieben wird, ist dieser bald als nur der oberflächlichste Anstrich einer moralischen Sozialisation zur Keuschheit entlarvt, der sogleich vom sehr viel mächtigeren Trieb des Körpers überwunden wird. Die Unwilligkeit des Frauen-Opfers wird daher zum kulturellen Zustand der Frau, einer Aufschrift der patriarchalen Ökonomie des Tauschhandels mit Frauen und der dazugehörigen gesetzlichen und religiösen Kodexe. Die Willigkeit des Frauen-Objekts hingegen wird zum natürlichen Zustand der Frau, zu dem sie dank der Dienste der Männer wieder zurückgeführt wird. Willigkeit und Unwilligkeit sind somit Ausdruck ihres Körpers, nicht Entscheidung ihres Willens, und ihre „Willigkeit" wird deshalb als Triumph des Körpers über die Rudimente des weiblichen Verstandes und ihrer Sozialisation dargestellt – in den Fabeln von der Pornographie über die Literatur bis zu den Liebesromanen.[10]

Die Willigkeit der Prostituierten ist durch den Faktor Geld etwas überschattet. Die Volksmythologie stellt die Prostituierte als die alles-verschlingende Sexuell-Begierige dar, besonders seit dem 19. Jahrhundert, wo sie als Kontrast und Gegenstück zu ihrer angesehenen frigiden Schwester, dem Engel im Hause, diente.[11] Aber trotz dieses schillernden Bildes sticht ins Auge, daß die Prostituierte nicht aus Lust und Begehren, sondern aus ökonomischen Gründen kollaboriert. Geld ist das abstrakteste, symbolhafteste Besitztum der Männer. Es ist reiner Tauschwert. Wo die Libertine im Gegentausch für etwas von Gebrauchswert kollaboriert – Gastrang, Prestige, einen Anteil an Besitztum –, wird ihre Willigkeit glaubwürdig, hat ihre Bereitschaft eine Grundlage; insbesondere ist sie dem Kapital verbunden, dem Mehrwert und Überschuß der Männermacht. Die Prostituierte erhält nur Bargeld, dessen Summe von der Nachfrage abhängt – d.h. davon, wieviel ihr Dienst dem Patron wert ist. Es ist ein Lohn.

Austausch ist die bevorzugte Bezeichnung für kommerzielle Transaktionen und die Marktwirtschaft überhaupt. Es ist ein Wort wie „Kritik", etwas unpassend. Austausch impliziert zwei Handelnde, die Gegenstände unter sich austauschen – *inter pares*. Die ursprüngliche Idee war auch, daß Gleich gegen Gleich getauscht würde. Die dominante Form des Austausches in unserer Wirtschaft ist der Tausch von Waren oder Konsumgütern und Dienstleistungen gegen Geld. Länder der „Dritten Welt" tauschen Rohstoffe und Ernteerträge gegen ausländische Währung – manchmal etwas mehr, manchmal etwas weniger für die gleichen Güter. Die „Erste Welt" ist im Besitz der harten Währung, sie ist der *patron*. Das „Entwicklungsland", wie die Frau, benötigt die harte Währung, denn wie die Frau ist es zwar

„außerhalb" dieser „Ersten Welt" (wie diese sich selbst definiert), ökonomisch jedoch sehr wohl innerhalb der Welt seiner Entwicklungshelfer, seiner *patrons*. Wie die Frau ist es ein in die Unabhängigkeit entlassenes Land, über das sein Schutzpatron gewisse Rechte beibehalten hat. Es erhält variable Summen Bargeld im Gegentausch für etwas Reales, etwas von Gebrauchswert, indirekt seine eigene Subsistenzproduktion. In beiden Fällen gibt der eine etwas, wovon er einen Überschuß und wofür er keinen Gebrauch hat, außer im Austausch, und welches nicht von ihm ist. Die andere gibt von sich selbst, aus sich selbst. Der Austausch ist äußerst ungleich; er ähnelt der Prostitution frappierend. Prostitution – wohl nicht so sehr ein Sonderfall der Handelswirtschaft als vielmehr das Paradigma der kapitalistischen Geldwirtschaft.

Bei der Geldwirtschaft entscheidet der mit dem Überschuß (Kapital), was „Gleich für Gleich" ist, und bestimmt den Preis gemäß seiner eigenen Nachfrage. Er entscheidet, was es zu kaufen geben soll und was ein Konsumgut ist. Er schreibt die möglichen Szenarien und bestimmt zudem, wie sie zu betrachten sind.

Es läge nahe, sexuelle Beziehungen als Austausch zu verstehen. Aber dem ist anscheinend nicht so, denn der Meister-Autor will es anders. Betrachten wir die Prostitution noch einmal: Er gibt Geld und erhält dafür einen Dienst; sie verkauft ihren Teil einer Sexualbeziehung – seiner scheint gratis zu sein. Stattdessen wird er in der Tauschgleichung einfach nicht mitgezählt. Er zieht es vor zu glauben, er gebe nichts von sich selbst – nur Geld, von dem er genug und das keinen Gebrauchswert hat. Seine Auffassung der heterosexuellen Beziehung im allgemeinen ist, daß er nimmt, während sie gibt. Sie verliert bei diesem Austausch. Da er die Wahl trifft, eine bestimmte Nötigung aufzudrängen, und dabei nimmt, was er will, gibt er scheinbar selbst nichts weg, verliert niemals „ganz die Kontrolle" – denn er behält die Autoren-Kontrolle über das Szenario und über die Frau. Er bleibt das Subjekt, und er kauft ihr ihre Subjektivität ab. Das gibt auch weitgehend darüber Aufschluß, warum er so hartnäckig an seinen bevorzugten Darstellungen sexueller Beziehungen als grundsätzlich aggressiv, transitiv, gewalttätig, als Jagd, Raub und siegesgewisse Eroberung festhält. Leistet sie

Widerstand, so wird er sie „nehmen" (Szenario Nr. 1); gibt sie nach (ihre Willigkeit immer eine *Re*aktion), so hat er sie gehabt (Szenario Nr. 2) – genommen und gehabt bleibt sie. Ihre Perspektive zu diesen Geschehnissen existiert nicht, denn es darf ihr keine Subjektivität zugestanden werden. Aus ihrer Sicht sowie aus der Sicht der Prostituierten dürfte die Geschichte um einiges anders aussehen. Darum soll die Darstellung aus seiner Sicht erfolgen, das Verb sich immer auf seinem Handeln begründen. Genommen zu werden oder gehabt zu sein bedeutet Demütigung: Solch passive Verbalkonstruktionen dürfen nur ein weibliches grammatisches Subjekt haben; ein Mann kann weder genommen werden noch gehabt sein. (Und ist er es doch, dann ist er feminisiert worden; der einzige wirkliche Mann ist der in der Subjekt-Position.)

Dieses Muster bleibt während der ganzen „sexuellen Revolution" bestehen, denn diese betrifft nicht die Befreiung der Frauen, sondern die Befreiung des weiblichen Sexual-Objekts, von dem nun auch ein Orgasmus erwartet wird (in Erwiderung). Man kann sie haben, zusammen mit ihrem Orgasmus. Die sexuelle Geschichte darf aus der Sicht des weiblichen Sexual-Objekts geschrieben werden, eine verlockende Variante des männlichen Schreibens ihres Genusses. Sie wird sie schließlich auch selbst schreiben, da sie als Libertine den Standpunkt des Szenarios, die Perspektive des Meisters, übernehmen wird: Sie wird sie als männliches Kultursubjekt, als Autor, als Künstler verfassen. Erica Jong hat uns ein Beispiel geliefert, und Männer werden nicht müde, auf sie hinzuweisen: hier der weibliche Standpunkt, wie wir ihn gern sehen, die Libertine, die sich ergießt.[12]

Historisch gesehen, das heißt, unter der Herrschaft des Szenario Nr. 1, wo Frauen per Definition (und durch soziale Einrichtung) von Vätern für den Tauschhandel produzierte Objekte waren, gab es offensichtlich Grund, warum diese Sexualökonomie gelten sollte. Den Körpern der Frauen wurde ein gewisser Gebrauchswert zugeschrieben, der ihren Tauschwert als „neu" oder „second hand" bestimmte, während kein vergleichbarer Wert den Männerkörpern zukam, da diese nicht Objekt eines Austausches waren. Vielmehr waren diese das eigentliche Mittel, um den weiblichen Gebrauchswert zu konsumieren. Frauen waren für Marx ein ebenso natürliches Beispiel einer Ware wie für Kant Beispiele von Kunstprodukten. Julia Swindells hat der konstitutiven Rolle der Frauen in Marxens Warenbegriff und dem Austauschprozeß in einer Textanalyse der folgenen Passagen aus dem *Kapital* nachgespürt:

> Die Waren können nicht selbst zu Markte gehn und sich nicht selbst austauschen. Wir müssen uns also nach ihren Hütern umsehen, den *Warenbesitzern*. Die Waren sind Dinge und daher widerstandslos gegen den Menschen. Wenn sie nicht willig, kann er Gewalt brauchen, in anderen Worten, sie nehmen.[13]

Und Swindells zitiert auch folgende von Marx angefügte Fußnote:

> Im 12., durch seine Frömmigkeit so berufenen Jahrhundert kommen unter diesen Waren oft sehr zarte Dinge vor. So zählt ein französischer Dichter jener Zeit unter den Waren, die sich auf dem Markt von Landit einfanden, neben Kleidungsstoffen, Schuhen, Leder, Ackergeräten, Häuten usw. auch „femme folles de leurs corps" auf. [14]

Swindells kommentiert:

> Zu einem Grinsen verleitet, lernen wir vom zeitgenössischen Herausgeber in einer Note (falls wir es nicht schon wußten oder errieten), daß „femme folles de leurs corps" „liederliche Frauenzimmer" sind (Marx 178). Humor mit männlichem Subjekt zeigt so seine ideologische Färbung, mit einem Sprung, der gleichzeitig eine Kontinuität vom 12. zum 19. Jahrhundert herstellt. Die Schattierung des Witzes, wenn auch auf dem Hintergrund der Scheinheiligkeit von „Frömmigkeit" und Geschichtsschreibung, gibt uns Einblick nicht nur in die Sexualideologie, die Marxens Schreiben umgrenzt, sondern zusätzlich auch in das, was sowohl charakteristisch für die Mitte des 19. Jahrhunderts ist (die Frau, die gewissen Vorstellungen der Ware angegliedert ist) und allgemeiner für eine historische Kontinuität, die wir Männlichkeit nennen. [15]

Die Subjekte, die sich am Austausch, an der Dichtung, an der

Geschichtsschreibung und an den Witzen beteiligen, sind die Kultursubjekte, auch Männlichkeit genannt. Es ist zudem interessant, die Ökonomie von Marxens Diskurs hinsichtlich unserer gegenwärtigen Diskussion weiter zu untersuchen. Es fällt auf, daß es sich bei der Beziehung zu den Waren um Vormundschaft und Besitz handelt – um eine väterliche, *patron*hafte, patriarchale Beziehung. Waren können nicht selbst zu Markte gehen oder eigene Tauschgeschäfte eingehen. Ihnen fehlt die Subjektivität, die ihnen ermöglichen würde, als Subjekt zu handeln. Das ist nicht eigentlich erstaunlich, denn sie sind ja *Dinge*, also Objekte, nicht Lebewesen. Ihre Hüter sind auch ihre Besitzer, ihre Eigentümer. Es dürfte angenommen werden, der Fall sei damit klar und eindeutig beschrieben.

Aber Marx fügt weiter hinzu: „Wenn sie nicht willig, so kann er Gewalt brauchen, in anderen Worten, sie nehmen.[13]

Noch bevor wir von der Kuriosität von *femmes folles de leurs corps* unter den Waren gehört haben, sieht Marx den Fall von Dingen vor, die trotzdem eigenartige Zeichen von Subjektivität von sich geben: sie sind unwillig. Szenario Nr. 1: Das Objekt widersetzt sich, ist unwillig. Das Subjekt kann Gewalt brauchen, Besitz ergreifen; es kann das Objekt nehmen, es haben. Wir dachten, der Hüter sei bereits im Besitz der Ware, sei schon ihr Eigentümer; und doch muß er seinen Besitzanspruch mit Gewalt stellen, indem er Besitz schlicht *ergreift*. „Die Waren sind Dinge und daher widerstandslos gegen den Menschen" – warum also leisten sie trotzdem Widerstand und zeigen sich unwillig?

Die patriarchale Definition lautet vielmehr so: „Wem immer und immer die Macht fehlt, sich der Macht des Mannes entgegenzustellen, soll sein Besitz, sein Gegenstand, seine Ware sein." Seine Macht mag Muskelkraft sein, sie mag intellektuelle Macht sein (vgl. Bergers Aufsatz über die Beziehung zur Natur allgemein), sie kann politische Macht sein – wichtig dabei ist, daß diese Macht nicht inhärent ist, kein Wesenszug des Männergeschlechts, sondern eine Machtstellung, die sozial, politisch und ökonomisch konstruiert ist und nötigenfalls mit Militärmacht und technologischen Hilfsmitteln verteidigt wird. Oder wie Marx sagt, ein „Willensverhältnis" zwischen Warenhütern, die sich „zueinander als *Personen* verhalten" und sich „wechselseitig als *Privateigentümer* anerkennen".[14] Nicht jeder weiße Mann ist kräftiger als jede weiße Frau; er ist sehr wahrscheinlich weniger kräftig als sein männlicher Sklave. Aber Marx schreibt so, als ob die mangelnde Fähigkeit der Ware, dem „Menschen" zu widerstehen, der Ware selbst innewohnte – und umgekehrt, die Macht zu dominieren dem „Menschen". Er redet so, als wäre diese Macht des „Menschen" natürlich, ein Naturgesetz, das sie gattungsspezifisch, d.h. geschlechtsspezifisch macht, eine natürliche Auslese derer, die die Tüchtigsten zum Herrschen und Warenhüten sind. Denn trotz seines Hinweises auf das Willensverhältnis und den Vertrag, den die Warenhüter unter sich abschließen, glaubt er doch, der Mensch sei entweder zum Warenhüter oder zur Ware geboren: „Was den Warenbesitzer namentlich von der Ware unterscheidet", verrät zwar eine erstaunliche Einsicht in ihre grundsätzliche *Gleichheit* , sie verflüchtigt sich jedoch sofort wieder, wenn die Ware ein „*geborener* Leveller und Zyniker" genannt wird.[15]

Im Brennpunkt dieses Waren-Szenarios steht einmal mehr das Opfer-Objekt: „Es/sie/er machen sich selbst zur Ware, weil sie wählen, sich zu widersetzen, weshalb dann Gewalt gegen sie angewendet werden muß. Würden sie unter derselben Nötigung kooperieren, dann würden sie zu willigen Tauschobjekten, zu Libertinen des Marktplatzes." Eine ebensolche ist die Frau *folle de son corps*: Sie hat Gefallen an ihrem Objekt-Rang – ihrem Körper – und macht sich selbst zum willigen Tauschobjekt. Das liederliche Frauenzimmer, so deutet der Ausdruck an, ist liederlich aus freiem Willen: Tatsächlich hat sie eine Attitüde gewählt unter der Nötigung, Frau in einer Gesellschaftsordnung zu sein, die Frauen zu Tauschobjekten macht.

„Liederlich" (wanton), gemäß dem *Oxford English Dictionary*, hat verschiedene verheißungsvolle Bedeutungen: „1. Undiszipliniert, zügellos; unlenksam, rebellierend ...2. Wollüstig, unkeusch, lüstern... 3. (vorwiegend poetisch) von jungen Tieren: ausgelassen, munter. Von sich bewegenden Objekten, die aussehen, als wären sie belebt: ‚*sportiv*' (scherzhaft, spaßhaft), von Kaprizen oder Grillen angetrieben, hemmungslos." Die erste Bedeutung entspricht Szenario Nr. 1: unwillig, widerständig, zügellos, rebellierend, während die weiteren Bezeichnungen auf das liederliche Opfer des Szenarios Nr. 2 zutreffen.

Darunter scheint die letzte besonders passend: Das Frauen-Objekt sieht so aus – unter patriarchalem Blickwinkel –, als ob es belebt wäre; die Überraschung ist dieselbe, wie wenn das schon für tot gehaltene Opfer Lebenszeichen von sich gibt, indem sie schreit oder sich „ergießt"; die liederliche Ware geht selbst zu Markte und geht auf eigene Rechnung Tauschgeschäfte ein! Diese Attitüde der Ware führt zu einem gewissen Sport, dank ihrer sportiven Spaßhaftigkeit, ihrer munteren Kaprizen und Launen, ihrer Bereitschaft, mitzuspielen, die sich darin zeigt, daß sich das Objekt zu bewegen scheint – ein Sport, dem sich der Mann des Marktplatzes als distinguierter Schutzpatron widmen wird.

Bell Hooks schreibt über die sexuelle Ausbeutung schwarzer Frauen durch ihre weißen Herren zur Zeit der Sklaverei: „Weiße Sklavenhalter versuchten gewöhnlich, schwarze Frauen als Vorbereitung für sexuelle Annäherungen zu bestechen, um sie so in die Rolle einer Prostituierten zu versetzen. Solange der weiße Sklavenhalter für die sexuellen Dienstleistungen seiner schwarzen Sklavin ‚bezahlte', fühlte er sich der Verantwortung für solche Taten enthoben."[16] Der weiße Sklavenhalter braucht für die Dienste seiner schwarzen Sklavin nicht zu bezahlen. Sie ist bereits seine zweifache Ware, er ist schon ihr Besitzer und Eigentümer. Widersetzt sie sich, so kann er Gewalt gebrauchen: Er hat die überlegene Macht – im Überfluß. Bezahlt er die schwarze Sklavin dennoch, so um sie unzweideutig in die Rolle der Prostituierten zu versetzen und um zu vermeiden, daß sie sich durch die Einladung zur Kollaboration etwa als Gast des weißen Mannes betrachtet. Bezahlt er sie, so gibt er nichts von sich selbst, nur Bargeld, das keinen Gebrauchswert hat. Vor allem steigt er so nicht in eine Beziehung sexuellen Austauschs: Der Tausch bleibt auf seiner Seite strikt vertragsgemäß und kommerziell. Sie hingegen gibt offensichtlich freiwillig, liederlich, ihren Anteil der sexuellen Beziehung – nicht etwa, weil sie Sklavin ist und nicht anders kann, sondern weil sie eine „Hure" ist. Sie „erniedrigt sich selbst", weil sie „wählt", Geld anzunehmen. Sie feminisiert sich zum untersten Rang, schlimmer als der einer Frau, schlimmer als der eines Sklaven, schlimmer als der einer Sklavin.

Ob die Frau in der Praxis der Sklaverei oder der Praxis des Patriarchats verfangen ist, die Tatsache, daß sie Bestechungsgeld annimmt, wälzt offenbar die Verantwortung für das ganze Zwangsszenario, für die Praxis, in welcher sie gefangen ist, auf ihre Schultern. Die Zeichen scheinbarer Kooperation werden als Willigkeit gelesen, als Mangel an sichtbarem Widerstand, ohne Berücksichtigung der offenstehenden Möglichkeiten – wo vergewaltigt zu werden ihre einzige Alternative ist: dieselbe Nötigung ohne Bezahlung.

Der Mann identifiziert sich mit seinem Besitztum an Gebrauchswerten als einem Teil seiner selbst; und gibt er ein Fest, so ist er ein großzügiger Gastgeber. Liebt er, so gibt er von „sich selbst". Nimmt er sich ein Weib, so teilt er Rang, Hab und Gut mit der willigen Kollaborateurin. Bezahlt er jedoch mit Bargeld, so hört er auf, sich mit seiner Gabe zu identifizieren: Er ist kein Gastgeber mehr, gibt nichts mehr von sich selbst, sondern er „nimmt" von der Kollaborateurin, die sich für Tauschwert statt für Gebrauchswert prostituiert. Er hält sie für käuflich.

Das erhabene Subjekt will seine Verantwortung für seine Beziehungen zum andern und zur andern nicht ideologisch anerkennen. In der Gegenwartsgeschichte, seit die andere theoretisch auch Subjektstatus erlangt hat, versucht er sich zu überzeugen, daß seine privilegierte Machtstellung und seine Taten der Beherrschung und Unterdrückung Wille des neuerdings emanzipierten Subjekts seien. Ihre Willigkeit ist sein Bedürfnis – eine Rechtfertigung seiner unveränderten Dominanz und der fortwährenden Unterdrückung der Frau. Gelingt es ihm, sie gemäß Szenario Nr. 2 zur Willigkeit zu bestechen, so kann er daraus ihr Einverständnis ablesen.

Darstellungen und Kompositionen, die bestimmen, wie wir etwas anschauen, sind eine entscheidende Strategie im Bemühen des Subjekts, seine Machtstellung und seine Privilegien sowie die Gesellschaftsordnung, die sie unterstützt, zu erhalten. Unter dem ganzen Sortiment von Zwangsstrukturen im patriarchalen Kapitalismus ist es das Szenario der Sicht, das jenen eine Darstellungsstruktur auferlegt und eine Teilansicht des „Inhalts" herausgreift, einen Teil den Phänomens rahmt, um die Möglichkeit, das Ganze in seinem Strukturzusammenhang zu analysieren, auszuschließen. Darum fällt z.B. der Blick auf das willige Opfer, der Scheinwerfer auf die Käuflichkeit der Prostituierten, auf daß diese für eine Schuldzuweisung am nächsten liegen mögen. Der größere Zusammenhang und seine Quelle der Verantwortung fallen praktischerweise außerhalb des Rahmens.

Die Künste als Fachgebiete des Sehens, der Wahrnehmung und der Darstellung bahnen den Weg. Wir betrachten den Künstler als reinen Schöpfer von Visionen, die von der sozialen und ökonomischen Realität losgelöst sind, in welcher er sie produziert und in welche sie nicht nur als Kulturprodukte, sondern auch als ökonomische Gegenstände eintreten. Wir betrachten den Schriftsteller schlicht als Schreibenden, aber das Schreiben, das zum Objekt der Literaturwissenschaft wird, ist veröffentlichtes Schreiben, wobei die Veröffentlichung selbst eine ganze Industrieproduktion ist, die im Begriff des Schriftstellers nicht enthalten und nicht berücksichtigt ist. Künstler, Schriftsteller oder Kritiker können demnach nicht einfach als Rollen im literarischen Szenario begriffen werden – als die unschuldigen, idealistischen Verehrer der Kunst und des ästhetischen Schutzgebietes – weil sie gleichzeitig auch eine weitere Rolle im Szenario der Produktion und des Konsums spielen. Wenn wir dem Kritiker seine Libertinage, seinen Verrat an den Lesern vorhalten, so nicht aus dem Reflex, dem Opfer die Schuld zuzuweisen. Wir werfen ihm nicht nur sein vielleicht noch verständliches Abgleiten in den bewundernden und narzißtischen Spiegel-Blick der Herr-und-Sklaven-Dialektik vor, der sich aus seiner Rolle im Szenario ableitet. Wir klagen ihn an, weil er als Kritiker Zugang zu den Produktionsmitteln hat, zu welchen die gemeinen Leser keinen Zugang haben. Wie die kolonialisierten Revolutionäre in Genets Stück die Massen verkaufen, indem sie sich zu Abbildern der Unterdrücker stilisieren und in der Glorie sonnen, so verkauft der Kritiker, der ja ein veröffentlichter Kritiker ist, die Leserschaft, wenn er die Chance, die ihm sein Zugang zu den Produktionsmitteln gewährt hätte, verspielt. Libertin wie der Gast des weißen Mannes prostituiert er sich für den Glanz, für Gebrauchswert, für Eigennutz.

Kunst und Literatur, wie wir sie heute kennen, sind ein kommerzielles Unternehmen, das Kommunikation verkauft. Kommunikation wird industriell hergestellt, unter Aufsicht des transitiven Konsum-Szenarios. Die Sprecher-Funktion wird zum Produktionsmittel, die Hörer-Funktion zum Konsum. Das einzige Ausdrucksmittel der Leserschaft – ihr Recht auf Erwiderung – ist Konsum im Konsum-Szenario, Schweigen im literarischen Szenario – also Bücher zu kaufen als „Antwort" auf die erhaltene Kommunikation. Der Kritiker, der sich als „idealer Leser" und Sprachrohr des Publikums ausgibt, ist ein Produzent wie jeder andere Autor – ein Schreibender, dessen Stimme veröffentlicht ist. Das literarische Schutzgebiet jedoch zieht es vor, seine Rolle als Leser hervorzuheben, um nicht auf die Produktionsmaschinerie der Veröffentlichung, der Industrialisierung der Stimme, aufmerksam zu machen.

12. Problem

Kommunikation

Es ist nicht grundlos, wenn „Darstellung" zum Schlüsselbegriff der modernen Analyse kommunikativer Produkte – verbaler wie visueller – geworden ist. Weder in der Kunst- und Literaturwissenschaft noch im größten Teil der Analyse von Zeichensystemen liegt die Betonung auf Kommunikation, wenngleich Kulturprodukte und Zeichen in Kommunikationsprozesse eingebettet sind und durch die Medien, d.h. durch Kommunikationsmittel, verbreitet werden. Daß Darstellung im Mittelpunkt der Analyse steht, ist angemessen und spiegelt eine Realität: nämlich die Situation der Kommunikation in unserer Gesellschaft. Ein wachsender Bereich der Kommunikation ist der Darstellung gewidmet, so die Domänen der öffentlichen Kommunikation, die Künste und die Werbung. Was dem Staat an Kommunikationskanälen zur Verfügung steht, kann sich der kommerzielle Sektor kaufen. Mit dem wachsenden Einfluß der öffentlichen Formen der Kommunikation findet Kommunikation im üblichen Sinn fast nur noch in „privaten" Sphären der Gesellschaft statt. Wichtiger ist jedoch, daß die beiden Arten der Kommunikation sich nicht unabhängig entwickeln, sondern sich gegenseitig beeinflussen. Der Einfluß ist jedoch ungleich, denn es ist vor allem die öffentliche Form der Kommunikation, die Druck auf die privaten Formen ausübt und dort ihre Spuren hinterläßt, während eine Nachahmung privater Kommunikation in der öffentlichen Kommunikation nurmehr als Travestie auftaucht: ein Fragment, ein rhetorischer Trick, der an vertraute Zusammenhänge der privaten Mitteilung erinnern und über die eklatante Andersartigkeit ihrer Kommunikationsstruktur hinwegtäuschen soll. So zeigt uns das heimelige Inserat zwei Hausfrauen, die gegenseitig ihre Erfahrungen mit der Wäsche austauschen, oder die glückliche Familie, die sich begeistert über Muttis Mittagessen ausläßt, oder den vertrauenswürdigen Hausarzt, der die Vorzüge einer Arznei lobt, auf daß wir die seltsame Kommunikationsart des Inserats als die Stimme der Wahrheit, als inkarniertes Wort, möglichst übersehen.

Darstellung bedeutet die Reifikation (Vergegenständlichung) der Mitteilung. Medium und Mitteilung stehen im Vordergrund auf Kosten der Mitteilenden, d.h. der beiden Sprecher, die abwechselnd sprechen und zuhören. Darstellung hebt den Inhalt hervor – das, was dargestellt wird – und überschattet den Agenten der Darstellung. So besitzen heute die Fachgebiete Kunst und Literatur einen Korpus an Werken, von denen die Werkmeister ausgeklammert sind, so daß nur abstrahierte, in ihrer Kunst verkörperte Künstler bleiben. Dabei zeigt die Geschichte dieser Domänen ein obsessives Interesse an der Person des Künstlers, das gewöhnlich das Interesse am Werk übertraf. Erst mit dem Beginn des 20. Jahrhunderts ist die theoretische Reifikation des Kunstwerks Mode geworden, wobei von Gedichten gesagt wird, daß sie „nicht bedeuten, sondern sind". *Sind*, wie Felsen der Natur. Mit dem Erscheinen der *nouvelle critique* und der Rezeptionstheorie in der zweiten Hälfte des Jahrhunderts beginnen wir nun, unsere Aufmerksamkeit dem Leser, dem Libertin-Kritiker zuzuwenden. Der Reihe nach. Es ist äußerst auffallend, daß im Bereich der Kunst und der Literatur der Kommunikationsprozeß in Stücke/Segmente gehackt wird und wir scheinbar nur mit einem Stück auf einmal umzugehen vermögen, nie aber mit dem Kommunikationsakt als Ganzem. Würden Kunstwerke als ganze kommunikative Prozesse betrachtet, so ließen sie sich nicht mehr länger in einem ästhetischen Schutzgebiet absondern; sie würden als Teil eines Kommunikations*zusammenhangs* begriffen, der Realität ist und nicht Phantasie. Fiktion ist fiktiv nur in bezug auf Darstellung; als Kommunikation ist sie real, Tat und Tatsache in der Wirklichkeit.

Die Sprache ist ein Kommunikationsmittel, d.h. in erster Linie ein Instrument der Kollektivität, des zwischenmenschlichen Handelns und der intersubjektiven Verständigung – wie Berger bemerkt, das Mittel, mit welchem „der Mensch den Menschen erkennt". Es gibt zwei Einstiegspunkte in die Kommunikation: die Rollen der Sprecher/in und der Zuhörer/in. Es ist einer der liebenswerteren Züge der Sprache, daß diese Rollen nicht festgelegt sind, sich nicht endgültig verteilen oder besitzen lassen, sondern endlos austauschbar bleiben. Ich oder du kann dich oder mich oder beide bedeuten. Wir geben unseren Kindern eigentlich ein falsches Bild, wenn wir sie lehren, daß es sechs persönliche Fürwörter oder „Personen" gebe: erste, zweite und dritte Person Einzahl und dasselbe noch einmal in der Mehrzahl. Vielmehr gibt es einen grundsätzlichen Unterschied zwischen „ich" und „du" einerseits und „er/sie/es und sie" andererseits. Letztere, wie auch andere „shifters" wie „dies" und „jenes", dienen dazu, Objekte der Darstellung zu bezeichnen, und sind fakultativ, d.h. sie hängen von dem ab, was dargestellt wird. Auch „ich" und „du" und ihre Ableitungen können als solche „shifters" in der Aussage erscheinen, aber sie sind darüber hinaus immer mehr: Sie sind die unerläßlichen Pole der Kommunikation, ohne die es keine Kommunikation geben kann. Ob sie als Fürworte in der Äußerung vorkommen oder nicht, sie sind in der Existenz der Aussage selbst immanent, impliziert in der Tatsache der Kommunikation. Die Präsenz der Aussage spricht von der Präsenz ihrer Quelle und ihres Bestimmungsortes, der Sprecher/in und der Zuhörer/in.

Wie Raymond Williams in seinem Buch *Communications* bemerkt, brauchen wir Begriffe wie „Kommunikationsmittel" und „Kommunikation" in verschiedenem Sinn. Die „älteste Bedeutung" der Kommunikation ist Rede, „das Weitergeben von Ideen, Information und Meinungen (‚*attitudes*') von Person zu Person".[1] Die Sprache dürfte also als das eigentliche Medium der Kommunikation bezeichnet werden, um es als primäre Kommunikationsform, einer anderen logischen Ebene zugehörig, von den verschiedenen Kommunikations*mitteln*, die wir heute die „Medien" nennen, zu unterscheiden. Schreiben, als ein Aufzeichnen der Rede, erlaubt eine Erweiterung der Kommunikationssituation über das Hier und Jetzt der Rede und des persönlichen Austausches hinaus. Der/die Zuhörer/in kann sich weit weg und außer Reichweite der menschlichen Stimme befinden und auch zu irgendeinem Zeitpunkt nach der „Redezeit" der eigentlichen Aussage „zuhören", da die Aussage festgehalten wurde. Während aber die Schrift auf diese Weise die Möglichkeiten des Zuhörens erweitert, beraubt sie gleichzeitig die Zuhörenden ihrer potentiellen Zwillingsrolle als Sprecher/in und Teilnehmer/in, beraubt sie der Möglichkeit, auf die Aussage im Rahmen eines Dialogs zu erwidern. Als Leser/in von Geschriebenem kann der/die „Zuhörer/in" zwar seiner-/ihrerseits und in der Folge die Rolle als Schreiber/in ergreifen und dem erhaltenen Monolog einen weiteren Monolog folgen lassen. Schreiben ist somit ein erster Schritt in Richtung Reifikation: Mittels der Schrift wird die Mitteilung festgehalten und bleibend gemacht, gleichzeitig aber auch gegen Kommunikation, Mitteilung und Erwiderung abgesichert.

Die technische Entwicklung hat weitere Kommunikationsmittel und -kanäle hervorgebracht, die es erlauben, bestimmte Aspekte des Kommunikationsaktes zu verstärken. Der Druck ermöglicht eine Verbreitung der aufgezeichneten Mitteilung an eine große Anzahl potentieller „Zuhörer/innen" durch Vermehrung der materiellen Aufzeichnung. Andere Kommunikationsmittel zielen darauf ab, nicht eine schriftliche Aufzeichnung, sondern die mündliche Äußerung selbst, also das Volumen und die Tragweite der menschlichen Stimme zu verstärken. Die Entwicklung technischer Kommunikationsmittel und deren Gebrauchsweise führen zu einer Verstärkung oder Vermehrung der Mitteilung selbst und durch sie zu einer Ausdehnung der Zuhörer-Funktion, nicht aber zur Vermehrung und Erweiterung der Sprecher-Funktion. Williams allerdings gibt folgendes zu bedenken:

> Heute haben wir in Großbritannien ein ganzes Spektrum verschiedener Anwendungen des Drucks, der Photographie, des Fernsehens, die nicht unbedingt aus den technischen Mitteln selbst hervorgehen. Viele davon sind von den sich verändernden politischen oder ökonomischen Kräften/Strömungen beeinflußt worden. Manche werden auch durch das geformt, was eigentlich bestimmte Kommunikationsmodelle sind: die Idee, daß ein Sprechen oder Schreiben, welches sich an viele Leute richtet, heiße, zu „den Massen" zu sprechen ... Diese fragwürdigen Annahmen, daß es klar definierbare Arten von Leuten und Interessen gebe, sind oft in soliden praktischen Einrichtungen verkörpert, welche die Modelle, die ihnen zugrunde liegen, wiederum lehren.[2]

Weil gewisse Kommunikationsformen mittels technischer Verstärkung schnell institutionalisiert wurden, erscheinen sie als „natürlich" oder als logische Konsequenz der betreffenden technischen Erfindungen. Das sind sie aber nicht. Williams weist ebenfalls darauf hin, daß „historisch gesehen die Entwicklung mächtiger neuer Kommunikationsmittel zusammentraf mit einer Erweiterung der Demokratie sowie den Versuchen von verschiedenen herrschenden Gruppen, diese Demokratie zu kontrollieren und zu verwalten".[3] Mit anderen Worten, hinter der Ausbreitung der „Demokratie" – der Chancengleichheit für alle – gibt es zudem Subjekte, die versuchen, diese gleichen Chancen der restlichen Gesellschaft zu kontrollieren und zu verwalten, wohl dasselbe Subjekt, das wir bei Bernard Williams und der gleichberechtigten Ausbeutung von Frauen und Männern antrafen. Ein solches Kontrollieren und Verwalten – das selbst nicht zu den gleichen Chancen der Bürger der Demokratie zählt – zielt darauf ab, die Sprecher-Funktion auf ein paar Wenige zu beschränken, um diese zu den Schutzherren der Stimme zu machen und gleichzeitig die Zuhörer-Funktion auf die „Massen" auszudehnen.

Insbesondere bedeutet dies, daß die Sprecher- und Zuhörerfunktionen langsam zu festgelegten Rollen und zu institutionalisierten gesellschaftlichen Identitäten werden, die zu bestimmten Personen gehören und somit ihre charakteristische Auswechselbarkeit einbüßen. Die Kommunikationsgemeinschaft wird in klar unterschiedene Rollen aufgeteilt. Und was die unter diesen Bedingungen produzierte Kommunikation betrifft, so zeichnet sich eine allgemeine kulturelle Tendenz zum Monolog ab, welcher Rede und Gegenrede, Dialog und Mit-teilen immer mehr ersetzt.

Die Literatur als eine privilegierte Form des Sprachgebrauchs und als Instanz der ideologischen Werteproduktion hat deutlich zur Kontrolle und Verwaltung der Demokratie im Bereich der Kommunikation beigetragen. Das Denksystem der Ästhetik legt den Grund für die Reifikation der Mitteilung und die Monologisierung der Kommunikation. Wie wir schon gesehen haben, werden Werke der Literatur als Wortinkarnationen verstanden, als „reine Geste der Inskription"[4], nicht als Sprachhandlungen individueller Personen. Die Mitteilung selbst gilt als vollendet, vollkommen und unveränderlich, keiner weiteren kommunikativen Einmischung seitens der Zuhörer/innen, die etwa bei bestimmten Punkten nachfragen oder etwas hinzufügen wollen, mehr zugänglich. Im ästhetischen Schutzgebiet herrscht ein Tabu bezüglich des kommunikativen Verkehrs, das dem Inzest-Tabu der Familienbeziehungen vergleichbar ist.[5] Der einzige zulässige Verkehr ist der Austausch von Texten (Monologen), während ein direkter Dialog zwischen Autor und Leser/in verboten ist. Die Zuhörer-Attitüde, die es gegenüber einem literarischen Text einzunehmen gilt, ist die der biblischen Kritik, wobei der tiefere Zusammenhang und die Sinnstruktur der Botschaft untersucht wird, ohne auf text-externe Formen der Rückfrage oder Erklärung zurückzugreifen. Das Wort der Schrift ist das letzte Wort, der endgültige Monolog; der kommunikative Prozeß ist in der Botschaft erstarrt.

Die ästhetische Auffassung von Kunst ist keineswegs so alt wie „Kunst" selbst (als Praxis), sondern entwickelte sich mit der zunehmenden Säkularisierung der Kultur und der wachsenden Bedeutung des Individualismus. Daß Kunstprodukte früherer Zeiten in den modernen „Kanon" der ästhetischen Produkte als ihresgleichen mit aufgenommen werden, hilft, den irreführenden Eindruck einer Kontinuität herzustellen. War Kunst einst Sache des (handwerklichen) Könnens, so ist sie heute Sache der Expertise, entsprechend einer breiteren Professionalisierung. Gehörte Kunst einst zu den Kulturprodukten allgemein und hatte auch eine nützliche (oft religiöse) Funktion, so gehört die heutige Kunst zu einer Unterkategorie der Kultur, nämlich der „hohen Kultur", und ist auf eine rein ästhetische Funktion beschränkt (von der ökonomischen einmal abgesehen). Für die visuelle Kunst haben wir Museen – Institutionen, die eigens der ästhetischen Funktion gewidmet und gleich dem Zoo zum Zweck der Zurschaustellung von Objekten gebaut sind, die in der Gesellschaft keine andere Funktion mehr haben. Die Literatur ist in den Vergnügungspark des Nicht-Faktischen und der Unrealität verbannt – ein Zoo von Worten, den man am Feierabend und in der Freizeit besucht.

Gleichzeitig haben sich die Kunstproduzenten von Handwerker in Künstler verwandelt, eine Entwicklung, die im Bereich der Wortkunst noch weitläufiger ist, wenn wir die mündlichen Traditionen miteinbeziehen. Denn dort ist der „Autor" nicht nur „unbekannt", sondern grundsätzlich kollektiv, da die mündliche Folklore eigentlich vom „Publikum", d.h. von der Gemeinschaft in einem fortlaufenden Prozeß verfaßt wird. Nur während des Vortragens, das die Möglichkeit des Dialogs miteinschließt, teilt sie sich vorübergehend in Vortragende und Zuhörende.[6] (Das ernsthafte, höfliche und passiv zuschauende und zuhörende Theater- und Konzertpublikum ist eine Erfindung der feinen Gesellschaft, in skandalisiertem Gegensatz zum aktiven, lautstarken und teilnehmenden Publikum der Pop-Konzerte und anderer Massenveranstaltungen.) Die schriftliche Literatur hat jedoch zur Vereinzelung und Identifikation des Autors geführt, entsprechend dem zunehmenden Individualismus auch in der weiteren Kultur. Mit dem zunehmenden Ansehen des Autors ist auch die Nachfrage nach Originalität und Innovation im Werk selbst gewachsen. Die Romantik mit ihrer ausgesprochenen Betonung der Sensibilität des individuellen Künstlers kann als Höhepunkt dieser Entwicklung verstanden werden. Der Romantiker drückt seine Empfindsamkeit in einem Kunstwerk aus, dessen Held er zugleich ist und dessen Originalität deshalb schon durch seine Persönlichkeit verbürgt ist. Diese ästhetische Konzeption vermittelt die Beziehung zwischen Künstler und Werk auf eine Weise, die dem 20. Jahrhundert erlauben wird, vom Künstler auf das Werk überzugehen, ohne dabei tatsächlich den Künstler entbehren zu müssen. Mit der Romantik sind die Künstler zu einer besonderen Gattung geworden, von einer gesteigerten Empfindsamkeit gezeichnet, die sie von gewöhnlichen Männern abhebt. So schreibt Frank Kermode: „Gelegentlich begegnet man dem Paradox, daß der Künstler wunderbar bei Verstand ist („sane": un-verrückt), nur unterscheidet ihn die Qualität seiner Vernunft von anderen Männern. Seine *Sensibilität* (im Sinn von Henry James' ‚Atmosphäre des Geistes') ist tiefgründiger, subtiler und empfänglicher, und sein Vermögen, Form in seine Erfahrung zu bringen *(to organize experience)* ist um sehr vieles größer."[7]

Nicht mehr zeichnet die außergewöhnliche Geschicklichkeit im Umgang mit dem Medium den Künstler aus: Seine Fähigkeit als Mensch (oder Mann) unterscheidet ihn von gewöhnlichen Männern. Seine Fähigkeit, Form in seine Erfahrung zu bringen, ist größer – scheinbar die Erfahrung als solche, viel mehr als ihre Darstellung. Wie der gemeine Mensch sein Leben erfährt, ist im Vergleich dazu dumpf, sein Leiden an Schmerz und Armut niemals so akut, so tiefgründig und so subtil wie das Leiden des Dichters als dem Individuellsten der Individuen. Und betonen wir mit Kermode, daß es hier nicht um die Karikatur einer „vulgarisierten Bohème-Tradition" geht, sondern um „eine ernsthafte Ansicht über Künstler, auch von Künstlern selbst vertreten".[8]

Das Leben oder die Erfahrung selbst ist zur ästhetischen Angelegenheit geworden und wird vom sensiblen Künstler-Subjekt für ihn selbst in der Form einer schmerzhaft geschmiedeten „Vision" dargestellt: „Er ist in sich selbst und seine Gedanken zurückgeworfen. Er lebt in der Einsamkeit seiner Brust", so Hazlitt.[9] Kommunikation ist die geringste Sorge des Dichters, denn sein „Motiv und Thema ist sein Kampf mit sich selbst".[10] Seine Vision, seine Wahrnehmung ist Darstellung für ihn selbst – Autor und Empfänger vereint in seiner herrlichen Seele. Er ist der Schöpfer von *Bildern*. Wie Kermode bemerkt: „Die Hingabe des Künstlers an das Bild entwickelte sich zur selben Zeit wie der moderne industrielle Staat und die moderne Mittelschicht."[11]

Die Betonung fällt jedoch meist auf die Entfremdung des Künstlers von dieser bürgerlichen Mittelschicht und dem einschränkenden Staat, die ihn in die Isolation und den Solipsismus treiben, und weniger auf seine Teilhabe an eben diesem industriellen Staat, in dem er als Produzent von Bildern zur Reifikation der Kommunikation beiträgt. Kritiker und Künstler frönen gemeinsam dieser Isolation der neuen Gattung, die ihren Zusammenhalt in gemeinsamem Leiden und Mitleiden findet. D.H. Lawrence, in einem Kommentar zu Beethoven, redet von „Kreuzigung in die isolierte Individualität" und fügt hinzu: „*poveri noi*" (wir Armen).[12] Kermode erläutert uns ausdrücklich, welches die Bedingungen sind für den Zustand des Künstlers: „Er muß einsam, geplagt, ein Opfer sein, viel mehr dem Leiden als dem Handeln ergeben – oder, um es in einer dem 20. Jahrhundert angepaßten Weise auszudrücken, er ist der normalen menschlichen Orientierung zum Handeln enthoben und so befähigt, jene Bilder, die die Wahrheit sind, intuitiv zu erfassen."[13]

Doch ist der Künstler natürlich nicht schlicht ein Masochist, der um des Leidens willen leidet. Seine andere charakteristische Qualität ist, daß: „Etwas, das anders ist im Künstler, ihm Zugang gibt zu dieser ‚Vision' – ein enormes Privileg, das *Freude* (joy) beinhaltet... Aber da die Macht der Freude nur einer tiefgründigen ‚organischen Sensibilität' ermöglicht ist, wird ein Mann, der sie erfährt, auch außergewöhnlich leiden." (Hervorhebung von Kermode)[14] Trotz all seiner Andersartigkeit, trotz all seiner behaupteten Abgesondertheit vom industriellen Staat und der bürgerlichen Mittelschicht scheint der Künstler ein akutes Bewußtsein ihrer dominanten Form des Austausches zu besitzen, wie auch der Tatsache, daß alles seinen Preis hat. Die Sprache des Kommerzes drängt sich dem Kritiker geradezu auf, denn er erklärt uns, daß Arnold „wußte vom Bild und was es kostet", daß „Pater die Kosten dieser Intensität auch kannte... ‚eine sehr kostspielige Sache'", daß „Keats... der erste gewesen zu sein scheint, dem auf Englisch eine charakteristische poetische Aussage über die Freude und Kosten des Bildes gelang", daß „der freie, selbst-freudige Intellekt... weiß, welcher Schmerz die Kosten der Freude sind".[15] Ist der Preis einmal festgesetzt, so kann jeder hingehen und die Ware kaufen – wie Keats, der beschließt, „wie ein Einsiedler zu leben" und „alles zu ertragen – jegliches Elend, ja sogar Einkerkerung", um seine Freude zu verdienen.[16]

Die Freude zu erlangen, „verlangt", in den Worten des Kritikers, „tiefe Individualität, ein Pflegen der Andersartigkeit und sogar des Konflikts mit der Welt im allgemeinen".[17] Wo wir eigentlich meinten, die tiefe Individualität sei ein unterscheidendes Merkmal der Gattung Künstler, stellt sich heraus, daß jener sie kultivieren, daß er einen Konflikt mit der Welt im allgemeinen geradezu herbeiführen muß als Vorauszahlung, die ihn zum besagten Privileg berechtigt. Yeats seinerseits fährt fort, den Preis hervorzuheben – Selbstopferung, Verzicht – eine Anzahlung, um sich selbst von seiner künstlerischen Berechtigung zu überzeugen.[18] Und wie sich der weiße Sklavenhalter seiner Verantwortung für sein eigenes Handeln entledigt fühlte, sobald er für die Dienste der schwarzen Sklavin „bezahlt" hatte, so fühlt sich auch der Künstler aufgrund seiner Bezahlung jeglicher Verantwortung als Mensch und als Mitglied der Gesellschaft enthoben. Denn wie es Kermode im Dialekt des 20. Jahrhunderts ausdrückt, kauft sich der Künstler nebst der Freude auch Ausnahmerecht – Lossprechung „von der normalen menschlichen Orientierung zum Handeln". Es erstaunt uns deshalb kaum, auch den Gedanken an die Prostitution nicht unweit von dieser selbstbewußten Bezahlung zu finden:

> Der Dichter, obgleich dem Bild ergeben, gehört zur Stadt, und seinen Platz darin hat Baudelaire notorischerweise mit dem der Prostituierten verglichen. Alle Männer, sagt er, haben einen „unbezwingbaren Geschmack an der Prostitution" … der Dichter ist nur darin anders, daß er allein sein will, aber das heißt nur, „sich in besonderer Weise zu prostituieren" … und der Dichter kann einen Unterschied nur in der Art seiner Prostitution geltend machen.[19]

Sollte ein Zweifel je bestanden haben, so kann weiter keiner mehr sein, daß wir hier mit der ganzen Romantik einem bestimmten Projekt des männlichen Subjekts beiwohnen, das mit „allen Männern" einen unbezwingbaren Geschmack an der Prostitution teilt. Als Dichter, als Autor geht er insofern über den Geschmack des gewöhnlichen Mannes an der Prostitution hinaus, als er zudem Geschmack darin findet, sich selbst in die Rolle der Prostituierten, des willigen Opfers, der freudigen Leiderin seines eigenen Szenarios hineinzuversetzen. Der Unterschied in seiner eingebildeten Prostitution ist der, daß er „allein sein will", daß er in „seinem Versuch zur Einheit in der Einsamkeit"[20] sowohl Kunde wie Prostituierte spielen will.

Die auffälligsten Hindernisse in diesem Abenteuer der Prostitution sind „Frau und Kind", die zudem die gemeine Verbindung mit der bürgerlichen Gesellschaft verkörpern. Der Künstler ist, in Hazlitts Worten:

> ein von der Gesellschaft losgerissenes Glied. Im Besitz ewiger Jugend und Schönheit, kann er keine Liebe empfinden; von Reichtümern umgeben, verlockt und gequält, kann er nichts Gutes tun. Die Gesichter der Menschen

ziehen an ihm vorbei wie in einem Spekulum; aber er ist mit ihnen durch kein gemeines Band des Mitgefühls oder Leidens verbunden. Er ist in sich selbst und seine Gedanken zurückgeworfen. Er lebt in der Einsamkeit seiner Brust, ohne Frau oder Kind oder Freund oder Feind auf der ganzen Welt... Er ist sich selbst allein.[21]

Es macht sich selbstverständlich besser, sich als losgerissenes Glied der Gesellschaft darzustellen, das deshalb keine Liebe empfinden und kein Gutes tun *kann*, als zuzugeben, daß er ein Glied der Gesellschaft ist, das sich selbst losreißt – mittels Bezahlung –, so daß er keine Liebe zu empfinden und kein Gutes zu tun *braucht* und das gemeine Band des Mitgefühls und Leidens zerreißen *kann*. Wie Sade entzieht er sich und stellt sich über und jenseits seiner Mitmenschen, die folglich zu Objekten seiner Wahrnehmung und Darstellung werden und an ihm vorüberziehen „wie in einem Spekulum".

Die bevorzugte Prostituierte des Künstlers ist die Muse, die bezeichnenderweise ein Geschlecht hat und die schuldbewußten Beziehungen des Mannes zu „Frau und Kind" noch verschlechtert. Kermode berichtet, daß „Yeats sagte, er habe mehr Künstler gesehen, die von ihren Frauen und Kindern ruiniert wurden als von Dirnen".[22] Marion Glastonbury sammelt in ihrem Aufsatz, „Holding the Pens", ein paar mehr der speziell auf Frau und Kind gerichteten Giftpfeile der Dichter sowie die von Kritikern und Dichtern gemeinsam ausgeteilte Züchtigung von Ehefrauen, die ihren Dichter-Ehemännern im Weg gestanden haben sollen. Der Biograph T.S. Eliots behauptet, Eliots Frau sei zum „Emblem der materiellen Welt geworden, gegen welche [Eliots] religiöser Impuls ankämpfte, um sich zu befreien".[23] Cyril Connolly „bedauert die Unfähigkeit des Künstlers, allein zu leben, die den unvorsichtigen in die eheliche Falle führt"[24] – verführt, wie sich herausstellt, von einem jener Produkte, von denen erwartet wird, daß sie sich als schöne Kunst zeigen sollen:

Dichter wählen ihre Frauen nicht wegen ihres Geldes noch wegen ihrer Würdigung der Kunst, sondern wegen ihrer Schönheit... Ungefähr sieben Jahre später lassen sie sich scheiden, und ihre Begabung hat nochmals eine

> Chance... Es gibt keinen finstereren Feind der guten Kunst als den Kinderwagen im Flur.[25]

Denn wie sich herausstellt, ist „das Baby noch weniger fähig als die Frau, den Gesichtspunkt des Dichters zu verstehen".[26] Und wenn sich die Dichter nicht scheiden ließen und/oder wie Rousseau ihre Kinder weggaben,[27] so

> fühlten sie, daß ihr Heldentum Gratulation sowie Kondolation verdiente. Als Tolstois Frau schwanger war, jammerte er über „die Plagen eines Essens-Haushalts, den Baby-Puder, das Konfitüren-Kochen und dazu noch das Murren... All dies ist nicht nur unrecht, sondern grauenhaft, verglichen mit dem, was ich begehre."[28]

Wie Glastonburys Analyse jedoch zeigt, schütteln die Künstler weniger die Frau und das Kind ab als deren Anspruch an sie als Vater und Ehemann: Sie haben ja, wie wir uns erinnern, Loslösung von solchen Bindungen gekauft. Nur, so zeigt die Analyse weiter: „Das Leben des Geistes muß körperlich erhalten werden", und so haben Ehefrauen ihren Nutzen als Erhalterinnen der Körper, deren Geister in so erhabenen Höhen schweben.[29] Connolly behauptet:

> Die Ehe eines Künstlers kann nur bestehen, wenn es eine Ehefrau gibt, die intelligent und selbstlos genug ist, den Ablauf des unfreundlichen Kreislaufs der schöpferischen Phantasie zu verstehen und zu respektieren. Sie wird wissen, an welchem Punkt das häusliche Glück lästig wird, wann Liebe, Sauberkeit, Miete, Steuern, Kleider, Einladungen und das Klingeln der Türglocke aufhören müssen, und sie wird erkennen, daß es keinen finstereren Feind der guten Kunst gibt als den Kinderwagen im Flur.[30]

Der Engel im Haus, der den Kinderwagen flugs zum Verschwinden bringt und alle anderen Zeichen einer irdischen Existenz wegzaubert, um ein Sanktum zuzubereiten für die Niederkunft der schöpferischen Phantasie, des heiligen Geistes ihres Ehemanns.

Henry James hat diese komplizierten Beziehungen des Dichter-Mannes mit Muse und Frau in einer Reihe Kurzgeschichten dramatisiert, in welchen er die zwei „Frauen" in ein direktes rivalisierendes Konkurrenzverhältnis stellt. In seiner Welt, in der Welt der Ästhetik, muß der Künstler-Mann zwischen Verkehr mit der Muse und Verkehr mit der Ehefrau wählen, muß entscheiden, ob er ein Künstler oder ein Mann sein will, da beides zusammen offenbar nicht geht.[31] Vom häuslichen Schutt, der dem Engel im Haus untersteht, einmal abgesehen, bedeutet der Engel im Bett scheinbar auch eine Störung; wie Connolly bemerkt, muß von ihr geschieden werden, damit die Begabung eine Chance hat. Diese binäre Auswahl an Alternativen wird gewöhnlich als „Leben kontra Kunst" ausgedrückt oder, in Kermodes Worten, „die normale menschliche Orientierung zum Handeln" kontra „das Bild", die Vision, die Freude. Die enge Verbindung, die James zwischen Kunst und Sexualität herstellt, das Rivalisieren des Talents mit der sexuellen Frau, wirft schon etwas neues Licht auf die Freude, die im Verzicht auf „die Welt" erlangt wird, und zeichnet die Freudsche Idee der Sublimation sowie die Sexualisierung des Schreibens und der künstlerischen „*jouissance*" oder Ekstase vor. Die reale Frau steht dem erhabenen Künstler beim Vollzug seiner höchsten Freude im Weg, wie sie dem pornographischen Subjekt bei seiner sexuellen Befriedigung im Weg steht. Und wie der letztere in der realen Welt und nicht im Phantasieland in den Kübel masturbiert, so bleibt auch der Romantiker ein Produzent von Bildern in derselben Welt, die er vorgibt, aufgegeben zu haben. Es wäre falsch, ihn als außerhalb der Domäne des realen Handelns zu sehen, wie es falsch ist, die pornographische Phantasie für nicht von dieser Welt zu halten. Betrachten und Sich-Vorstellen oder -Einbilden sind ebenso deutlich menschliche Handlungen wie die Wahl des Romantikers, abzusehen „von jedem Versuch, die Gesellschaftsordnung zu verändern",[32] eine politische Entscheidung ist. Gemeinsam schaffen sich Künstler und Kritiker ein ästhetisches Schutzgebiet gegen die Welt und gegen Frauen, eine Vergnügungsinsel für das männliche Subjekt zum Herumtollen mit der imaginären Musen-Prostituierten und für das freie Spiel seines Begehrens, frei von jeder Störung durch irgendein anderes Subjekt, frei insbesondere von den Ansprüchen jenes Subjekts, das er die Andere nennt.

„Das Bild ist", laut Kermode, „die Belohnung für jenes quälende Anderssein",[33] die Belohnung dafür, das Subjekt mit dem kleinen Unterschied zu sein: das einzige, das alleinige und das erhabene Subjekt, das als Gesprächspartner nur die eigene Brust benötigt. Das Bild wird nicht zum Zweck der Kommunikation geschaffen, sondern zur Freude des Subjekts. Das Subjekt genügt sich zusammen mit dem Medium:

> Der Künstler oder der „Ästhet", so erhaben über alle anderen, „verfeinert" die Werkzeuge der „Intuition", bis „seine ganze Natur" zu einem einzigen komplexen Medium des Empfangs wird; was er empfängt, ist die Vision – die „glückstrahlende Vision."[34]

Das Künstler-Subjekt ist selbst Teil des Mediums – des Mediums der Vision, der Einbildung, der Bildschaffung. Die Sprache, Kommunikationsmittel der gemeinen Menschen, ist dabei höchstens ein Hilfsmittel, dessen kommunikative Seite jedoch schon verkümmert ist. Es dient dem Interesse des Selbstausdrucks, der Auto-Kommunikation, dem Selbstgespräch der künstlerischen Vision. Die sprachliche Darstellung verkörpert die Vision und mit ihr das Visions-Subjekt; durch sie konstituiert sich das erhabene Subjekt. Das Bild ist die Ikone des Subjekts.

Roland Barthes, für den 1850 eine Wasserscheide darstellt zwischen dem klassischen Verständnis der Kunst als Realismus und dem modernen Begriff des Künstlerischen, unterscheidet zwischen gewöhnlichen Schriftstellern (*scripteurs, écrivants*), die *über* etwas schreiben, und dem Schreibenden *(écrivain)*, der schlicht schreibt. Dies spiegelt den Schritt der Romantik weg von der Vorstellung, daß über Realität geschrieben wird, und hin zum Schreiben als Mittel des Selbstausdrucks. Barthes beschreibt die zwei Arten von Schreiben als transitiv (über etwas schreiben), beziehungsweise intransitiv (schreiben, kurz und simpel). Der Begriff „transitiv" bezieht sich jedoch noch treffender auf den Kommunikationsprozeß selbst, wo wir unterscheiden können zwischen Schreiben, das an einen Leser gerichtet ist, d.h. transitivem Schreiben, und Schreiben als intransitivem Prozeß, der sich selbst genügt und offenbar keinen Leser mehr benötigt. Terence Hawkes beschreibt den Unterschied, Barthes zitierend, wie folgt:

> Während der Schriftsteller *(scripteur, écrivant)* für einen weiteren Zweck in einer transitiven Form schreibt und beabsichtigt, daß wir von seinem Schreiben darüber hinaus auf die Welt schließen, ist das Feld des *écrivain* hingegen „nichts als das Schreiben selbst – nicht als reine ‚Form' im Sinne der Ästhetik der Kunst um der Kunst willen, sondern viel radikaler, als das einzige Gebiet für den, der schreibt".[35]

Der Sinn, in dem diese Konzeption des Schreibens, der *écriture* viel radikaler als eine Ästhetik der Kunst um der Kunst willen gelten kann, ist, daß nicht nur die Kunst, sondern auch der Künstler aus dieser Welt und ins Vergnügungsgebiet des reinen Schreibens verschwindet. Und gleichzeitig wie die „Realität" aus ihrer Rolle als Zweck, die sie in der Realismus-Konzeption der Kunst als Nachahmung innehatte, abgesetzt wird, werden auch wir als Leser/innen entlassen: Es wird uns nicht gesagt, ob beabsichtigt sei, daß wir in diesem Gebiet des Schreibens, von dem wir vorher auf die Realität übergingen, verweilen sollen, denn dieses Gebiet scheint „nur für Schreibende" zu sein. Was in Barthes' Terminologie zunächst wie eine Verlagerung bezüglich des „Inhalts" aussieht – wovon das Schreiben handelt –, d.h. eine Verlagerung von der im Inhalt dargestellten Realität zur ausgedrückten Sensibilität des Künstlers, bewirkt in Wahrheit eine viel radikalere neue Konzeption des Kommunikationsprozesses. Autor und Schreiben werden eins – intransitiv; der Leser wird zum überflüssigen Element. Soll aber dennoch wieder eine Rolle gefunden werden für den arbeitslosen Leser, der immer noch spielen will, dann kann es nur die eine und einzige Rolle sein, die es noch gibt: die des Autors des Textes, des *écrivain*, des ekstatischen Genüßlers – die Rolle des Libertin-Lesers, der „den Text produziert".[36]

Das literarische Szenario scheint intransitiv geworden zu sein, da der Schreibende die Dienste seines untergeordneten Lesers bei der Produktion seines Textes, seines Monologs, nicht mehr benötigt. Es ist der Autor, der seinen Leser – auch Käufer von Büchern genannt – immer noch braucht: Im ökonomischen Szenario bleibt der Prozeß transitiv. Der Leser wird zweifach zum Schweigen gebracht: durch den Schreibprozeß und durch den Konsumprozeß. Die Mitteilung wird doppelt reifiziert: als der endgültige Monolog der literarischen Schrift und als Buch-Verkaufsobjekt. Die Kommunikation und der Austausch ist zweifach gegen Teilnahme und Einmischung abgesichert. Die durch die Austauschbarkeit der sprachlichen Sprecher- und Zuhörerrolle gewährten gleichen Chancen sind aufs wirksamste verwaltet und kontrolliert worden.

Die Selbstgenügsamkeit des schreibenden Subjekts, des romantischen Visionärs, wird auf Kosten der Frauen erreicht. Durch den ganzen Diskurs ist der romantische Dichter viel mehr ein Mann als eine Person; die Welt, der er entsagt, die Hindernisse, die er abschüttelt, die Leute, zu denen er das Band des Mitgefühls zerreißt, sind „Frau und Kind". Dieses Band zu zerreißen heißt, diese Anderen als Objekte darzustellen, die wie in einem Spekulum an ihm vorbeigehen, heißt, die Sadesche Barriere gegen Intersubjektivität zu errichten. Diese durch Schreiben und Selbstausdruck konstituierte Subjektivität ist ein Männerprojekt. Es liegt deshalb nahe, beim überflüssig gewordenen Leser, dem entbehrlichen Gesprächspartner, eine Feminisierung zu vermuten.

Die Reifikation der Mitteilung, d.h. die Umwandlung des kommunikativen Prozesses in ein Ding – Bild, Text, Schrift, intransitives Schreiben – ist jedoch weder nur eine romantische Affäre noch ausschließlich eine Sache der Hochkultur. Es wimmelt von reifizierten Mitteilungen rundum, und die Amputation der Kommunikation zum Monolog ist so „natürlich" und gewohnt worden, daß sie unvermeidlich scheint. Wir sind in ein Zeitalter gerückt, wo Monolog (Diskurs) die normale Form der Sprache zu sein scheint. *Le Monde* berichtet über die Inszenierung eines Theaterstücks in Paris: „Peter Handke am Theater de Chaillot" (der Autor ist sein Stück).[37] In diesem zeitgenössischen Beispiel der Gattung des Dialogs „gibt es keinen Dialog im eigentlichen Sinn des Wortes... keinen gegenseitigen Austausch. Jeder einzelne Charakter... spricht sehr ausführlich, einer nach dem anderen, wühlt in seinen Erinnerungen, verfolgt sein Leben zurück... und entblößt seine Ängste und Träume."[38] Für die literarische Bewegung der Moderne, des Modernismus, stand der Zusammenbruch der Kommunikation im Mittelpunkt; die Postmoderne läßt die Scherben hinter sich liegen und schreitet entschieden zum Selbstausdruck. Der (post)moderne Held will Schriftsteller werden, und in diesem Zeitalter der Gleichberechtigung wollen es auch eine zunehmende Anzahl Heldinnen. Zwar wollten das schon ihre modernistischen Vorfahren, aber während der modernistische Roman vorwiegend vom Werdegang des Helden zum Schriftsteller handelt – ein Porträt des Künstlers als junger Mann – gehört beim postmodernen Roman die Erfolgsgeschichte mit Nachdruck dazu. Für die zeitgenössische Sensibilität ist Selbstfindung gleich Selbstausdruck – und zwar gedruckt. Bei diesem Projekt des Selbstausdrucks ist der/die Gesprächspartner/in entbehrlich und begehrenswert nur in der verallgemeinerten und abstrakten Vorstellung einer den Erfolg bestätigenden Leserschaft.

Es wäre jedoch richtiger, zu sagen, der Leser sei unerwünscht als entbehrlich. Die Wahl, Schriftsteller werden zu wollen und nicht etwa ein vorzüglicher Gesprächspartner und gesellschaftlicher „Sprachgebraucher" deutet auf den Privatraum hin, den das schreibende Subjekt benötigt: Es muß sich die Zuhörer/innen, die möglicherweise selbst plötzlich die Sprecherrolle übernehmen könnten, vom Leibe halten. Sonst könnte ihn dieses andere Subjekt gerade dann stören, wenn er dabei ist, sich zu konstituieren, wie Mrs. Shandy Mr. Shandy Sr. dabei unterbrach, seine ehelichen Rechte geltend zu machen.

Wie wir gesehen haben, ist es eine spezifische Eigenschaft des Schreibens, dabei die Zuhörer/innen auf Distanz zu halten. Daß jedoch diese Distanz und das damit auferlegte Schweigen auf breiter Ebene zur Norm geworden ist, folgt nicht so unvermeidlich, wie es scheint. Briefeschreiben ist ein gutes Beispiel dafür, wie sich zwei Sprecher ziemlich gleichwertig zwischen Sprechen und Zuhören abwechseln können. Ist das Geschriebene jedoch gedruckt, so erhält es dadurch eine zusätzliche Autorität, die die Leser/innen wirksamer zum Schweigen bringt. Diese oft bemerkte Tatsache, daß Druck solche Autorität verleiht, hat jedoch mehr mit den gesellschaftlichen Einrichtungen und Verwendungen des Drucks zu tun als mit dem Druck an sich.

Julia Swindells berichtet in ihrem Buch *Victorian Writing and Working Women* über einen regen Austausch von Meinungen und Gedichten zwischen Ellen Johnson, einer Dichterin aus der Arbeiterklasse mit einer regelmäßigen Zeitungsspalte, und ihren Leser/inne/n.[39] In diesem Fall fanden die Leser/innen ebenso leichten Zugang zum Zeitungsdruck wie ihre Kolumnistin und ließen sich auch durch die Autorität und den Professionalismus der Presse nicht einschüchtern. Bei der heutigen Zeitung kennen wir nur das stark reduzierte Format der Leserbeteiligung in der Sparte der „Leserbriefe", die in englischer Sprache zudem mit einem hochachtungsvollen, an den Redakteur gerichteten „Dear Sir" beginnen. Indem die Beiträge der Leser/innen als „Briefe" bezeichnet werden, wird bei dem Gedruckten eine klare hierarchische Unterscheidung zwischen professionellem Schreiben und Amateurkommentar gemacht. Briefe sind Schreiben aus dem „privaten" Bereich, und das Schreiben der Leser/innen bleibt auch „privat", wenn es gedruckt in einer Zeitung erscheint. Jedenfalls gelingt es Leser/inne/n nicht, in einen Dialog mit dem Verfasser eines bestimmten Artikels zu kommen; sie können höchstens einen Brief an den Chefredakteur schreiben und etwas zum betreffenden Artikel oder dessen Verfasser anmerken. (Ich unterstelle hier, daß sich die meisten Briefe auf vorher in der Zeitung erschienenes Material beziehen; Briefe, die neue Themen initiieren, gibt es zwar, aber sie sind vergleichsweise seltener.) Es ist unwahrscheinlich, daß die Leser/innen auf ihren Brief wiederum eine Erwiderung des ursprünglichen Autors erhalten, wobei in spezialisierten Zeitschriften, z.B. Literaturzeitschriften, die Praxis einen Schritt in diese Richtung macht, wenn sie Leserbriefe dem Autor zuschickt, damit dieser eine Antwort darauf verfassen kann, die dann zusammen mit dem Leserbrief erscheint. Der Versuch zu einem Dialog seitens der Leser/innen ist jedoch von vornherein zum Scheitern verurteilt, da das ungleiche Verhältnis des hierarchisierten Schreibens und der Autorität meist dazu führen, daß die Professionellen der Presse das letzte Wort behalten. Faktoren der Zeit und des Ortes benachteiligen die briefschreibenden Leser/innen. In ähnlichem Sinn sind auch Publikumsdiskussionen beim Rundfunk und Fernsehen eine ungleiche Partie zwischen den geladenen Publikumsvertreter/inne/n und den professionellen Moderatoren und Medienschaffenden, da der Beitrag des Publikums auf die einmalige Gelegenheit beschränkt ist, während den Professionellen der Zugang zu den Medien weiterhin offenbleibt.

Mit dem Buchdruck steht es noch schlimmer. Raymond Williams zollt der Situation Tribut in seinem Buch *Communications* mit folgendem Absatz am Ende des ersten Kapitels:

> In *Culture and Society* schrieb ich: „Ich würde mich freuen über Antworten, welcher Art auch immer... Wenn wir bedenken, wie die Dinge heute stehen, können unser andauerndes Interesse und unsere Sprache nicht lebhaft genug sein." Ich habe die vielen Antworten, die ich tatsächlich erhielt, äußerst geschätzt, sowohl die zustimmenden als auch die kritischen. Die ursprüngliche Einladung gilt auch weiterhin.[41]

Dies verdeutlicht die Schwierigkeit, eine dialogische Situation durch ein Medium herzustellen, welches die Leserschaft multipliziert, jedoch nur dem Autor eine veröffentlichte Stimme erteilt. Trotz der Bereitschaft des Autors, mit den Leser/inne/n die Rolle zu tauschen und selbst zum Zuhörer ihrer Stimme(n) zu werden, bleibt das Wesen ihrer Stimme grundsätzlich verschieden. Die Stimme der Leser/innen äußert sich nicht durch dasselbe Medium; sie nehmen als Sprecher/innen also nicht die „ausgetauschte" Rolle ein. Zudem ist die Stimme der Leserschaft notwendigerweise auf die vielen Einzelstimmen der Briefeschreiber verstreut, und diese wissen selbst nichts von den Briefen der anderen. Ihre Mitteilungen bleiben privat und nur dem zuhörenden Autor zugänglich. Sie werden nicht im öffentlichen Diskurs, in dem der Autor sprach, reifiziert, es sei denn, jener beschließt, diesen privaten Mitteilungen in einem seiner zukünftigen Bücher die nötige Verstärkung zu verleihen. Auf das Werk eines Autors durch private Korrespondenz zu erwidern, bleibt eine Sache der persönlichen Befriedigung für die Leser/innen und den Autor als Privatperson, aber das Medium des Buchdrucks selbst sieht keinen Dialog vor. Die einzige ebenbürtige Erwiderung auf ein Buch ist ein weiteres Buch, was jedoch von den Leser/inne/n erheblich mehr verlangt, als nur die reziproke Sprecherrolle einzunehmen: Sie müßten selbst zu Autor/inn/en werden, und zwar zu veröffentlichten. Kann in der gesprochenen Rede jedes „du" zum „ich" werden, so kann nicht jede/r Leser/in ein/e veröffentlichte/r Autor/in werden.

Zu uns wird auf eine Weise gesprochen, in der wir nicht antworten können. Das in der Sprache vorhandene Potential des Dialogs ist bei den institutionalisierten Formen und Modellen der öffentlichen Kommunikation fast vollständig unterbunden worden – es wird durch die Organisation dieser Institutionen verwaltet und kontrolliert. Die Mitglieder der Gesellschaft gehören entweder zu den Autoren oder zu den Leser/inne/n, wobei die beiden Kategorien ungleich und hierarchisch geordnet sind, da jeder Autor wohl ein Leser sein kann, nicht aber umgekehrt.

Diese Situation spiegelt sich auch in unserem Sprachgebrauch. Wir reden von Autoren, Schriftstellern, Künstlern, als wären sie eine besondere Sorte Leute, deren Rolle auch ihre Identität ist. Veröffentlichte Autoren sind wohl eine Berufsgruppe, ob sie ihren Lebensunterhalt ausschließlich als Autoren verdienen oder nicht. Die Literatur als Institution zieht es jedoch vor, ihre Berufsstruktur unsichtbar zu halten, da der Mythos der Kunst als Wert die literarische Arbeit als interessenfrei darstellt. „Jeder, der genug Begabung hat, kann zum Autor werden", heißt es, als wäre einzig Begabung ausschlaggebend. Unsere alltäglichen Einstellungen und unser Sprachgebrauch zeigen, daß wir uns scheinbar damit abgefunden haben, daß nur bestimmte „besondere" Leute zu Autoren werden, was auch auf den mächtigen Einfluß des romantischen Dichterbildes der Literatur zurückzuführen ist. Dies zeigt sich beispielsweise in Raymond Williams' *Communications*, selbst beim Versuch, gerade die Demokratisierung der Medien zu diskutieren. In einem Unterkapitel mit dem Titel „The Contributors" (die Beitragenden, d.h. die Kulturschaffenden) schreibt er:

> Die Leute, auf die es wirklich in einer Kultur ankommt, sind doch sicher die Kulturschaffenden. Warum reden wir dauernd von Öffentlichkeiten, Publikum und Kultursystemen? Die einzige Art, gute Kultur zu erhalten, ist doch sicher, gute Künstler und Artisten zu haben. Und können wir wirklich etwas dazu tun, sie zu haben? Vielleicht ist das beste, das wir tun können, der Versuch, eine Gesellschaft zu schaffen, in der zu leben sich für Künstler lohnt.[42]

Williams hätte von Leuten reden können, die zur Kultur beitragen. Statt dessen redet er von „den Kulturschaffenden" – einer klar definierten und definierbaren Zunft. Sie scheinen etwas platonisch zu existieren – oder vielleicht leben sie im ästhetischen Schutzgebiet. Wenn es uns gelingt, eine Gesellschaft zu schaffen, die ihnen zusagt, kommen sie vielleicht, um bei uns zu wohnen. Und es folgt wohl: wenn nicht, dann nicht. Vermutlich meint Williams, daß wir eine Gesellschaft herstellen sollten, die kulturelles Schaffen begünstigt, so daß Mitglieder der Gesellschaft es lohnend finden, zur Kultur beizutragen und in ihr aktiv zu sein. Durch seinen spezifischen Sprachgebrauch („sie" und „wir") macht Williams jedoch klar, er setze voraus, daß gewisse Leute die Kulturschaffenden *sind* (geborene Künstler?), eine besondere Gruppe (wie „die Ausländer"), während wir die Gesellschaft sind oder besser, für die Gesellschaft verantwortlich sind. Wenn wir uns gut aufführen, bekommen wir gute Kunst. Williams fährt fort, die Zunft vorauszusetzen, und unterscheidet darin vier Gruppen: „den schöpferischen Künstler, den Artisten, den Reporter, den Feuilletonisten oder Rezensenten",[43] mit anderen Worten, Berufsgruppen. Er scheint also die Kultur nicht als die Praxis einer Gesellschaft zu verstehen, sondern zu akzeptieren, daß sie das Produkt professioneller Kulturschaffender ist.

> Auf ihre verschiedenen Weisen brauchen der Berichterstatter, der Feuilletonist und Rezensent, der Artist und der Künstler eine garantierte Freiheit, das zu kommunizieren, was, nach *ihrem eigenen* Verständnis ihrer Arbeit, mitgeteilt werden muß. Dies lautet wie eine Definition der persönlichen Freiheit und ist es auch. Aber nicht nur zugunsten dieser Individuen muß diese Freiheit garantiert werden. Eine gute Gesellschaft ist bedingt durch die freie Verfügbarkeit von Tatsachen und Meinungen, das Wachstum von Visionen und Bewußtsein – der Ausdruck dessen, was Menschen [er sagt „Männer"] tatsächlich sehen und wissen und fühlen.[44] (Williams Hervorhebung)

Williams gesteht „den Kulturschaffenden" ein Bedürfnis nach Kommunikation (nach Monolog) zu und der Gesellschaft ein Bedürfnis nach Empfang von „Tatsachen und Meinungen" (von „Visionen" ganz zu schweigen). Das Bedürfnis nach Mitteilung – nach Ausdruck und Empfang von Information und Meinungen – ist anscheinend kein menschliches Bedürfnis (oder Menschenrecht), sondern wird aufgeteilt in verschiedene Portionen: Gewisse Leute müssen mitteilen, andere brauchen, daß ihnen mitgeteilt wird. Die, die ein Bedürfnis haben sich mitzuteilen, sind „die Kulturschaffenden", und sie sind auch die Individuen der persönlichen Freiheit. Die anderen sind die Öffentlichkeit, die Gesellschaft, die der Freiheit der individuellen Kulturschaffenden nicht im Weg stehen sollten. Sie scheinen selbst keine Individuen zu sein. Die Alternativen sind eher beschränkt. Während ich mit Williams einig bin, daß es grundsätzlich keine gute Idee ist, in die Freiheit der einzelnen Kulturschaffenden einzugreifen, glaube ich doch nicht, daß sich zurückzulehnen und zuzuschauen die einzige Alternative zum Eingriff und zur Zensur ist. Williams' Bemühen zielt darauf, den Eingriff des kommerziellen Sektors und des Staates bezüglich der gegebenen Kulturschaffenden zu vermindern. Mein Ziel ist, die Hindernisse wegzuräumen, die der „Öffentlichkeit" den Zugang zur Rolle und zu den Mitteln der Kulturschaffenden versperren, um zu ermöglichen, daß Kommunikation zu einer dialogischen Praxis *in* der Gesellschaft wird statt zu einem Vortrag (Monolog) von Professionellen *an* die Gesellschaft. Es sind nicht einfach die gnadenlosen Gesetze des Marktes, welche die Freiheit der Kulturschaffenden bestimmen und umgrenzen, es sind vielmehr die professionellen Strukturen in den Händen dieser Kulturschaffenden. „Die Ethik des Professionalismus und des Rassismus laufen zusammen", schreibt ein Kritiker zur Analyse des Professionalismus.[45] „Und der Vergleich zum Rassismus führt schnell zu dem des Sexismus", fügt Julia Swindells in ihrer Kritik des literarischen Professionalismus an.[46] Die Professionellen – immer in bezug auf „die Öffentlichkeit" definiert – sind die professionellen Freien Individuen, die, so Glastonbury, „die Doktrin der Individuellen Freiheit predigen – die offizielle Religion der Klassengesellschaft, wo die Ausnahme die Regel bestätigt".[47]

Williams gibt später zu, daß „die Dinge natürlich in der Realität nicht so formal sind. Es gibt nicht auf der einen Seite die Gesellschaft und auf der anderen diese Individuen."[48] Und doch hat er durch seine theoretische Konzeption sowie seinen

Sprachgebrauch „die Kulturschaffenden" als Zunft etabliert, und während er zugibt, daß diese auch am Leben der Gesellschaft teilhaben,[49] kommt er doch nie auf die Möglichkeit, auch die Gesellschaft könnte an der Praxis und der Freiheit der Kulturschaffenden teilnehmen. Williams erhofft sich, die Kommunikation zu demokratisieren, läßt aber gleichzeitig die undemokratischen professionellen Kategorien „der Kulturschaffenden" und „der Öffentlichkeit" intakt (wobei die Öffentlichkeit für die institutionalisierten Zuhörer steht). „Die Kulturschaffenden brauchen die Unterstützung der breiteren Öffentlichkeit", so empfiehlt er, und das heißt, „es sollte das Prinzip gelten, daß die aktiven Kulturschaffenden Kontrolle über ihre eigenen Ausdrucksmittel haben."[50] Das bestätigt die Beobachtung der Kritiker des Professionalismus, daß diese Kulturschaffenden, „weit davon entfernt, dafür dazusein, Bedürfnisse nach Dienstleistungen zu erfüllen, die von der Öffentlichkeit gestellt werden, vielmehr existieren, um diese Bedürfnisse zu *schaffen*".[51] Und sie definieren damit auch gerade die Kategorie eines spezifischen „Publikums", das ihrem eigenen Bedarf, d.h. ihrem Bedürfnis zu kommunizieren, dient. Mit keinem Wort wird erwähnt, daß auch die empfangende Öffentlichkeit Kontrolle über die „Mittel zum Empfang von Kommunikation" haben sollte, um so die „freie Verfügbarkeit" der Information zu garantieren, die die *Öffentlichkeit* braucht und will. Statt dessen ist das Recht der Öffentlichkeit, zu wissen und zu erfahren, dem persönlichen Ermessen der Kulturschaffenden von der eigenen Arbeit ausgeliefert, der Launenhaftigkeit ihrer Inspiration und ihrer exzentrischen Individualität.

In dieser Analyse sind die einzigen vorhandenen Kategorien die Bedürfnisse der Kulturschaffenden, d.h. was diese kommunizieren wollen; die Öffentlichkeit kann entweder zuhören oder eingreifen (wenn sie kann). Was aus der Analyse herausfällt, ist, was die Öffentlichkeit wissen will, Kulturschaffende aber nicht unbedingt mitteilen wollen, sowie was die Öffentlichkeit möglicherweise ihrerseits mitzuteilen hat an Tatsachen und Informationen, Wachstum und Verständnis und Bewußtsein – gar an Ausdruck dessen, was *Frauen* tatsächlich sehen und wissen und fühlen. Ersteres ist ein Problem, mit dem die britische Öffentlichkeit angesichts der Unterdrückung von Fernsehprogrammen und offizieller Information (z.B. bezüglich der Versenkung der *General Belgrano*) zunehmend vertraut wird, obwohl auch das nur, weil „die Kulturschaffenden" unter sich nicht einig sind, d.h. der Staat und die Medien eine unterschiedliche Auffassung von ihrer Informationsarbeit haben. Sich über das zweite Problem bewußt zu werden, ist sehr viel schwieriger, da das Bedürfnis der Öffentlichkeit zu kommunizieren sowohl aus der Analyse als auch aus dem Sprachgebrauch verschwunden ist und wir „kommunizieren" und „mitteilen" zunehmend als Synonyme dafür brauchen, mit verstärkter Stimme zu einem stillschweigenden Publikum zu reden. Als eine unsichtbare Kategorie hat das Bedürfnis der Öffentlichkeit, zu kommunizieren, jedoch zu einer unsichtbaren Form der Kommunikation geführt. Denn „die Kulturschaffenden" möchten hie und da doch wissen, was die Öffentlichkeit zu sagen hätte, und die Kulturschaffenden, die wir die Regierung nennen, haben sich dessen mittels eines professionellen Ohrs – des Geheimdienstes MI5 – angenommen. Das stellt sicher, daß die Kommunikation (unsere) privat bleibt, ungehört vom Rest „der Öffentlichkeit". Dies bedeutet ein teilweise verstärktes Sprechen, wobei wir keine Kontrolle über die Verstärkung haben, ja, von ihr gar nichts wissen. Andere Kulturschaffende erfragen unsere Meinung ab und zu mittels Markt- und Meinungsforschung, die auch auf ähnliche Weise unsere Kommunikation den Auftraggebern, nicht aber der allgemeinen Öffentlichkeit ins Ohr trichtert.

Im Bereich der öffentlichen Kommunikation, mit der sich Williams beschäftigt, heißt „kommunizieren", mit verstärkter Stimme zu einem stummen Massenpublikum zu reden. Die Kulturschaffenden sind Monologisten, ihre Kulturprodukte sind Monologe, ihr Bedürfnis zu kommunizieren, ein Bedürfnis zu monologisieren. Kommunikation ist zum Einbahnverkehr geworden, zur transitiven Übermittlung von Information, „Tatsachen" und Meinungen (Darstellungen). Die Begriffe „Kommunikation" oder „Mitteilung" sind ziemlich unpassend und sollten durch „Selbstausdruck", wenn nicht „Monolog" ersetzt werden. Allerdings machen auch diese Begriffe die Zwangsstruktur des Prozesses nicht wirklich sichtbar in ihrer Wirkung auf das Publikum, die „allgemeine Öffentlichkeit" oder auch, wie unter Fachmännern genannt, die Zielgruppe.

Was die Kommunikation betrifft, so sind die Zuhörer/innen entbehrlich geworden und bleiben nur im ökonomischen Zusammenhang absolut notwendige willige Opfer, die die dringenden Bedürfnisse der Kulturschaffenden mit öffentlichen Geldern zu „unterstützen" haben. In diesem Zusammenhang empfiehlt sich auch der Ausdruck von D. M. Thomas, aufgrund seiner Offenheit in bezug auf die Wirkung, die seine Kulturschöpfung auf den Leser hat: „Es muß... Einschlag haben, so daß der Leser erschüttert ist." Und auch der Ausdruck seines Herausgebers zielt auf Verheerung: „Mein Herausgeber sagt, meine Romane seien wie Explosionen." Wo sich die feinsinnigen *poetes maudits* noch mit *épater le bourgeois* beschieden, d.h. dem guten Bürger den Boden unter den Füßen wegzuziehen, strebt das Bedürfnis des modernen Kulturhelden eher danach, das Publikum mit einer „Bombe" oder einem „Hit" (also Volltreffer) in die Luft zu sprengen. Um das zu erreichen, muß die Mitteilung ziemlich solide sein: reifiziert, wie ein Felsen der Natur.

Die zunehmende Tendenz zum Monolog kann auch woanders als nur bei den anerkannten „Kulturschaffenden" beobachtet werden. Überall werden wir mit den geballten Botschaften der Werbung bombardiert, selbst da, wo wir uns außer Reichweite der Kulturschaffenden wähnen. Hier ist die Botschaft wirklich eine geballte Ladung, denn sie hat gar kein Subjekt mehr. Sie ist Wort, die offenbarte Wahrheit, eine manifestierte Vision. Wir sind, versteht sich, ein unwilliges Publikum, von keinem Gesetz zur Kontrolle anstößigen Materials in der Öffentlichkeit (Indecent Display (Control) Act) beschützt. Wir sind entschieden unwillige Opfer, im Gegensatz zum bücherkaufenden, theaterliebenden, museumsbesuchenden Publikum. Niemand fragt eigentlich nach diesen Kulturschaffenden und ihrem Recht, uns ihre „Kommunikationen" aufzudrängen, noch nach unserem Bedürfnis, diese Vision mitgeteilt zu bekommen. Für ihre Ausdrucksfreiheit nicht auf unsere Unterstützung durch öffentliche Gelder angewiesen, sind sie in der Lage, den notwendigen Kommunikationsraum zu kaufen und dort mit Donnerstimme zu dröhnen. Der Kampf um den Platz des Sprechers führt weniger zum Überleben der Lautesten als der Reichsten.

Und sie schreien um so lauter, je kleiner das Publikum ist (oder je weniger willig?). Wie Williams feststellt: „Ein großer Teil der unbarmherzigsten Werbung bezieht sich auf Bereiche, wo das Bedürfnis und die Nachfrage minimal sind oder ein eigentlicher Widerspruch zwischen den Prioritäten der produktiven Investition und dieser einträglicheren Investition vorherrscht."[52]

Die minimale Nachfrage sind wir. Williams sagt nichts vom Widerspruch zwischen dem öffentlichen Interesse, das noch einmal etwas anderes ist als die Nachfrage (und welches das Publikum zugegebenermaßen nicht zu kommunizieren – zu entwickeln und auszudrücken – in der Lage ist), und den Interessen der betreffenden kommerziellen „Gesellschaft". Nehmen wir das Beispiel der Tabakindustrie, eine der lautesten, die selbst die Stimme und das Volumen der Regierung zu beschränken vermag, da sie nicht nur Sprachraum, sondern mittels ihres massiven Steuerbeitrags auch das Schweigen der Regierung kaufen kann (in England hat sie wiederholt und erfolgreich das Einführen von deutlicheren Regierungswarnungen auf den Pakkungen der Produkte verhindert). Besonders interessant ist die Beziehung dieser Industrie zu ihrem Publikum, denn während sie im ökonomischen Sinn ein Interesse an dessen Zunahme haben müßte, wirkt sie selbst aktiv mit, es zu verringern: „Diese Industrie produziert ein Konsumgut, das nach [Peter] Taylors Rechnung 'mehr Todesopfer gefordert hat, als alle Kriege dieses Jahrhunderts zusammen'."[53] An dieser Stelle sollten wir uns auch erinnern, daß Darstellungen nicht nur hergestellt werden, um selbst verkauft zu werden oder Konsumgüter zu verkaufen, sondern ebenso zum Zweck der Selbstdarstellung. Mit einem demographischen Einschlag solcher Proportion hat eine Industrie wohl ein Bedürfnis, sich durch ein positiveres, gesellschaftsfreundlicheres Image darzustellen, und „ihren eigenen Mythos, daß Rauchen eine gesellschaftlich wünschenswerte Gewohnheit sei, zu stärken".[54] Wie sich das Patriarchat sein Selbstbild mittels der hohen Künste bestätigt, Männer seien Helden.

Regierungen haben ebenfalls ein ständig wachsendes Bedürfnis zu kommunizieren, d.h. Tatsachen und Informationen an die Massen zu bringen. Im Fall der US-Regierung sind allerdings die „Massen" nicht nur die von ihr regierte amerikanische Öffentlichkeit, sondern die Welt-Öffentlichkeit. Um ihren Bedürfnissen zu entsprechen, hat sie „Worldnet", „das kostspielige neue Medienspielzeug, das Charles Wick, der Chef des US-Nachrichtendienstes [Information Agency] entwickelte, ein ehemaliger Industriemagnat und alter Kumpel des Präsidenten".[55] Es erlaubt Beamten der US-Regierung, z.B. dem Staatssekretär für Amerikanische Angelegenheiten, über Satellit mit amerikanischen Botschaften in der ganzen Welt verbunden zu werden, um durch eine Art „Pressekonferenz" die Meinung seiner Regierung bezüglich ihrer Eingriffe in Zentralamerika zu verbreiten. Journalisten in den betreffenden Botschaften können ihn auf einem Bildschirm sehen und über eine Telefonverbindung mit ihm sprechen, wobei sie „von ihm gehört, aber nicht gesehen werden". Einer der von Mr. Wick beabsichtigten Nutzzwecke des technischen Geräts war, was in US-Regierungskreisen als ‚non-interactive' – nicht wechselseitige – Übertragungen über ein geschlossenes Netz bekannt ist. Journalisten konnten zuschauen, was in den USA geschah – aber selbst nicht sprechen."[56]

Das erwies sich bei den Journalisten als unbeliebt, da die ja selbst gewohnt sind, zu den „Kulturschaffenden" zu gehören. „Die Pressekonferenzen haben mehr Erfolg. Sie jedoch ‚interactive' [wechselseitig] zu nennen, erschien vielen britischen Journalisten als ein übler Scherz, den sie nicht goutierten."[57] Die Erwartung, die „neue Big-Brother-Technologie" würde einen „einzigartigen Kitzel des direkten Kontakts" bereiten, erwies sich als Illusion:

> Bei jeder „Worldnet"-Verbindung werden jeweils mindestens vier Länder angeschlossen. Die Kontrolle über das Mikrophon liegt in den Händen der Gastbotschaft [also der amerikanischen], und Journalisten können auch keinen Augenkontakt mit dem amerikanischen Sprecher aufnehmen, um bei Fragen nachzuhaken oder zu insistieren, daß er ihrer ersten gestellten Frage nicht ausweiche. Das Ergebnis der auf diese Weise rationierten Fragen, die zudem aus einem allzu verstreuten und abgesonderten Publikum kommen, ist, daß der US-Regierungsbeamte fast unangefochten davon kommt.[58]

Der Zugang zur Sprecherrolle ist kontrolliert und wird vom erhabenen Sprecher, in diesem Fall von der US-Regierung, besetzt und behütet. Es scheint sich auch die Einsicht durchzusetzen, daß zu einem persönlichen Austausch vielleicht doch mehr gehört als Rede und Gegenrede und daß dabei weitere Verständigungsmittel eine Rolle spielen, die bei diesem künstlich hergestellten „Kontakt" fehlen. Wie bei der Leserschaft eines Buches ist es ein unüberwindlicher Nachteil für die Zuschauer, daß sie viele einzelne sind, sobald „sie" die Sprecherrolle übernehmen wollen: Ihre Stimme ist gestreut, geteilt und beherrscht. Und so wie bei der Publikumsbeteiligung an Rundfunk- und Fernsehprogrammen ist das „Publikum" dadurch benachteiligt, daß sein Zugang einmalig ist, während die Veranstalter den Zugang weiterhin behalten:

> Eine erstaunliche Behauptung in Mr. Motleys [des Staatssekretärs für Amerikanische Angelegenheiten] lateinamerikanischer Konferenzschaltung, „niemand außer den Sandinisten" hätte an den Wahlen des letzten Monats [in Nicaragua] teilgenommen (in Wahrheit waren sechs andere Parteien an der Wahl beteiligt), blieb für über 2 Wochen unangefochten, bis er schließlich bei der Londoner Schaltung unter Druck zugab, daß die Behauptung falsch war.[59]

Mit großer Verspätung konnte diese spezielle Rückfrage schließlich eine Lüge richtigstellen, aber das Publikum, das die Berichtigung miterlebte, war nicht mehr dasselbe, das mit dieser Unwahrheit zwei Wochen lang abgespeist worden war.

Der Vorteil der Besitzer dieses Kommunikationsgeräts kann auch ökonomisch erfaßt werden: „Die 75-minütige Konferenz... kostete nahezu £ 30.000 [ca. 100.000 DM] an Satelliten- und Telephonmiete."[60] Da können die einzelnen Bürger/innen schwerlich mithalten, selbst wenn sie das Bedürfnis haben, „Tatsachen" oder „Meinungen" zu ermitteln oder mitzuteilen, von „Wahrheit" ganz zu schweigen.

Nicht nur das Medium der Schrift und des Drucks, sondern auch die Medien, die „Kontakt" simulieren, halten dem Sprecher die Zuschauer- und Zuhörerschaft vom Leib und zielen darauf ab, die Mitteilung gegen Einmischung abzusichern.

Diejenigen, die sprechen, eignen sich den ganzen öffentlichen Sprachraum zu ihrer freien Meinungsäußerung an. Der Eintritt zur Äußerung ist dabei nicht mehr frei, Redefreiheit gibt's nicht gratis.

Institutionalisierte Formen der Kommunikation – oder besser des Monologs – haben sich systematisch dazu entwickelt, die Sprecherfunktion unter strikter Kontrolle zu halten und die Mitteilung zu reifizieren auf Kosten der Zuhörer/innen und ihr Recht auf Austauschbarkeit der Kommunikationsrollen. Die Sprecherfunktion hat Schutzherren, und die Reihe ist immer an ihnen. Die Künste mit ihrer Glorifizierung des Künstlers und des Kunstwerks sind darin vorausgegangen, die Idee einer erstarrten Kommunikation, die heute zur Norm geworden ist, als „natürlich" zu verbreiten. Während das Publikum jedoch der Macht hinter der Werbung oder den Nachrichten eine gewisse Skepsis entgegenbringt, scheint sich das Mißtrauen nicht auf den geheiligten Künstler und seine Institution auszudehnen. Dabei dürfte das Modell der Kunst einen ebenso starken Einfluß auf alltägliche und private Formen der Kommunikation ausüben wie die Medien und die Werbung.

„Private" und alltägliche Kommunikationsformen weisen eine ähnliche Tendenz zum Monolog, zum Rede-Halten, zum An-die-Leute-heran-Reden auf, die anstelle von Gespräch und Reden *mit*einander treten. Wir bilden sprachbegabte Kinder dazu aus, sich auszudrücken und im Gespräch zu behaupten. Unter den Studenten gilt als erfolgreich, wer redegewandt ist und sich auch in der Konkurrenz durchsetzt. Jede öffentliche Versammlung ist Schauplatz eines Kampfes um das Wort, und es nicht mehr an andere abzugeben, wenn man es einmal hat, ist ein wirksames Mittel zur Manipulation eines „Konsenses". Mir ist kein systematischer Versuch im Erziehungswesen bekannt, der darauf abzielte, das Zuhören und ein wechselseitiges Gesprächsverhalten auszubilden. Dennoch gibt es eine solche Ausbildung – und zwar in der geschlechtsspezifischen Sozialisation. Die Sprecherrolle ist „männlich", die Zuhörerinnenrolle und das Schweigen sind „weiblich", wie auch die Funktion der gewandten Gastgeberin, ein Gespräch im Gang zu halten und allen zum Einstieg zu verhelfen, ein weiblicher Zug zu sein scheint. Konversation selbst ist fast eine weibliche Kunst – wohl weil Frauen daran teilnehmen – im Gegensatz zu Gesprächen und Unterredungen, wo es ernst wird und zur Diskussion führen kann. Anne Karpf beschreibt die traditionelle weibliche Rolle in der Konversation:

> Ihr Blick ist auf den männlichen Sprecher fixiert, ihr Gesicht von einem interessierten Lächeln erleuchtet, sie nickt an ausgewählten Stellen, um ihre verzückte Aufmerksamkeit zu bekunden, und sie wirft ab und zu eine gezielte Frage ein, um seinen Redefluß zu ölen. Frauen sind die Hebammen der männlichen Rede: Wir assistieren der Geburt von Ansprachen [Monologen], denen wir selbst zuhören müssen.[61]

„Und hört sich das bissig an", fügt sie hinzu, „so ist das beabsichtigt, nicht aus mangelndem Respekt für die noble Kunst des Zuhörens, sondern schlicht aus Unmut darüber, daß sie es umgekehrt nie tun."[62] Frauen fällt auf, daß nicht abgewechselt wird und sie nie an die Reihe kommen, und sie bemerken die daraus resultierende Qualität der reifizierten Rede – des Monologs, der Ansprache. Frauen sind „die Schutthalde der männlichen Rede", wie Karpf sagt.[63] Der Schutt fliegt von oben nach unten. Dale Spender hat in ihrem Buch *Man Made Language* analysiert, wie sich der Faktor Geschlecht auf die Verteilung der Sprecherrolle in scheinbar gleichberechtigten Situationen auswirkt, z.B. bei einem gemischten Kongreß, an dem „selbstbewußte" Feministinnen und bewußt „nicht-sexistische" Männer teilnehmen:

> Bei der Diskussion, einem Workshop über Sexismus im Schulwesen in London, waren 32 Frauen und 5 Männer anwesend. Die Tonbandaufnahme zeigte nicht nur, daß die Männer [13,4 % der Teilnehmenden] 50 % der Zeit geredet hatten, sie zeigte ebenfalls, daß das, was die Männer besprechen wollten – und wie sie es besprechen wollten – den Vorrang hatte.[64]

Andere Untersuchungen über gemischte Gespräche zeigen, daß „98 % der Unterbrechungen... von Männern gemacht wurden".[65] Eine Untersuchung über Gespräche zwischen Ehemännern und Ehefrauen ergab: „Daß es für die Frauen oft unmöglich war, überhaupt zu sprechen, wenn Männer anwesend waren – besonders wenn es ihre Ehemänner waren."[66] Und Spender zitiert Phyllis Chesler, die in ihrer Studie bemerkte, daß „Männer sehr selten schweigend einer Gruppe Frauen beim Reden zuhören", während Frauen, die schweigend einer Gruppe Männer zuhören, „in unserer Gesellschaft eine ganz gewöhnliche Erscheinung" sind.[67]

Sprechen – sich selbst ausdrücken – ist ein Projekt des männlichen Kultursubjekts, und Männer haben es sozusagen zu ihrem ausschließlichen Vorrecht gemacht, indem sie die Rollen des Sprechens und Zuhörens selbst als geschlechtsspezifisch bestimmt haben. Die ganze kulturelle Erziehung der Frauen ist darauf ausgerichtet, Schweigen als die höchste *weibliche* Tugend und als wesentlichen Bestandteil der weiblichen Schönheit auszugeben. Die Geschlechterunterdrückung der patriarchalen Kultur folgt dem Szenario Nr. 1: Schweigen wird den Frauen mit Gewalt auferlegt, mittels der Zwangsstrukturen einer diskriminierenden Gesellschaftsordnung, die den Frauen das Stimm-Recht sowie den Zugang zur Bildung ihrer Ausdrucksfähigkeit in der Schule und später zu öffentlichen und professionellen Stellungen verweigert. Szenario Nr. 1 wird jedoch zum Szenario Nr. 2 verfeinert: Das schweigende und leidende Opfer soll zu einem „aktiven" und willigen Opfer werden. Sie muß zuhören. Um ihre Bestimmung als menschliche Subjekte zu erfüllen, brauchen Männer Frauen, die ihnen als Zuhörerinnen „linguistisch verfügbar" sind, wie Pamela Fishman es ausdrückt.[68] Frauen müssen das ihre zum kommunikativen „Austausch" beitragen – die passive, masochistische Ergänzung zum aggressiven, sadistischen, linguistischen Anschlag der Männer. Frauen werden zu den „Redeobjekten" oder „Kommunikationsobjekten" der Männer. Männer *wollen* den kommunikativen Genuß ihrer Frauen-Opfer unter der auferzwungenen Nötigung; Frauen müssen dazu eine Attitüde wählen und sich „ergießen" – „mit einem interessierten Lächeln", mit „verzückter Aufmerksamkeit", mit ölenden Fragen wie „ach, wirklich?" und „wie interessant".[69] Und bist du ein unwilliges Opfer, „lehnst du die Rolle ab, so ist die Strafe hoch", wie Karpf bemerkte, als sie sich von einem Gespräch zweier Männer abwandte, bei dem sie „offensichtlich das Publikum zu spielen hatte", denn ihr wurde „Unhöflichkeit" vorgeworfen. „Mein schlichter Rückzug aus dem Gespräch war als Akt der Aggression interpretiert worden! Warum also einen solchen Vorwurf riskieren, wenn uns das Zuhören so ganz ‚natürlich' liegt, es scheint uns so leicht zu fallen?"[70]

Reizendes Geschlecht – entzieht euch nicht!

Der männliche Erlaß, daß Frauen den Männern „linguistisch" oder kommunikativ verfügbar zu sein haben, wie sie ihnen sexuell verfügbar sind – oder anders gesagt: die Homologie zwischen der kommunikativen Nötigung und der sadistischen Nötigung – legt eine Parallele oder eine Verbindung zwischen Kommunikation und Sexualität nahe: Thema unseres nächsten Problems.

13. Problem

Sex/Sexualität

Die „freudianischste" der Leistungen Freuds – die ihn zu einem radikalen Erneuerer macht, der die „präfreudianische" von der „postfreudianischen" Epoche trennt – ist „sein Konzept der Sexualität als nicht innerhalb der Schranken tatsächlicher zwischenmenschlicher Beziehungen eingeschrieben".[1] Wie Jane Gallop, deren Worte dies sind, in Anlehnung an Juliet Mitchell weiter betont: „Der ‚freudianische' Freud legte größten Wert auf den Vorrang der ‚psychischen Realität' vor der wirklichen ‚Realität'. Freuds Beitrag zum Verständnis des Menschen (‚man') von sich selbst ist seine Beschreibung des menschlichen Wesens in der Kultur, nicht der natürlichen Kreatur ‚Mensch'."[2]

Als gewiefte Postfreudianer haben wir uns ziemlich an diese Realität der „psychischen Realität" gewöhnt, von der uns Deirdre English eine Kostprobe lieferte: die Realität der männlichen Psyche von der Frau als Bedrohung. Und doch besteht, laut Gallop und Mitchell, immer wieder die Gefahr, daß wir in den Präfreudianismus zurückgleiten:

> Wenn Freud verdreht wird, geht es immer in Richtung einer Art Biologismus. In der Folge werden seine Beschreibungen des Menschen, wie er sich in der Kultur einschreibt, als Vorschrift für eine naturbegründete Normalität ausgelegt. Eine der ersten, die in den Biologismus zurückfällt bei ihrem Versuch, über Freud – gerade in der Frauenfrage – hinauszugehen, ist Karen Horney.[3]

Horney, wie auch viele Feministinnen, die Freud kritisieren, greift auf ein Konzept von der „wahren Natur" der Frau zurück, die bei Freud nicht ausreichend berücksichtigt sei. Gallops Hinweis ist also wichtig, da Freuds Theorie auch in der zeitlich postfreudianischen Ära trotz allem vorwiegend als eine Beschreibung der Realität aufgefaßt wurde und das Unbewußte als authentische Natur und als Quelle der Wahrheit. Der marxistische Kritiker Fredric Jameson nennt das Unbewußte „eine der zwei überlebenden vor-kapitalistischen Enklaven der Natur".[4] Erst in jüngerer Zeit hat die Forschung Freud unter eine historische Perspektive gestellt, die uns erlaubt, die „Wahrheit" seiner Theorie, einschließlich des „Unbewußten", zu relativieren. Die feministische Kritik untersucht Freuds Theorie zudem unter dem Blickwinkel der Geschlechteranalyse, wobei sich Freuds „menschliche" Psyche als die männliche Psyche entpuppt. Freuds Beitrag zum Selbstverständnis „des Menschen" ist genau das: eine Beschreibung des *männlichen* Wesens in der Kultur, wie *er* sich als „das menschliche" Subjekt konstituiert. Aus der Hervorhebung des kulturellen Menschen im Gegensatz zur „natürlichen Kreatur" können wir zudem eine Übereinstimmung zwischen „Kultur" und „psychischer Realität" ableiten – also eine Gleichsetzung der männlichen psychischen Realität (Phantasie) mit der Kultur. Eine postfreudianische Perspektive erlaubt uns eindeutig nicht mehr, die Kultur als „Fiktion" der „Realität" gegenüberzustellen oder leichtfertig zwischen männlicher „Phantasie" und wirklicher Realität zu unterscheiden. Wir scheinen jedoch schneller bereit, die Realität der Psyche anzuerkennen als die Realität der Kultur, wie die gebräuchliche Gegenüberstellung von „Faktischem" und „Fiktivem", dem Wahren und dem Imaginären, deutlich macht.

Mit anderen Worten, Freud soll sich um eine Beschreibung der kulturellen Realität bemüht haben, nicht um die Vorschrift einer Normalität, die auf die Natur oder Biologie zurückführbar wäre. Der Kulturseismograph Freud registrierte im Detail das Projekt des Kultursubjekts, das sich in der Sexualität und der Sprache konstituiert. Er las die Kultur – wie wir sie lesen – als die Selbstdarstellung des Subjekts, dessen Motor wie auch Ziel das Begehren ist. Freud identifizierte dieses Begehren (Libido) als die transitive Kraft eines sich in die Welt projizierenden Einzelsubjekts, die sich auf Objekte fixiert, wobei die Objekte auswechselbar, nie befriedigend und zur Erneuerung des Begehrens des Subjekts immer ersatzbedürftig sind. Begehren in der Lacanschen Terminologie, Libido in der Freudschen, ist „interessenlos", das heißt, ohne Interesse am und ohne Verständnis vom Objekt des Begehrens: Das Interesse ist rein subjektbezogen, sein Ziel ist es selbst, fortwährendes, sich immer erneuerndes Begehren – das Lebensgefühl des Subjekts. Es wird aus der subjekteigenen Ökonomie erzeugt, unabhängig von den Objekten, die es vorübergehend besetzt und verschlingt. Jedes Objekt ist Objekt, jedes Andere das Andere.

Freud mag uns vor dem Biologismus und dem Positivismus bewahrt und das Kulturverständnis verfeinert haben. Dies scheint mir jedoch etwas anderes, als was Gallop zuerst zu bedenken gibt, nämlich daß Freuds Konzept der Sexualität als ein Projekt des Subjekts „nicht innerhalb der Schranken wirklicher zwischenmenschlicher Beziehungen eingeschrieben ist". „Wirkliche zwischenmenschliche Beziehungen" bedeuten eine politische Realität, keinen Biologismus. Freuds Theorie aber verlegt das Subjekt aus dem politischen Bereich der zwischenmenschlichen Beziehungen und der Intersubjektivität in eine psychische Realität und kulturelle Phantasie, wo das Subjekt das einzige Subjekt ist, der Rest der Welt Objekte sind. In Freuds Beschreibung dieses Projekts des Subjekts – dessen „Interpretation" der Realität – ist „Darstellung" ein Schlüsselbegriff: Darstellung ist das Mittel, mit dem das Subjekt die Welt zum Objekt macht.

Unter einer politischen Perspektive dürfte Sexualität, wie die Sprache, als eine Form des Austauschs und der Kommunikation zu den zwischenmenschlichen Beziehungen gehören. Geschlechtsverkehr – ein Dialog zwischen zwei Subjekten – würde die Sexualität eines Subjekts bestimmen und zum Ausdruck bringen, wie Sprachverkehr die kommunikativen Rollen der Gesprächspartner hervorbringt. Sexualität wäre somit weniger eine Frage der Identität – einer festgelegten Rolle auch außerhalb einer Praxis – als vielmehr ein Potential, das Vielfalt und Auswechselbarkeit in sich birgt, dessen Aktualisierung jedoch entscheidend vom Gegenüber, d.h. einem anderen Subjekt, mitbestimmt wird.

Sexuelle Beziehungen als eine Sache des zwischenmenschlichen Verkehrs zu verstehen, ist jedoch im heutigen kulturellen Klima etwa so peinlich, wie ins präfreudianische Fettnäpfchen zu treten: ein Lapsus ins Unfreudianische. Auf dem politischen Kontext der Intersubjektivität zu bestehen, heißt jedoch nicht, die kulturellen Einsichten Freuds zu verwerfen. Vielmehr heißt es, den ideologischen Rahmen, innerhalb dessen „Sexualität" konstruiert wird, mit in Betracht zu ziehen und die Sexualpolitik jenes Subjekts, das seine Sexualität innerhalb der Schranken seines solitären Schutzgebietes einschreibt, näher zu untersuchen. Wie Stephen Heath betont, ist „‚Sexualität' die Konstruktion von etwas, das ‚Sexualität' genannt wird, mittels einer Anzahl von Darstellungen – Bildern, Diskursen, bestimmten Weisen, sich etwas vorzustellen oder zu beschreiben".[5]

In der heutigen dominanten Darstellung von Sexualität ist Sex so monologisch wie das Reden, wobei bestimmte Rollen zugewiesen und festgelegt sind, wie die der Sprecher und Zuhörer/innen, der Individuen und der Masse, der Nehmer und der Geber als persönliche Identitäten verteilt sind. Sex ist zudem eine Sache der Ästhetik, der Darstellung durch das Subjekt für sich selbst. „Dein sexueller Körper ist ‚ein Kunstwerk'", entdeckt Stephen Heath in der fachmännischen Quelle *Total Loving*.[6] „Sex", schrieb der Dichter Ezra Pound, „sofern er nicht ein rein physiologischer Mechanismus der Fortpflanzung ist, gehört zur Domäne der Ästhetik."[7] Dementsprechend werden Sexualbeziehungen auch als „Sex" reifiziert. Wo der romantische Dichter ein Bild der Wahrheit schuf – aus sich selbst und für sich selbst –, schafft das moderne Sexualsubjekt einen Orgasmus, das Große O, von derselben Pein und Freude begleitet. Der Orgasmus ist mehr als nur körperliche Befriedigung: Das Große O ist eine ästhetische Angelegenheit, deren Darstellung durch das Subjekt zum eigenen Genuß das Lebensgefühl produziert. Und da der Orgasmus reifiziert wird und seine Produktion zu einer Kunst heranwächst, wird er auch zum Objekt einer kritischen Analyse; wie Heath bemerkt:

> Die „sexuelle Revolution"... hat einen ganzen „Orgasmusdiskurs" hervorgebracht – ist selbst darin verfangen -, eine ganze Ausarbeitung und Darstellung, ein Maßstab des Sexuallebens... Der Orgasmus ist ein qualitatives Phänomen („wahrer Orgasmus"), [und] bezieht sich auf eine authentische... Ebene der Erfahrung und des Seins... nicht auf den Sexualverkehr... sondern die wirkliche emotionelle Erfahrung.[8]

Ist ein objektiver Korpus von Orgasmen einmal gegeben, so

können die Fachmänner auch einen einschlägigen kritischen Diskurs entwickeln, der sie analysiert, klassifiziert und beschreibt. Die Fachsprache ist der der romantischen Literaturkritik auffallend ähnlich: „Authentizität", „wahrer Orgasmus", „emotionelle Erfahrung", „sexuelle Reife", „natürliche Sexualität".[9] Heath kann uns sogar von einem „Orgasmus-Manifesto" berichten, ganz wie wir es von den Kunstbewegungen der Moderne kennen.[10] Es wird ein orgasmisches Schutzgebiet kreiert, in dem jeder Mensch seinem eigenen Orgasmus nachgeht, an ihm arbeitet und schließlich zur Erfüllung gelangt – zur eigenen, subjektiven „Selbstverwirklichung",[10] zur *jouissance*. Für die moderne sexuelle Sensibilität heißt sich konstituieren sich ausdrücken, und zwar durch das Große O. Jedermann ist hinter der „Sprecher"-Funktion her, die Zuhörerfunktion ist nicht sehr hoch entwickelt. Ausnahmerecht und Loslösung von der politischen Realität wurde, wie beim romantischen Dichter, zum Preis einer Conditio Humana gekauft, die nun ausschließlich als Kerker des Solipsismus, als Schutzgebiet des Subjektes, als „psychische Realität" verstanden wird.

Wie wir schon früher bemerkten, hat die „sexuelle Revolution" das Gebot des Orgasmus auch auf die Frau ausgedehnt: Im Zeitalter der Gleichberechtigung wird ihr befohlen, sich zu vergnügen, „wie Männer es tun". Die Freudsche Beschreibung der psychischen Realität hingegen ist noch fest in der Geschlechterasymmetrie verankert, und die Geschichte der „Sexualität" ist auf der Auffassung des 19. Jahrhunderts begründet, die Weiblichkeit als Krankheit verstand.[12] Das Problem der männlichen Sexualität ist „die Frau“, die mit „dem Geschlecht" gleichgesetzt wird. Die Sexualität, der Genuß, der ihr später zur Pflicht wird, wird in der Theorie in phallischen Begriffen gefaßt.[13] In der Tat läßt sich für die Einladung an die Frauen, am Kulturprojekt des Subjekts nun auch teilzunehmen (unter gleichen Bedingungen, wohlverstanden), eine theoretische Notwendigkeit feststellen, die weit über Freuds eigene Unsicherheit bezüglich der weiblichen Sexualität hinausgeht. Die Umwandlung zum Szenario Nr. 2 ist im Szenario Nr. 1 bereits im Kern vorhanden. Diese Notwendigkeit kann in Freuds Arbeiten zur weiblichen Hysterie aufgespürt werden.

Freud legte in *Studien über Hysterie* große Betonung darauf, daß Hysterikerinnen „größtenteils an Reminiszenzen" leiden.[14] „Das ursprüngliche traumatische Ereignis ist die Verführung des Kindes durch einen Erwachsenen."[15] Freuds „klinische Erfahrung zeigt mit überwältigender Deutlichkeit, daß Väter ihre Töchter weit häufiger vergewaltigten als irgend jemand, Freud eingeschlossen, gerne zugeben wollte".[16] Kollegen, die auch Hysterikerinnen behandelten, bestätigten Freuds Befund.[17] Freud wohnte außerdem Paul Brouardels Vorlesungen und Demonstrationen im Pariser Leichenhaus bei und besaß auch dessen Buch über die Vergewaltigung von Kindern durch ihre Väter und andere Autoritätspersonen.[18] „Freuds Privatbibliothek enthielt Beweismaterial, daß er weit mehr über die Realität des sexuellen Mißbrauchs von Kindern wußte, als er je bereit war, in seinen Veröffentlichungen zuzugeben."[19] Wie in der Geschichte der Psychoanalyse wohlbekannt ist, gab Freud seine Theorie über die „Verführung" in der Kindheit in den späten 90er Jahren auf und ersetzte sie durch eine Theorie der infantilen *Phantasie*. Wie Heath es ausdrückt: „Wir tauchen auf aus einer Welt von ‚Szenen' und einer von außen zugefügten Gewalt der sexuellen Nötigung, mit all den Verführern und ‚Unheilstiftern', und treten in die Welt einer ganzen Phantasie von Sexualität ein – in den Prozeß der persönlichen Geschichte des Individuums."[20]

Freuds Wissen über die politische Realität des sexuellen Mißbrauchs, der Nötigung und Vergewaltigung bedeutete eine höchst unwillkommene Störung im Schutzgebiet des Theoriebaus und der reinen subjektiven Sexualität oder „psychischen Realität". Mit einer historischen Geste wird „die Frau" – die Hysterikerin – in die Zunft der Kulturschaffenden aufgenommen, als Autorin von Phantasien, die ihrer eigenen Subjektivität entspringen. Dem Erguß des Opfers wird die Bedeutung der subjektiven Autorenschaft und damit der Quelle Freudschen Sinns zugeteilt. Doch auch dieser Erguß, Erwiderung auf die Nötigung, muß noch vom offiziellen Autor redigiert werden; der Aufschrei als Reaktion auf die Vergewaltigung wird von ihm als der genüßliche Erguß der Libertine, als die Ekstase der kindlichen Sexualität umformuliert.

In diesem entscheidenden Stadium der Entwicklung des archetypischen Szenarios, der Dramaturgie des menschlichen

Sexualschicksals, muß Freud sämtliche Konkurrenz ausschalten, um wie Sade alleiniger und erhabener Autor zu sein. Er beschließt, nichts „*in Veröffentlichungen* zuzugeben"; als Ferenczi „davon überzeugt war, daß Freuds frühere Theorie der Verführung richtig war und daß Freud Unrecht hatte, sie aufzugeben, wollte Freud dies nicht *diskutieren*; er wollte einfach, daß Ferenczi *aufhöre, darüber zu reden*, und *aufhöre, darüber zu schreiben*" (meine Hervorhebung).[21] Es darf nur eine Stimme geben – Ich bin das Wort – ein Gott, ein Patriarch, Sade, Freud.

Der Eingriff des Autors an dieser Stelle ist kritisch, denn sonst könnte ihm die Kontrolle über den Handlungsablauf aus den Händen gleiten. Ein anderes Subjekt – die Andere – sprechen zu lassen, bringt das beträchtliche Risiko mit sich, politische Realität ins Schutzgebiet eindringen zu lassen. Deshalb muß die Rede des Opfers *in camera*, „unter Ausschluß der Öffentlichkeit", in der Privatpraxis ins Ohr des Autors, der unter Schwur der Geheimhaltung steht, kanalisiert werden; und dieser wird sie wiederum in ein respektables Szenario einbetten, in das sich abzeichnende Szenario Nr. 2: Sexualität, die aus der Subjekt-*Patientin* ausströmt! Die Einladung an die Frauen zu sprechen, wird unter striktester Konrolle gehalten und in eine Praktik eingefügt, in der sie gefangen und als Patientinnen unterworfen sind: Gewisse kultivierte Mittelschichtshysterikerinnen, an der Kultur schon geschult, sind die idealen Kandidatinnen. Was die anderen betrifft, so muß der Gastgeber seine Einladung wieder zurückziehen und sich versichern, daß er ihre „Rede" kontrolliert und verwaltet. Wie Heath in einer Fußnote berichtet:

> Dienstmädchen, erklärt Freud Jung 1907, sind kaum wert, berücksichtigt zu werden, und der Analytiker kann ihre Geschichte erzählen, ohne zuhören zu müssen: „Zum Glück für unsere Therapie haben wir vorher schon so viel von anderen Fällen gelernt, daß wir diesen Personen ihre Geschichte selbst erzählen können, ohne auf ihren Beitrag warten zu müssen. Sie sind bereit, zu bestätigen, was wir ihnen erzählen, aber wir können von ihnen nichts lernen."[22]

Zum Glück für unsere Therapie, zum Glück für unsere Theorie, unsere Darstellung – deren Dominanz hiermit garantiert und die gegen Einmischung abgesichert ist, immun gegen jeglichen Beitrag von außen, in diesem Fall den Beitrag einer klar erkannten und definierten Geschlechts-Klasse: „Dienstmädchen". Statt zuzuhören, übernehmen wir die Rolle des Erzählens. Im Szenario ihrer Darstellung – "ihrer Geschichte" – sind sie willig, zu bestätigen, willig, eine Attitüde der Zustimmung zu wählen (so wird uns *gesagt*). Sie werden keine Ursache haben, sich über unsere Dienste zu beklagen, denn sie haben im ganzen kulturellen Gebäude keinen Zugang zu sonst einer Ausdrucksmöglichkeit. Kein Grund, wie Sade meinte, sie umzubringen. Bald werden sie außerdem auch keinen Zugang zu unseren Diensten mehr haben, da wir diese in der Form der glücklichen Therapie für eine Gebühr offerieren werden, die eine glücklichere Klasse selektionieren wird. Denn die Beiträge der „Dienstmädchen" könnten die Darstellung der Hysterikerin als das generische Weib untergraben, dürften diese Darstellung als von politischen Faktoren, z.B. der Klassenzugehörigkeit, bestimmt entblößen und somit ihre Gültigkeit als ein Bild der universalen Weiblichkeit (kein Biologismus beabsichtigt, versteht sich) negieren.

Die feministische Forschung hat dieser Empfindsamkeit Freuds bezüglich der Geschlechtsklasse „Dienstmädchen" besondere Aufmerksamkeit geschenkt. Wie Gallop sagt: „Die Psychoanalyse kann und sollte der Ort der symbolischen Einschreibung der Gouvernante sein."[23] Und in ihrer Analyse von Freuds Fallgeschichte „Dora", der Heldin seines „Bruchstück[s] einer Hysterie-Analyse", bemerkt sie: „Weder Dora noch Freud können die Identifizierung mit der verführten und verlassenen Gouvernante ertragen."[24]

Die Gouvernante spielt eine entscheidende, wenngleich merkwürdig unsichtbare Rolle im Freudschen Familiendrama: Sie ist jenes andere, niedrigste Opfer in der Reihe von Opfern, die aus dem Szenario Nr. 2 hervorgehen. Zwar rückt dieses die Umwandlung des einen Opfers zur Libertine in den Vordergrund, erzeugt aber gleichzeitig ein neues absolutes Opfer. Die Gouvernante wird am vollständigsten zum Objekt gemacht, wird sowohl zum Opfer des Autors als auch dessen Libertinen-Opfer:

> Als bedrohliche Vertreterin des Symbolischen, des Ökonomischen, des außer-Familiären muß das Dienstmädchen sowohl verführt (assimiliert) als auch verlassen (ausgestoßen) werden... Das Kindermädchen ist begehrenswert: Ihre Andersartigkeit ist ein Anreiz... Ihre Andersartigkeit liegt nicht nur in ihrer Weiblichkeit, noch sogar nur in ihrer Nichtzugehörigkeit zur Familie: Es ist ihre Zugehörigkeit zu einer anderen ökonomischen Klasse... Dora und Freud können es nicht ertragen, sich mit der Gouvernante zu identifizieren, denn sie glauben beide, es gäbe immer noch einen Ort, wo sich dem strukturalen Austausch von Frauen entkommen läßt. Sie glauben immer noch, es gebe eine Mutter, die keine Gouvernante ist.[25]

Für die Zeiten wie auch die Klasse von Freud und Dora ist die Gouvernante eine Prostituierte, die „Hure" aus Sades Szenario. Sie prostituiert sich dazu, gegen Barzahlung die Dienstleistungen zu erbringen, die von der Mutter gratis ausgeführt werden. Sie bedroht die Ökonomie der Familie. Wie bei der traditionellen Prostituierten ergibt sich eine Spannung zwischen Geschlecht und Klasse, eine Überschneidung des Szenario der Unterdrückung der Frauen mit dem der Unterdrückung einer ökonomischen Klasse. Das Ergebnis ist eine Komplikation der Handlung: Verführung im sexuellen Szenario (die Prostituierte ist eine willige Libertine) und Verstoßung im sozialen Szenario (die Prostituierte lebt „außerhalb" der feinen Gesellschaft). Ihre Begehrenswürdigkeit nimmt dementsprechend zu: Sie reizt nicht nur durch ihre Weiblichkeit, sondern durch die verdoppelte Gelegenheit zur Erniedrigung, den doppelten Ertrag an Lebensgefühl, an Überlegenheit, für das Subjekt – was jenen „unwiderstehlichen Geschmack an der Prostitution" (nicht Sex) erklärt, den der Dichter mit „allen Männern" teilt.

Das schmutzigste Geheimnis im Herzen der Freudschen Familie ist das Geld, nicht Sex. Innerhalb der Gemütlichkeit der geschlossenen Familie kann Prostitution (Libertinage, Kollaboration) ohne den beschmutzenden Einfluß von Bargeld stattfinden, so wie in Sades Schloß die prächtige Prostitution von der Edelfrau geleistet wird, die dem Geld entsagt. Gallop zitiert Sades Heldin Saint-Ange (der Engel im Schloß), der folgende

Aussage in den Mund gelegt wird: „Was mich betrifft, meine Liebe, die ich während zwölf Jahren gearbeitet habe, um den Namen einer Hure zu verdienen, ich versichere Ihnen, weit davon entfernt, mich dadurch beleidigt zu fühlen *[loin de m'en formaliser]*, habe ich Genuß daran."[26] Und Gallop kommentiert:

> Nicht jene Prostituierte ist eine subversive Kraft, die es für Geld macht, sondern die Frau, die es wie Saint-Ange zum Vergnügen macht. „Alles wird ausgetauscht, jedoch ohne Kommerz. Unter uns [gibt es] keine Eigentümer, keine Käufer, keine identifizierbaren Objekte, keine Preise"... Von der Klasse her eine Edelfrau, nimmt sie nicht die Identität der Prostituierten an; sie prostituiert ihre Identität.[27]

Aus Saint-Ange spricht das Libertinen-Opfer, der Engel im Bett, der gratis mitspielt, willig und im Gegentausch für einen Abglanz der Glorie, der von ihrem noblen Schutzherrn auf sie abfällt. Sie, die während zwölf Jahren *gearbeitet* hat, glaubt, wenn sie dem Preis ihrer Arbeit entsage („keine Preise"), würde sie auch deren Bezeichnung entgehen. Bereit, ihre Mit-Opfer zu verkaufen und ihre (Opfer-)Identität zu prostituieren, im Tausch für imaginären Zugang zur Klasse und zu den Privilegien ihres Unterdrückers, glaubt sie, sie würde als „adelige Frau" zu den Edel*männern* gehören (es sei an die Töchter etc. von Jefferson, Hancock und Adams erinnert). Jedoch weit entfernt davon, „subversiv" zu sein, wie Gallop meint, ist die Prostitution der Frauen „zum Vergnügen", „aus Liebe", für den Abglanz einer Edelklasse anstelle von Bargeld ("Kommerz") ein Grundstein der Freudschen Familie ebenso wie der Sadeschen Aristokratie. Im Gegenteil: Subversion wird gerade durch den Kontrast des bezahlten Opfers eingeführt: Sie bedeutet die Gefahr einer Gegenüberstellung der Hure mit der Ehefrau, der Gouvernante mit der Mutter, des „Dienstmädchens" mit der „adeligen Frau", welche die wahren strukturellen Beziehungen der Frauen in der Familie und der Adelsklasse zu ihren illustren Männern und Gastgebern aufzeigt. Eine solche Gegenüberstellung, eine solche Identifikation darf nicht stattfinden, und um sie zu verhindern, kontrolliert man die Darstellung und verwaltet die Identifizierungen, die vom lesenden und zuschauenden Subjekt gemacht werden. Weder Dora noch Freud können eine Identifizierung mit der verführten und verstoßenen Gouvernante ertragen; so wie auch Freud, der Wissenschaftler und Forscher, letztlich eine Identifizierung mit dem kindlichen Mädchen-Opfer nicht ertragen konnte, welches er erkannt und zuerst durch ein Goethe-Zitat dargestellt hatte: „Was hat man dir, du armes Kind, getan?"[28]

Das weibliche Kind ist auch ein doppeltes Opfer, in der Überlagerung doppelter Unterdrückung und Machtmißverhältnisse zweifach verfangen: im Verhältnis des Erwachsenen zum Kind und der Männlichkeit zur Weiblichkeit. Man führe ein Libertin-Opfer ein, mit sorgfältig konstruierter Libertinen-Subjektivität, um damit dem Subjekt der Darstellung und Betrachtung eine andere Identifizierungsmöglichkeit zu bereiten. Wie Gallop uns vorführt, mußte Freud ein bißchen herumsuchen, bis er die passende Darstellung fand:

> Unfähig, die Möglichkeit so vieler perverser Väter zu akzeptieren, drängte er vorwärts zur Entdeckung der infantilen, polymorph perversen Sexualität. Nicht Väter, sondern Kinder sind pervers: Sie phantasieren Verführung durch den Vater. Aber die Detektivarbeit hört auch hier noch nicht auf. Vielleicht weil er selbst ein Vater ist und einmal ein Kind war, geht er weiter, um die Schuld dort zu entdecken, wo sie ihn nicht besudeln kann... In der Vorlesung von 1933 über „Weiblichkeit" schreibt er: „Und nun finden wir einmal mehr die Phantasie der Verführung im Prä-Ödipus... aber diesmal ist regelmäßig die Mutter die Verführerin. Hier aber berührt die Phantasie den Boden der Wirklichkeit, denn es war wirklich die Mutter, die bei den Verrichtungen der Körperpflege Lustempfinden am Genitale hervorrufen, vielleicht sogar zuerst erwecken mußte."[29]

Wo die „Realität" genehm ist, ist ihr erlaubt, ins Schutzgebiet der Phantasie einzudringen, um ihr Glaubwürdigkeit, wenn nicht „Wissenschaftlichkeit" zu verleihen. Wo das kleine Mädchen Verführung durch den Vater „phantasiert" (berichtet), muß es sich eindeutig um Phantasie handeln. Wo „sie" (mit Freuds Hilfe) Verführung durch die Mutter phantasiert – eine phantastischere Anstrengung an Einbildung –, wird diese zur Realität erklärt. Wir wissen, daß die phantasievolle Darstellung der Kindermädchen- und Krankenschwesternarbeit als „Verführung" die Einbildung vieler *Männer* stimuliert und erregt hat, welche einen unwiderstehlichen Geschmack nicht nur an Prostituierten (der kommerziellen Variante der Ehefrau) finden, sondern ebenfalls an „Dienstmädchen" (der kommerziellen Variante der Mutter) – eine besondere Vorliebe viktorianischer *Gentlemen*.[30]

Was uns hier aber besonders interessiert, ist Freuds unparteiische, interessenfreie Suche nach einer annehmbaren Darstellungsform. Er erfindet die „phallische Mutter", die Libertine im Szenario der phallischen Nötigung, einem Szenario, das günstigerweise den Rahmen des erweiterten Szenarios ausschließt, in welchem die Mutter in einer patriarchalen Praktik des Austauschs verfangen ist, wo ihr die Rolle und die Arbeit des Kindermädchens zugeteilt wird. Und Dora, wahre Tochter der Freudschen Familie, stürzt sich auf die neue Identifizierungsmöglichkeit (aus verständlichen Gründen, unter der gegebenen Nötigung): „Im Imaginären wird die ‚Mutter', im Gegensatz zum Dienstmädchen, noch immer für phallisch gehalten; allmächtig und allwissend [am Elternrang als Gast teilnehmend] ist sie einmalig... weder Dora noch Freud wollten einsehen... daß Frau K. und Doras Mutter die gleiche Stellung haben wie das Dienstmädchen."[31] Dora, wie Freud, weigert sich, die Kategorie des Geschlechts zu erkennen – „ein Begriff einer Klasse", deren Mitglieder „in einer Position der Ersetzbarkeit und der ökonomischen Unterordnung sind",[32] wo Mutter und Dienstmagd ein gemeinsames Schicksal teilen. Gerade so wie heute die Menschenrechtler und ihre Doras die Geschlechtsklasse von Opfern nicht wahrnehmen wollen, in der Mutter und Magd, Ehefrau und Prostituierte ein gemeinsames Schicksal der pornographischen Darstellung teilen.

Freuds mühsame Suche trägt noch weitere Früchte. Mit der Entdeckung der „phallischen Mutter" hat sich die Notwendigkeit, der weiblichen Subjektivität den vollen Status phantasierender Autorenschaft zu erteilen, wieder erübrigt. Das weibliche Kind schafft nicht als Ausdruck ihrer Subjektivität eine Phantasie, sondern kehrt zur Schar der Opfer zurück, die sich in Erwiderung auf eine Nötigung ergießen, wobei diesmal die Nötigung die von der Mutter zugefügte hygienische Prozedur ist. Alles ist, wie es sein soll im psychischen Schutzgebiet, und eine grundsätzliche Geschlechterasymmetrie ist wieder hergestellt, welche Lacan seinerseits voll zu nutzen weiß.

Jane Gallop fragt: „Warum besteht Lacan darauf, den phallischen, sexuell unmäßigen, unausgeglichenen Begriff ‚Kastration' für die allgemeine Beziehung des Subjekts zum Signifikanten zu benutzen? Diese Frage schließt sich [Ernest] Jones' unerwarteter Entdeckung des Phallozentrismus der Symbole an."[33] Die „Beziehung des Subjekts zum Signifikanten" ist, wo das Projekt der Sexualität und das Projekt der verbalen Selbst-Darstellung (Schreiben) aufeinandertreffen. Es ist ein entscheidender Punkt, darauf zu bestehen, daß „Begehren, die Freudsche Libido, männlich sei."[34] Denn anfangs hatte Lacan „vom Subjekt, von Sprache und Begehren gesprochen, ohne eine sexuelle Differenzierung seiner Systeme anzugeben", wie auch „Freud nichts über die ‚psychischen Folgen' des Geschlechtsunterschieds schrieb – über die Art und Weise, in der die weibliche Sexualität vom Modell der ‚menschlichen' Sexualität, das er aus der Geschichte des kleinen Jungen entwickelt hatte, abweichen könnte – bis sehr viel später in seiner Karriere".[35] Aber Lacan ist, wie Freud, ein Kulturseismograph und vertritt – nach einer kurzen Pause humanistischen Zögerns bezüglich der Ungleichheit der Geschlechterbeziehungen – mit Volldampf das „übermäßige Privileg" des Phallus:[36] Nicht nur ist das Begehren männlich, sondern der Phallus ist „der Signifikant, der dazu bestimmt ist, die Wirkungen des Signifikats in ihrer Gesamtheit zu bezeichnen, da der Signifikant diese durch seine Präsenz als Signifikant konditioniert".[37]

Sprache ist für Lacan (wie für Freud) ebenso wichtig wie Sexualität, ebenso wesentlich für die Konstituierung der männlichen Subjektivität und die Konstituierung der Geschlechterungleichheit. Unterdrückung nicht nur mittels Sex, sondern auch mittels Darstellung. Die „allgemeine Beziehung" ist gerade keine allgemeine Beziehung, sondern die Beziehung des *männlichen* Subjekts zum Signifikanten. Lacan ist außergewöhnlich sprachsensibel. Er realisiert, daß Begehren (Libido) transitiv ist, eine Nötigung, die vom Subjekt erzeugt und auf eine Objektwelt projiziert wird. Und er entdeckt eine weitere Struktur hierarchischer Ungleichheit und daraus folgender Dominierung: in der Beziehung des Signifikanten zum Signifikat. Der eine ist aktiv, ein Handelnder, das andere passiv, Objekt der Handlung. Der Signifikant bezeichnet, und er „konditioniert". Der Signifikant muß also unbedingt männlich sein – wie das Begehren. Der Phallus soll sein Symbol sein. Wie bei jeder Obermacht, die wir in den verschiedenen patriarchalen Szenarien angetroffen haben, sei es der Dichter-Autor oder das einmalige Meisterwerk, Edelmann oder König, führt das Destillieren der Macht durch die Elitestruktur immer zu einer höchsten absoluten, wenn auch oft unsichtbaren Autorität, die die Macht auf Erden garantiert: Die Herrschaft absoluter Monarchen ist von Gott verliehen, die Vorherrschaft der Männer von der Natur, das romantische „Bild", die „glückselige Vision" wird „empfangen" (wer hat sie wohl geschickt?), und „der Signifikant *ist dazu bestimmt*... zu bezeichnen": von wem denn wohl?

Wir haben Lacan schon fragen sehen: „Was will das Weib?" Er versucht, es aus ihr herauszukriegen: Ihr Genuß, ihre *jouissance* ist sein Bedürfnis in mehr als einem Sinn. Ihr Genuß ist ein Bedürfnis für ihn als männliches Sexualsubjekt, das der Frau die phallische Nötigung aufdrängt, um ihre Reaktion zu erzwingen, aber er ist ihm auch Bedürfnis als Kultursubjekt, als Psychoanalytiker, der ihren Genuß theoretisiert und schreibt. Denn es ist sein Phallus-Signifikant, der die Wirkungen des Signifikats „in ihrer Gesamtheit" bezeichnen (der Genuß des Weibes vielmehr als von Frauen) und durch seine Präsenz „konditionieren" soll.

Doch bei Lacans Suche steht mehr auf dem Spiel als bei der scheinbar homologen Suche des Helden der sexuellen Befreiung, dessen Wille den Genuß seiner Frau verlangt. Denn Lacan hat erkannt, daß der „phallische Genuß [jouissance] das Hindernis ist, weswegen dem Mann nicht gelingt... vom Körper der Frau Besitz zu ergreifen und ihn zu genießen [jouir de], weil es eben der Genuß des Organs ist, von welchem er Besitz ergreift und den er genießt".[38] Was jedes „Dienstmädchen" ihm hätte sagen können, hätte er nicht darauf bestanden, ihr „ihre Geschichte" selbst zu erzählen. Sexualität als Projekt des männlichen Subjekts mag wohl zum Orgasmus führen, aber es vermag das Subjekt nicht in den vollen Besitz der Anderen zu bringen – Ziel einer jeden Strategie und Nötigung des Subjekts. Seine Besitzhabe und Schutzherrschaft, derer er sich im Lauf der Geschichte so erfolgreich überzeugt hat, entpuppt sich als rhetorischer Trick, als purer Vertrag, als eine gewisse Erscheinung, die mittels Darstellung erzeugt wurde. Die Frau wird zwar zum Objekt gemacht, ihr Körper benutzt, der Orgasmus erreicht, aber mit der systematischen Verneinung der Subjektivität der Frau hat sich das männliche Subjekt um die Möglichkeit betrogen, einen anderen Besitzanspruch wahrzunehmen, nämlich den ihrer selbst auf sich selbst. Er besitzt ihren Körper, aber er besitzt sie immer noch nicht absolut – „Körper und Seele" –, sie bleibt immer noch „die Andere". Lacan entdeckt das Mißlingen des phallischen Projekts; ein Mißlingen der „sexuellen Beziehung als Beziehung zwischen den Geschlechtern", „ein Mißlingen, die Andere zu erreichen" – Gallops Paraphrase.[39]

Im 20. Seminar, das als Publikation den Titel *Encore* erhält, kehrt Lacan immer wieder zu diesem Mißlingen zurück. Er beginnt mit Betrachtungen zur höfischen Liebe oder Ritterlichkeit und gelangt zur Einsicht, diese sei „für den Mann, dessen Dame, im dienstlichsten Sinne des Wortes, ganz seine Untertanin war, die einzig elegante Weise, sich aus der Abwesenheit einer sexuellen Beziehung zu ziehen".[40] Die höfische Liebe sei „eine höchst verfeinerte Art, das Fehlen einer sexuellen Beziehung zu ergänzen, indem wir so tun, als ob wir es wären, die das Hindernis hingestellt hatten".[41] Sie erscheint, laut Lacan, „auf der Ebene der politischen Entartung, [als] es klar werden mußte, daß es seitens der Frau... etwas gab, das überhaupt nicht mehr funktionieren konnte".[42] Die zeitliche Perspektive trifft wohl mehr auf die Entdeckung durch das phallische Subjekt zu als auf eine wirkliche historische Dimension: Nachdem er das Sexualprojekt des Subjekts definiert, beschrieben und analysiert hat – wobei übrigens alles bestens funktionierte –, beschließt Lacan, sein Schutzgebiet zu verlassen und einen Blick auf die politische Realität zu wagen, wo er Frauen sieht – nicht jene, die er im Schutzgebiet drüben so erfolgreich dargestellt hatte, sondern Frauen mit einer eigenen Subjektivität –, für die etwas „nicht mehr" funktioniert. Er nimmt natürlich an, daß es für sie funktionierte, als er noch im Schutzgebiet war, da er als

Einzelsubjekt nicht gleichzeitig dort und hier schauen kann. Und auf diesem Ausflug aus dem Schutzgebiet und in die politische Realität entdeckt Lacan auch noch etwas anderes (wieder), „Sexualbeziehungen" genannt – was Freud aufgab, als er sich der „Sexualität" zuwandte.

Frauen sehen nicht nur, daß für sie „etwas... nicht mehr funktionieren" kann, sie bestimmen vielmehr genauer, was im subjektiven Schutzgebiet der männlichen Psyche nicht funktioniert. So findet Gallop, daß Luce Irigaray, die in Lacanscher Vision geschult war, „entdeckt hat, daß die phallische Sexualtheorie, die männliche Sexualwissenschaft, homosexuell ist, eine Sexualität von Gleichem, von Identität, welche Andersartigkeit ausschließt. Wenn die Heterosexualität einmal als Austausch von Frauen zwischen Männern bloßgestellt ist, erweist sie sich als eine vermittelte Form von Homosexualität."[43] Intersubjektives Handeln heißt für das männliche Subjekt Handeln zwischen Männern – „zwischenmenschliches Handeln"; Austausch ist Austausch zwischen Hütern von Waren und von Frauen. Die Sprache ist das Mittel, mit dem der „Mann den Mann" erkennt; Mann kommuniziert mit Mann mittels Darstellung, wo Autor und Betrachter männlich sind. Das Verbot des Inzests versucht zu verhindern, daß Mann seine Frauen mit sich selbst austauscht.

In ihrem Bemühen, die grundlegende Struktur der Phallokratie aufzudecken, sieht Irigaray „in der Sadeschen Szene... einen gewissen nützlichen Wert".[44] Wie Carter und andere Literaturkritiker/innen weiß sie die Offenheit, das schamlose „Aufzeigen" des Sadeschen Textes zu würdigen. „Vielleicht gerade weil er ohne Scham preisgibt, wie die Phallokratie überall herrscht, wird eine andere Sexualökonomie einmal möglich?"[45] Der Ton entspricht einer neuen Entdeckung, die Frage der naiven Hoffnung, die schockiertem Erstaunen entspringt. Und doch drückt die Frage Ungewißheit aus, an wen sie sich richten soll: Wer wird mit ihr sehen, und wer wird aufgrund dessen, was zu sehen ist, eine „andere Sexualökonomie" wollen? Sade hat es schon lange gesehen und mit ihm alle seine Nachkommen – sie sind ja gerade die Subjekte des kulturellen Sehens. Aufgrund dessen, was sie sehen, wollen sie nicht etwa eine andere, gerechtere, gleichberechtigte Sexualökonomie; aufgrund dessen, was sie sehen, profitieren sie von der, die ihren eigenen Vorteil instituionalisiert: „Wie Lacan profitiert der wissende Libertin von der Phallokratie, in solch unverschämter Weise, daß er die homosexuelle Rundschaltung offenbart [wem sie noch offenbart werden muß], die unserer sogenannten heterosexuellen Kultur zugrunde liegt."[46] Oder vielmehr Lacan, wie der wissende Libertin, profitiert auch davon: „Auch Lacan zollt dem Fortschritt Beifall, den Sade darin macht, ‚das Anal-Sadistische' ans Licht zu führen."[47]

Lacan verläßt sich auf das Bibelkritische, auf die Tugend des „Aufzeigens" und „Ans-Licht-Bringens", das zudem zu einer ästhetischen Betrachtung statt zur „normalen menschlichen Orientierung zum Handeln" führt. So drückt auch Irigarays Frage, die merkwürdig ohne logisches Subjekt ist, eine Hoffnung aus, daß eine andere Sexualökonomie „einmal möglich wird" aufgrund dessen, was die Leute sehen, statt vorzuschlagen, es könnte jemand etwas unternehmen, um eine solche Veränderung herbeizuführen. Immerhin aber versucht ihre Kritik, aus den Grenzen des Schutzgebietes auszubrechen und über dessen Begriffe hinaus zu fragen. Gallop hingegen empfiehlt schlichtweg Treulosigkeit, d.h. einen Beschluß, sich nicht an die Regeln des Spiels, die Gesetze des Schutzgebietes, den Namen-des-Vaters (eine Variante des Lacanschen Phallus) zu halten:

> Treulosigkeit ist also die feministische Praktik der Untergrabung des Namens-des-Vaters. Das untreue Lesen streunt vom Autor und vom Autorisierten weg und produziert, was nicht als eine Reproduktion, als eine Darstellung hinhält. Untreue ist *nicht* außerhalb des Ehesystems, des Symbolischen, des Patriarchats, sondern höhlt diese aus und ruiniert sie von innen.[48]

Kritik mit Geschlecht: Ehebruch ist ja die Sünde des weiblichen Eheteils.

Aber was will Lacan? Zu welchem Ziel riskiert er die Subversion des Schutzgebietes mit einem unautorisierten Blick auf die politische Realität? Gallop erklärt es folgendermaßen:

> Als echter Frauenheld möchte er nichts lieber, als bei den

> Frauen sein... Lacan hält sich bei den Frauen auf, um an ihre Reaktionen heranzukommen... „Schon seit langer Zeit habe ich gewünscht, zu Euch zu sprechen, während ich ein bißchen unter Euch herumspaziere..." Lacan gewinnt diesen Vorlesungen einen phallischen Genuß ab... aber er möchte aus dem Auditorium sprechen, „mit den Frauen", in einem Versuch, an den anderen Genuß heranzukommen, an das, was auf das Phallische reagiert. Diese Befriedigung ist ihm versagt. Er kann nicht aus der Zuhörerschaft sprechen. Er kann nicht gleichzeitig sprechen und im Publikum sein. Und doch ist das sein langjähriger Wunsch.[49]

Dies könnte als letzte Konsequenz gelten: Auto-Erotik, Auto-Kommunikation, Narzißmus. Lacan will die Frauen nicht mit anderen Männern austauschen, er will sie mit sich selbst austauschen. Er möchte sie sich gern zum Geschenk machen. Seine Entdeckung der Abwesenheit einer „Sexualbeziehung zwischen den Geschlechtern" führt ihn nicht dazu, wie Irigaray sich wünschte, eine „andere Sexualökonomie" möglich zu machen oder zu wollen; es führt ihn dazu, das beste aus diesem Mangel zu machen und die Schlußfolgerung der homosozialen Rundschaltung zu ziehen. Er weiß, was der Erguß der Libertine unter der phallischen Nötigung taugt, weiß, daß er nicht die andere Hälfte einer „Sexualbeziehung" ist, sondern ein Teil seiner selbstverfaßten Schöpfung. Statt das Phallische jedoch zu verschwenden, möchte er das wunderbare Geschenk des Phallus selbst erhalten, wie er auch liebend gern sein eigenes Publikum wäre. Er erfüllt die in der Destillation der Macht latente Verheißung: Statt nur erhaben unter Erhabenen zu sein, statt mit anderen Männern mittels des Austausches von Frauen Liebe zu machen, will er der Höchste sein und mit sich selber Liebe machen.

Nachwort

Ich möchte nicht eigentlich „abschließen", zusammenfassen, das Argument abrunden, um es der Leserin geballt auf den Tisch zu werfen. Viel mehr könnte noch zu den Themen gesagt werden, die ich hier nur berührt habe; mehr Beispiele ließen sich anführen, viele weitere Verbindungen ziehen. Meine Absicht war, Fragen zu stellen und aus dem Rahmen, in dem wir uns Pornographie und kulturelle Darstellung allgemein anschauen, auszubrechen und uns anders schauen zu lassen. Ziel ist nicht eine Reihe von Antworten; es geht vielmehr darum, eine andere Praktik des Sehens, des Fragens, der Kritik, der Treulosigkeit gegenüber der dominanten Vision möglich zu machen – von innen heraus etwas auszuhöhlen.

Die Subjekt-Objekt-Beziehung steht im Zentrum der dominanten Sichtweise. Die individualistische Perspektive unserer Kultur hat hartnäckig auf der Notwendigkeit dieses Paares bestanden und dem menschlichen Individuum jegliche Fähigkeit zur Kollektivität und zur Intersubjektivität abgesprochen. Das Subjekt-Objekt-Paar ist das Axiom der Rechtfertigung von Ungleichheit, Beherrschung und Macht.

Die aufgeschlossene Wochenzeitschrift *New Statesman* (was bedeutet ein Name?) beglückt uns mit den folgenden Ansichten des „provokativen Historikers und Philosophen", Gatte von Susan Barrowclough, zum Thema Folter:[1] „Die Motivation von Folterern wäre nur dann ein moralisches Rätsel, wenn wir annähmen, die Menschen besäßen ein natürliches Mitgefühl für die Leiden anderer. Warum aber sollten wir so etwas annehmen?"[2] Warum sollten wir so etwas annehmen, wenn es soviel leichter fällt, wieder bei dem altbekannten Solipsismus des Subjekts anzufangen und vorauszusetzen, daß „wir wenig natürliches Mitgefühl füreinander haben"?[3] (Als ob das kulturelle und politische Gesellschaftsleben auf „natürlich" angewiesen wäre.) Warum sollten wir, wie Berger, annehmen, die Sprache sei ein Mittel, um den solipsistischen Abgrund zwischen den Menschen zu überbrücken, wenn sich das auf Tiere und Frauen angewandte Argument – nämlich daß die oberflächlichen Verschiedenheiten die grundsätzliche Ähnlichkeit überwiegen würden – auch auf „den Menschen", d.h. auch auf Männer ausdehnen läßt: „Wir schätzen unsere Verschiedenheiten als Individuen höher als unsere Ähnlichkeiten als Gattung... Jeder Bruch einer Differenz... kann zu einem Abgrund erweitert werden, über welchen hinweg Schreie nichts mehr bedeuten."[4] Warum ein soziales Potential des menschlichen Individuums voraussetzen, wenn die Behauptung einer „Natürlichkeit" zur „richtigen Frage" führt, „die an die Folter zu stellen ist", nämlich „nicht, warum es sie gibt [sie ist wohl natürlich]... sondern warum ein so normales [natürliches?] Machtinstrument zum Skandal geworden ist"?[5]

Folter, unter dieser provokativ vertrauten Perspektive, „ist die intimste aller Beziehungen zwischen Fremden: Auge in Auge, Hand an Hand, Atem auf Atem – der Folterer und sein Opfer sind sich so nah wie Liebhaber".[6] Und kaum weniger nah ist der Mann, der diese Ansicht darbietet, der weiße Mann hinter der Instamatic, der ein Bild der intimen Nähe zweier Menschen rahmt, Auge in Auge, Atem auf Atem, eine Ansicht so vertraut, so interessenlos, so ästhetisch gefällig, daß sie jeden Unterschied zwischen dem Folterer-Opfer-Paar und dem Paar der Liebhaber zum Verschwinden bringt und ebenso den Unterschied zwischen der Hand, die verletzt, und der Hand, die verletzt wird. Nichts unterscheidet den Helden-Folterer vom Helden-Liebhaber aus der männlichen Perspektive mit ihrem Brennpunkt im Subjekt: Ein jeder hat sein Objekt, von dem er seinen Genuß bezieht. „Folter funktioniert, Folter bereitet Genuß"[7] – vielleicht kommt es noch auf den Standpunkt an, auf die Rolle, die einem im Folter-Szenario zufällt. Aber der männliche Analytiker identifiziert sich ganz „natürlich" und obsessiv mit dem Subjekt: „Ein solcher Ansatz könnte dafür kritisiert werden, daß er die Zentralität des Leidens der Opfer ignoriert", schreibt ein anderer *New Statesman*-Autor, der das Buch eines weiteren männlichen Folteranalytikers rezensiert. „Aber der springende Punkt ist doch sicher [doch sicher?] zu verstehen, *warum* es überhaupt Opfer gibt."[8] Ein solcher Ansatz könnte kritisiert werden, weil er die Subjektivität des Opfers übergeht, aber statt ihn zu kritisieren, schreiten wir zur überzeugten Fürsprache. Und wenn wir schon dabei sind, die Faszination mit dem handelnden Folterer zu rechtfertigen, benutzen wir auch gleich die richtigen Worte, die zur Antwort führen, die wir schon kennen: Wir fragen, warum es Opfer gibt. Wir wissen schon, warum es Opfer gibt (selbst wenn wir uns noch immer wundern, warum es Folterer gibt): Sie machen sich selbst zum Opfer, weil sie wählen, zu schreien; würden sie, unter der gleichen Nötigung, sich ergießen und ejakulieren, dann würden sie aufhören, Opfer zu sein, und würden zu Libertinen der Folter – sie würden zu Liebhabern. Weit davon entfernt, nichts mehr zu bedeuten, sind die Schreie über den Abgrund hinweg der Anfang Sadeschen Sinns, der Anfang des Lebensgefühls und des Genusses im Ohr des Folterers, das auf Erwiderung eingestimmt ist. Sie sind das Signal der Macht. „Folter", sagt der Mann von *New Statesman*, „ist die Antwort der Macht auf den Kollaps der Legitimität."[9] Kollaps? Legitimität? Antwort? Eine *Reaktion*, wie die Gewalt der Männer gegen die Frauen, der Machtvollen auf die angebliche Bedrohung durch die Machtlosen?

Der Artikel ist mit künstlerischen Holzschnitten illustriert. Der erste zeigt ein schreiendes Opfer unbestimmten Geschlechts unter der künstlerischen Behandlung, mit Brüsten, die sowohl einem Mann als auch einer Frau gehören könnten. Die Hand eines Mannes (mit den kulturell geschlechtsspezifischen Zeichen eines Herrenanzugs mit Manschette) reicht von links in den Vordergrund des Bildes und hält ein elektrisches Instrument an die Brustwarze des dargestellten Opfers: ein aus pornographischen Darstellungen vertrautes Bild. Der Brennpunkt des Bildes, der liebende Blick, ruht auf dem Opfer; der Folterer ist, wie der Folterer von Thomas Kasire, durch den eindringenden Arm symbolisiert, seine Subjektivität durch die Opferung des Opfers bestätigt. Die zweite Illustration zeigt das Gesicht des Opfers in einem Zustand von vergleichsweise entspannter Erschöpfung; eine Hand reicht aus der gleichen Ecke ins Bild hinein und berührt und liebkost, ohne Instrument. Mit Männern als Liebhaber, wer braucht noch Folterer?

Kommunikation, Sex, Austausch (und, ja, in negativer Weise

auch Folter) sind Praktiken, bei denen ein Individuum an Gesellschaftlichkeit teilnimmt: Sie betreffen mindestens *zwei* Subjekte. Doch die kulturell geläufige Auffassung zieht es vor, diese als Praktiken des Subjektes zu rahmen. Indem gesellschaftliche Praktiken in transitive Prozesse verwandelt werden, werden die Partner in diesen Praktiken als Objekt dargestellt und die Praktik selbst als auf dem Subjekt beruhend. Das einzelne Subjekt wird als die Einheit der Gesellschaft betrachtet, so daß Gesellschaft zur schlichten Anhäufung solcher Individuen wird, die gesellschaftliche Praxis zur Multiplizierung der individuellen Praktiken.

Unsere Analyse hat versucht, diese „individuellen" Praktiken im Zusammenhang mit größeren gesellschaftlichen Praktiken zu bringen. Wenn der Einzelne mit einem Einbahn-Blick eine Frau anschaut, wenn er an seine Gesprächspartner/in heranmonologisiert, wenn er seinem großen O oder dem Genuß der Folter frönt, so ist die größere gesellschaftliche Praktik nicht einfach die Summe des vereinzelten Anschauens, Monologisierens, Orgasmus-Kultivierens, Folterns. Vielmehr „teilt sich" das gesellschaftliche Ganze – wird durch erzwungene Organisation so geteilt – in Subjektgruppen und Objektgruppen, das männliche Geschlecht und das weibliche Geschlecht, Sprecher und Zuhörer, Ausbeuter und Ausgebeutete. Frauen sind das generische Objekt der Kultur, die Kultur ist der Monolog des männlichen Geschlechts. Eine Dialektik besteht nicht so sehr zwischen Subjekt und Objekt, Herr und Sklave, als vielmehr zwischen diesen „individuellen" Praktiken und der gesamten Kulturpraxis, denn die einzelne Praktik, die mindestens zwei Subjekte betrifft, ist die minimale Einheit der Gesellschaft.

Die Beziehungen der Beherrschung und Unterdrückung werden auf „individueller" Ebene ausgespielt: Männer halten Reden an Frauen, bringen ihre Ehegattinnen zum Schweigen, verlangen von ihnen Verfügbarkeit als Zuhörerinnen. Auf der Makro-Ebene haben wir einen kulturellen Diskurs, der monologisch ist, eine Selbst-Darstellung der dominanten Klasse und eine Rollenverteilung, die die Ungleichkeit von Subjekt und Objekt wiederspiegelt. Auf der Makro-Ebene wird in Tönen der Autorität zu uns (den „Massen") wie zu Frauen gesprochen, und wenn wir sehen, wer kulturell spricht, so sind es die Fachmänner und „die Kulturschaffenden" (die Professionellen), Regierungen und Industrien. Der Rest der Gesellschaft, jene, die von Raymond Williams' „vielen herrschenden Gruppen" ausgeschlossen sind, werden zu einer passiven Konsumhaltung verstummt, die als Zustimmung gelesen wird. Das Kommunikationsmodell ist das gleiche auf beiden Ebenen, das eine bestätigt das andere; aber während einzelne Männer es auf der individuellen Ebene selbst anwenden, nehmen sie es übel, wenn es auf der Makro-Ebene gegen sie angewandt wird. Oder vielleicht zeigt der Widerspruch in die andere Richtung: Während sie auf der Makro-Ebene seine Anwendung dem Staat, der sozialen Elite, dem Kapital übelnehmen, sehen sie keinen Widerspruch darin, es selbst auf der persönlichen Ebene anzuwenden. Daß Monologformen des zwischenmenschlichen Handelns mitunter „natürlich" geworden sind, sichert die Verwaltung und Kontrolle der „Demokratie" (offenbar ohne Widersprüchlichkeit), garantiert die Passivität und die mangelnde Teilnahme der „Massen" (von Individuen) am politischen Prozeß und verhindert, daß sich Kollektivität und Solidarität entwickeln. (Es sei z.B. an das Mißlingen wirklicher Kollektivität aufgrund „persönlicher" Praktiken in linken Organisationen erinnert, wo „Männer die Revolution und die Miezen machen".)[10]

Kulturelle Gesellschaftspraktiken entwickeln sich nicht „kulturell". Wie der Fall der Geschlechter zeigt, ist die kulturelle Verteilung der Geschlechtsrollen und der geschlechtsspezifischen Werte von der sozialen und politischen Gesellschaftsordnung abhängig und wird durch diese gestützt: Das Schweigen der Frauen kann sich auf der kulturellen Ebene nur durchsetzen aufgrund der diskriminatorischen Zwangsmaßnahmen in der Gesellschaftsordnung. Umgekehrt können auch soziale Veränderungen nicht allein mittels Veränderung in der Gesellschaftsordnung erreicht werden. Wir haben gesehen (und erleben es immer noch), daß die Gewährung der politischen Rechte und der theoretischen gesetzlichen Gleichheit weder bei den Frauen noch bei den Schwarzen zu sozialer Gleichberechtigung geführt hat, weil die gesetzlichen Veränderungen von keinen kulturellen Veränderungen in der Einstellung und der Verhaltenspraxis begleitet waren. Ganz im Gegenteil sind es die kulturellen Praktiken, das kulturelle Verständnis persönlicher Verhaltensformen sowie die Werte, die durch die kulturelle Praxis der Künste, der Medien, der Werbung, der freien Marktwirtschaft entwickelt und erhalten werden, die sicherstellen, daß die Veränderungen auf gesetzlicher Ebene ohne grundsätzliche Wirkung im Gesellschaftsleben und in der Ökonomie bleiben. Es ist in Wahrheit *unmöglich*, daß Frauen, Schwarze, Arbeiter oder Konsumenten innerhalb des bestehenden kulturellen Wertsystems auch nur annähernd zu ihren „demokratischen" Rechten, vollen Menschenrechten und zu ihrer Freiheit kommen. Die Gesellschaft, wie wir sie kennen, die soziale, politische und ökonomische Anordnung, die wir kennen, Macht, wie wir sie kennen, erlauben weder Freiheit noch Gleichheit für alle: Es *braucht* eine Klasse oder Klassen von Menschen, die zu den Subjekten die Objekte sind. Denn die Freiheit und die Rechte, die diese Kultur als Ideale entwickelt hat, sind die Freiheit, Leiden zuzufügen statt selbst zu leiden, und das (Vor)Recht zu herrschen statt beherrscht zu werden. Wie Simone de Beauvoir mit Bezug auf das Subjekt-Objekt-Paar schreibt:

> Keine Gemeinschaft definiert sich jemals als das Eine, ohne sofort das andere entgegenzusetzen... Diese Phänomene erklären sich... wenn man mit Hegel im Bewußtsein selbst eine grundlegend feindliche Handlung in bezug auf jedes andere Bewußtsein entdeckt; das Subjekt setzt sich nur, indem es sich entgegensetzt – es hat das Bedürfnis, sich als das Wesentliche zu bejahen und das Andere als das Unwesentliche, als Objekt zu setzen.[11]

Die Geschichte ist eine fortlaufende Illustration dieses Prinzips. Aber auch dieses Bild mit seinem ausgewählten Rahmen der individuellen Perspektive auf die „Conditio Humana" zeigt uns, wie alle anderen, einen bestimmten Ausschnitt und läßt etwas anderes aus. Es macht die Phänomene nicht etwa klarer; im Gegenteil verunklart es eine wesentliche Dimension der Gemeinschaft oder Gruppe: nämliche die Tatsache, daß dieselbe Struktur der Gegensätzlichkeit und der Feindseligkeit gleichzeitig durch eine gewisse Solidarität eine Gruppe oder Teilgemeinschaft aufbaut. Das individuelle Bewußtsein als Teil der

Gruppe ist offensichtlich nur feindlich gegen Mitglieder der anderen Gruppe und bildet mit denen der eigenen, als „gleich" erkannten, eine Bindung.

Hier drängt sich die Frage auf, warum solche Solidarität und solcher Mangel an Feindseligkeit nur möglich scheint bei gleichzeitiger Anfeindung einer anderen Klasse; die Hegelsche grundsätzliche Feindseligkeit des Bewußtseins ist dafür keine Erklärung. Sie würde, im Gegenteil, die Unmöglichkeit einer jeden Gruppenbildung erklären. Ist jedoch das einzelne Bewußtsein fähig, mit einem anderen Bewußtsein eine Bindung einzugehen, so besteht kein Grund, warum es dies nicht auch ohne gleichzeitige Anfeindung einer anderen Gruppe tun kann. Die Hegelsche Erklärung – die Reduktion der minimalen Gesellschaftseinheit von zwei Subjekten auf die individuelle Beziehung eines Subjekts zu einem Objekt – sollte vielmehr als gelegener Vorwand zur Etablierung von gesellschaftlichen Unterdrückungssystemen und als kulturelle Rechtfertigung der Privilegien und Vormacht herrschender Gruppen verstanden werden. Die Kultur der Männer, des herrschenden Geschlechts (jeder ein kleiner Herrscher zumindest in seinem „Privat"-Bereich), all die Erzählungen, all die auf Szenario Nr. 1 und Szenario Nr. 2 aufgebauten Bilder suchen uns von der Notwendigkeit der Machtunterschiede, der Unterdrückung und der Beherrschung als grundsätzlich menschlicher („natürlicher") Phänomene zu überzeugen. Vergleiche hierzu den letzten Stand der Männerkultur, von „Kulturschaffenden" in *Emma*s Sonderausgabe „Herbert" zum besten gegeben:

> Erotik! Worum geht es sonst zwischen uns beiden? Zwischen Mann und Frau? [„Wir" gehören offensichtlich so natürlich zusammen wie Subjekt und Objekt, Folterer und Opfer, wie Liebhaber]... Eine intelligente Frau ist für uns auch stets sinnlich, sexy, begehrenswert. [Und es interessiert uns dabei nicht, ob auch wir, dumm oder intelligent, für die Frau begehrenswert sind.] Nicht für Kopfficks, sondern für *Körperkriege* [m.H.]... Sauereien müssen sein. Das, was sich in jedem von uns [in der psychischen Realität, dem Schutzgebiet des Subjekts] ereignet, verboten oder erlaubt, muß raus. Nicht weil's nichts

Schöneres gibt, sondern weil's wahr ist.[12]

"Was ein Mann sieht, hat keinen Einfluß auf sein Verhalten, wenn er zwischen Phantasie und Realität unterscheiden kann." Er kann aber nicht, denn er glaubt noch immer, was in seinem Kopf vorgehe, seien „Ereignisse" und sei „wahr", und er ist entschlossen, es der Welt als autorisierte Realität aufzuzwingen. Wenn nötig mit Krieg. „Eines haben wir gelernt", schreiben die sieben Männer, die bei *Emma* „sich entblößt, sich entblödet... und schon lange nicht mehr so befreit unter Männern die Hose heruntergelassen" haben [Selbstdarstellung, offensichtlich, und für Männerblicke gedacht]: „Die Front bleibt bestehen. Und das ist gut so."[13]

Frauen – wie auch andere Mitglieder unterdrückter Gruppen – leben vor den Nasen unserer Philosophen der menschlichen Beschaffenheit Lebensformen, die die grundsätzliche Feindseligkeit des Bewußtseins gegenüber jedem anderen Bewußtsein widerlegen. Die herrschende Gruppe – hier die Männer – kann jedoch mit einer solchen Lebenserfahrung, mit solchen Formen der Intersubjektivität und kollektiven Solidarität nur zurechtkommen, indem sie mittels kultureller Darstellung leugnet, daß es sich dabei um Formen des Bewußtseins handelt. Demzufolge wird der Mangel der Frauen an Feindseligkeit gegenüber jedem anderen Bewußtsein als vollständige Selbst-Aufgabe dargestellt. Die Bindung zwischen Frau und Mann, als romantische Liebe glorifiziert, und die Bindung zwischen der Frau und dem Kind, in der Madonna glorifiziert, werden einerseit zu biologischen Instinkten reduziert und, um auf Nummer Sicher zu gehen, noch dazu als tugendhafte Selbstverneinung dargestellt. Höchster Madonnenzustand wird in der Selbst-Losigkeit erreicht, wo die Frau zum Engel promoviert und somit aufhört, am Schicksal der Menschen teilzuhaben. Was die Perspektive des Mannes auf die Mann-Frau-Beziehung betrifft, so haben wir gesehen, daß die kulturelle Anstrengung dahin geht, der Frau jegliche Subjektivität abzusprechen, so daß sie zum Objekt wird und ihr Beispiel der mangelnden Feindseligkeit gegenüber jedem anderen Bewußtsein ohne gleichzeitige anderweitige Anfeindung nicht als Möglichkeit oder als Gegenbeispiel zur Theorie in Betracht gezogen werden muß. Die Frauzu-Frau-Bindung hört somit auf, überhaupt eine Bindung zu sein, und entrinnt der kulturellen Glorifizierung.

Dies will nicht heißen, daß Frauen „von Natur aus" weniger feindselig und liebevoller seien als Männer. Das eben beschriebene Phänomen – der Mangel an grundsätzlicher Feindseligkeit gegenüber jedem anderen Bewußtsein – ist vielmehr typisch für Mitglieder nicht-herrschender Gruppen, deren Feindseligkeit allenfalls, wie im Falle Saids und der Frauen, spezifisch gegen die Machtverhältnisse und nicht allgemein gegen jedes andere Bewußtsein gerichtet ist. Die grundsätzliche Feindseligkeit gegenüber einer Gruppe von anderen ist nicht eine Notwendigkeit für das menschliche Bewußtsein, sondern für Herrscher und Herrschergruppen. Es ist die Herrschergruppe, die ihre Stellung verteidigen, die beherrschte Gruppe als ihrer Macht grundsätzlich feindselig gesinnt verstehen muß und zu erwarten hat, daß ihre „Legitimität" angefochten wird, und daher in die Offensive gehen muß, um von der unwilligen Gruppe Besitz zu ergreifen und ihn zu halten. Das Individuum der Herrschergruppe, schon auf der Stufenleiter der Machtdestillierung, sieht sich selbst als grundsätzlich feindselig gegenüber der Existenz jedes anderen Bewußtseins, da es das Endziel eines jeden Herrschers in der Herrschergruppe ist, zum einzigen und alleinigen Herrscher zu werden. Er macht sich nicht einmal die Mühe, seine vorübergehend eingestellte Feindseligkeit gegenüber seinen Mit-Herrschern auch nur darzustellen.

Wären auch Frauen, Schwarze, Arbeiter, Zuhörer usw. wirklich [nicht als Alibi-Gäste] an der kulturellen Beschreibung der „Menschheit" beteiligt, so würde Hegel in Zweifel gezogen und die herrschenden Varianten von Teilkollektiven wie Familie, Bruderschaft, Mafia, Nation, „Erste Welt" als unakzeptable Modelle von Gruppen, die sich nicht auf Solidarität, sondern auf Selbst-Interesse und Feindseligkeit grünen, verworfen. Eine feministische Politik braucht einen Begriff der Kollektivität, der sich von der Männerverbündung gegen Waren und Feinde grundsätzlich absetzt. Die feministische Kritik ist bestrebt, Kommunikationsformen herauszuarbeiten, die weder Ego-Trips noch solide Geschosse, sondern Formen des Austauschs sind. Eine feministische Psychologie wird das Verhältnis der einzelnen zur Kollektivität, des Subjekts zur Gesellschaft, nicht zum verdinglichten Objekt „des Andern" vermitteln. Das Persönliche ist politisch, weil das Persönliche die kleinste gesellschaftliche Einheit ist: Es ist zwischen-persönlich. Feminismus umfaßt Intersubjektivität; sein Ziel ist Revolution, nicht *coup détat*.

Praktische Perspektiven

Eben habe ich Joanna Russ' *How to Suppress Women's Writing* durchgelesen. Auch sie kann ihr Buch nicht beenden: Auf einen „Epilog" folgen „Bemerkungen der Autorin", denen sich ein „Nachwort" anschließt. Vielleicht weil es viel zuviel zu sagen gibt, vielleicht weil die Form eines „gutgeschriebenen Buches", einer feinen Komposition mit einer abrundenden Floskel den brennenden Ansprüchen eines feministischen Multi-Logs nicht genügen. So ist auch dies ein Kompromiß: Es werden die letzten Seiten sein, aber es ist nicht das Ende.

Ein artiges Buch, wie ein artiges Mädchen, zieht am Schluß seine Schlußfolgerungen, so daß nichts mehr zu tun übrigbleibt, außer das Buch zuzuklappen und ein neues zu kaufen. Mein Argument hat sich nicht mit praktischen Maßnahmen beschäftigt, die wir heute ergreifen könnten, um über Nacht mit dem Problem der Pornographie aufzuräumen. Ich habe zu zeigen versucht, daß es kein isoliertes, isolierbares Problem der Pornographie gibt. Meine Absicht war, eine Kritik aufzubauen, die sich gegen die Grundannahmen richtet, welche eine pornographische Praktik der Darstellung als „natürlich" oder selbstverständlich erscheinen lassen. Solange diese Grundannahmen weiterbestehen, scheint es mir zwecklos, ein Schnellprogramm von Reformen zu starten, die den Status quo etwas aufbessern sollen, um damit die zornigen Frauen zum Schweigen zu bringen. Meine Analyse macht klar, daß sich die Situation nicht zurechtbiegen läß, indem mehr Frauen als Pornographen angestellt werden und mehr Männer das Opfer spielen, also durch gleichmäßigere Quotierung der Ausbeuter und der Ausgebeuteten. Gleiche Chancen stehen nicht an, wo die Chancen nicht erstrebenswert sind und selbst auf Ungleichheit beruhen.

Sicher lohnt es sich, zu sagen, was ich *nicht* sage oder sagen will. Ich schlage *nicht* vor, daß außer der „Pornographie" auch sämtliche anderen Darstellungen von Frauen, inklusive der

Kunst, zensiert werden sollten. Auf die Tücken der Zensur ist schon hingewiesen worden (z.B. von Deirdre English), und der Appell an eine Kulturpolizei scheint mir das Gegenteil von dem, was feministische Kritik anstrebt. Aus den gleichen Gründen glaube ich auch nicht an die Möglichkeit (oder Wünschbarkeit) einer „feministischen Ästhetik", eines Kodexes ideologisch „richtiger" Methoden und „positiver Bilder". Das Konzept einer „Ästhetik" ist grundsätzlich unvereinbar mit feministischer Politik.

Das will nicht heißen, Frauen müßten von jeglicher „künstlerischen" oder schöpferischen Betätigung absehen – im Gegenteil, die aktive Beteiligung von Frauen (und anderen Nicht-Fachmännern) am Kulturschaffen ist absolut unerläßlich, wenn die Strukturen der Darstellung, die Konventionen der Betrachtung und die Auffassung von „Kreativität" verändert werden sollen. Aber es ist entschieden nicht genug, mit weiblichen Geschlechtsteilen ans Werk zu gehen und die Mittel und Formen (um nicht zu sagen „Werkzeuge"), die die Kultur heute bereithält, unverändert zu übernehmen. Noch genügt es, einfach den „Gesichtspunkt" auszuwechseln und die Erzählung (das Bild, den Film) der männlichen Gewalt und Beherrschung vom Standpunkt des Opfers zu erzählen, da diese Perspektive schon *ad nauseam* unter den bestehenden Darstellungskonventionen geformt, geschildert, ausgemalt und ausgeschlachtet worden ist. Sie ist z.B. ein Hauptstück im Repertoire der Boulevardpresse. Der kulturelle Ausdruck der Subjektivität von Frauen läßt sich nicht mit einfachen Mitteln herstellen, und sie liegt schon gar nicht bereit, um von auf Rollentausch eingestellten Frauen-Künstlern aufgegriffen zu werden, um zur Abwechslung einmal Männer statt Frauen vor dem Spekulum marschieren zu lassen. Umkehrung ist der Schwung von Sades Pendulum.

Eine „künstlerische" Praktik von Frauen muß deshalb notwendigerweise experimentell sein, im weitesten Sinn des Wortes – nicht ein avantgardistisches Experimentieren mit Technik und Form, wie es die westliche Kunst schon so lange prägt, sondern Versuche, die Praktik selbst zu verändern: Sie wird daher keine Kunst für die Museen und keine Kunstprodukte für den Kunstmarkt liefern. Falls sich etwas in Sachen Pornographie verändern soll, falls sich das kulturelle Bewußtsein schließlich von pornographischen Strukturen der Wahrnehmung und des Denkens wegbewegen soll, müssen sich auch die Künste verändern, und „Kunst" muß verschwinden. Die Notwendigkeit, unserer Perspektive als Frauen, unseren Vorstellungen und Auffassungen, unserem Verständnis und unserer Kritik Ausdruck zu geben, steht außer Zweifel; wir sollten uns jedoch ernsthaft fragen, ob wir diese in der Form der Fiktion, des Schau-Spiels und Dergleichen-Tuns, in für die Freizeit konzipierten Formen einer ästhetischen Betrachtung anbieten wollen. Die politischen Absichten der Feministin (wie auch anderer politisch Engagierter) sind unvereinbar mit der Attitüde eines Künstlers, d.h. mit dessen Unverantwortlichkeit gegenüber der politischen Realität.

Eine feministische kulturelle Tätigkeit wird sich folglich auf ein verändertes Bewußtsein dessen, was Kultur und ihre Praktiken sind, gründen und muß letztlich auch aus einer veränderten gesellschaftlichen und ökonomischen Anordung hervorgehen. Sie ist nicht mehr das Produkt „der Kulturschaffenden" – der männlichen, weißen, gebildeten Professionellen. Und sie wird zu einer Praktik im Interesse der Kommunikation, nicht der Darstellung. Sie ist dialogisch, multilogisch – das Ende der Pornologik.

Wie also soll das Bewußtsein verändert werden? Aber das weißt du schon – du bist ja im Begriff.

Anmerkungen

1. PROBLEM

1 Aslak Aarhus und Ole Bernt Froshaug, „A Murder in Namibia", *The Guardian Weekly*, 8. Januar 1984, S. 7. Namibia wird seit 1915 von Südafrika verwaltet. Der internationale Gerichtshof entschied 1971, daß dies eine „illegale Besetzung" sei, und forderte Südafrika auf, sich zurückzuziehen. Südafrika hat sich geweigert, dies zu tun. SWAPO ist die nationale Befreiungsbewegung, die darum kämpft, die Herrschaft Südafrikas im Lande zu beenden.

Van Rooyen ist nur ein Beispiel für einen weißen Siedler, der ungestraft einen schwarzen Arbeiter ermordete.

2 Ebda.

3 Ebda.

4 Ebda.

5 Ebda.

6 Raymond Williams, *Keywords: A. Vocabulary of Culture and Society*, London 1976; siehe besonders „Literature" und „Fiction".

7 Siehe zum Beispiel Frank Kermode, „Obscenity and the Public Interest", in ders., *Modern Essays*, London 1971.

8 "Dr. Sharon Satterfield (vom Human-Sexualitäts-Programm der University of Minnesota) ... hat uns überzeugend dargelegt, daß es keinen Zusammenhang zwischen Pornographie und Gewalt gegen Frauen gibt", *Minneapolis Star and Tribune*, 31.12. 1983, S. 4A.

9 Roland Barthes, *Sade, Fourier, Loyola*, Frankfurt a. M. 1986, S. 183.

10 Marquis de Sade, zitiert in *Time Out*, 1.-7. März 1984, S. 11.

11 Aarhus und Froshaug, „A Murder in Namibia," S. 7.

2. Problem

1 *Minneapolis Star and Tribune*, 31. Dezember 1983, S. 1.

2 Ebda., S. 4A.

3 Ebda.

4 Ebda.

5 Ebda.

5 Ebda.

6 *Emma*, August 1978, S. 8.

7 „Urteil im Namen des Volkes", Landgericht Hamburg, zit. in *Emma*-Sonderband 5, Köln 1988, S. 105.

8 Aarhus und Froshaug, „A Murder in Namibia," *The Guardian Weekly*, 8. Januar 1984, S. 7.

9 Ebda.

10 Ebda.

3. Problem

1 Dale Spender, *Man Made Language*, London 1980, S. 150.
2 Deirdre English, „The Politics of Porn: Can Feminists Walk the Line?", *Mother Jones*, April 1980, S. 22.
3 *Report of the Committee on Obscenity and Film Censorship*, London 1979, Cmnd 7772, Nachdruck 1981.
4 Bernard Williams, „Pornography and Feminism", *London Review of Books*, 17.-31. März 1983, S. 23.
5 Susan Barrowclough, „Not a Love Story", *Screen* 23 (Nov./Dez. 1982). S. 26-36.
6 Williams, „Pornography and Feminism", S. 23.
7 Ebda.
8 Ebda.
9 Ebda.
10 Ebda.
11 *The Guardian*, 29. Juni 1983.
12 Ebda.
13 Ebda.
14 Ebda.
15 Ebda.
16 Ebda.
17 Ebda.
18 Ebda.
19 *Report of the Committee on Obscenity and Film Censorship*, S. 160.
20 Ebda., S. 27.
21 Ebda., S. 9.
22 Ebda., S. 159. Trotzdem gibt es bisher keine bedeutende Änderung in der Auffassung des Begriffes „Schaden". Liz Bradbury weist darauf hin, daß Geschlecht nur selten als Faktor in Untersuchungen über die Auswirkungen von der Reaktion auf Pornographie berücksichtigt wird (Liz Bradbury, „Pornography the Theory, Rape the Practice?", unveröffentlichte B.A.-These, Cambridge College of Art and Technology, 1985).
23 Ebda., S. 112 u. a.
24 Ebda., S. 106, 116.
25 Ebda., S. 117.
26 Ebda., S. 122 u. a.
27 Williams, „Pornography and Feminism", S. 23.
28 *Report of the Committee on Obscenity and Film Censorship*, S. 131.
29 Ebda., S. 131. Ausbeutung kann nach diesem Untersuchungsbericht auch die (Aus)nutzung einer Person gegen ihren Willen oder ohne ihr Wissen beinhalten. Der Begriff Ausbeutung stellt also den Agierenden in das Zentrum des Szenarios der Darstellung.
30 Henry Schipper, „Filthy Lucre: A Tour of America's Most Profitable Frontier", *Mother Jones*, April 1980, S. 62.

4. Problem

1 Deirdre English, „The Politics of Porn: Can Feminists Walk the Line?", *Mother Jones*, April 1980, S. 20.
2 Ebda., S. 22.
3 Ebda., S. 20.
4 Ebda., S. 22.
5 Ebda.
6 Ebda.
7 Ebda., S. 49.
8 Ebda., S. 48.
9 Ebda., S. 49.
10 Ebda., S. 48.
11 Ebda.
12 Ebda., S. 48-49.
13 Ebda., S. 48.
14 Ebda., S. 49.
15 Ebda.
16 Virginia Woolf, *Ein Zimmer für sich allein*, Frankfurt a. M. 1981, S. 32. Siehe auch Simone de Beauvoir, „Einleitung" zu *Das andere Geschlecht: Sitte und Sexus der Frau*, Reinbek b. Hamburg 1968, S. 10.
17 Ray A. Killian, *The Working Woman: A Male Manager's View*, New York, 1971, S. 16 - 21.
18 English, „The Politics of Porn", S. 22.
19 Für eine der seltenen aber ausgezeichneten Analysen der Fragen, die in Chicagos *Dinner Table* aufgeworfen werden, siehe Michèle Barrett, „Feminism and the Definition of Cultural Politics", in Rosalind Brunt und Caroline Rowan, Hrsg., *Feminism, Culture and Politics*, London 1982. Eine spätere Version des gleichen Aufatzes erschien als Besprechung unter dem Titel „Top Girls" in *New Socialist*, Juni 1985, S. 18-19.
20 English, „The Politics of Porn", S. 23.
21 Ebda., S. 48.
22 Ebda.
23 Ebda.
24 Gloria Steinem, „Erotica and Pornography: A Clear and Present Difference", in *Ms*, November 1978, S. 53f.
25 Ebda., S. 53.
26 Ebda.
27 Ebda., S. 54.
28 Ebda., S. 78.
29 Ebda.
30 English, „The Politics of Porn", S. 49.
31 Ebda., S. 50.
32 Ebda.
33 Ebda.
34 Ebda.
35 Ebda.

36 Ebda.
37 Ebda., S. 22.
38 Ebda., S. 50.
39 Ebda.
40 John Berger, *Sehen,* Berlin 1981, S. 47.
41 Immanuel Kant, *Kritik der Urteilskraft*, Hrsg. Karl Vorländer, Hamburg, 1974, S. 167.
42 Ebda., S. 168.
43 Ebda., S. 39.
44 Ebda., S. 48.
45 English, „The Politics of Porn", S. 22.
46 Germain Greer, *Das unterdrückte Talent*, Berlin 1980.
47 Marquis de Sade, zitiert in Angela Carter, *Sexualität ist Macht: Die Frau bei De Sade*, Reinbek b. Hamburg 1981, S. 27.
48 Henry Schipper, „Filthy Lucre: A Tour of America's Most Profitable Frontier", *Mother Jones*, April 1980, S. 60.

5. Problem

1 Henry Schipper, „Filthy Lucre: A Tour of America's Most Profitable Frontier", *Mother Jones*, April 1980, S. 60.
2 Simone de Beauvoir, „Einleitung" zu *Das andere Geschlecht: Sitte und Sexus der Frau*, Reinbek b. Hamburg 1968, S. 11.
3 Vergl. Mary Vetterling-Braggin, Hrsg., *Sexist Language*, New York 1981; eine Sammlung von sprachphilosophischen Aufsätzen über „Sexismus in der Sprache", die den Begriff „Sexismus" symmetrisch begreifen.
4 Andrea Dworkin, *Pornographie: Männer beherrschen Frauen*, Köln 1987, Übersetzung: Erica Fischer, S. 26.
5 Immanuel Kant, *Kritik der Urteilskraft*, S. 40.
6 Ebda. S. 48.
7 Ebda.
8 Ebda., S. 48-49.
9 Ebda., S. 79-80.
10 Walter Pater, *The Renaissance*, New York 1959, S. 97.
11 Roland Barthes, *S/Z*, Paris 1970, S. 18.
12 Brian Doyle, „The Hidden History of English Studies", in Peter Widdowson, Hrsg., *Re-Reading English*, London 1982, S. 25.
13 Schipper, „Filthy Lucre", S. 32: „Leck es für 'nen Dollar", „ein anderer Kunde fängt an, eine Tänzerin anzugrabschen", die Tänzerin „wird angeleckt".
14 Andrea Dworkin, *Pornographie: Männer beherrschen Frauen*, Köln 1987, S. 21.
15 Dale Spender, *Women of Ideas (And What Men Have Done to Them)*, London, 1983; Roanna Russ, *How to Suppress Women's Writing*, London 1984; Tillie Olsen, *Silences*, London 1980.

16 Schipper, „Filthy Lucre", S. 60
17 *The Guardian Weekly*, 23. Dezember 1984, S. 3.
18 Ebda.
19 Bell Hooks, *Ain't I A Woman: Black Women and Feminism*, London 1981, S. 107.

6. Problem

1 John Berger, *Sehen*, Reinbek 1974.
2 John Berger, „Warum sehen wir Tiere an?" in ders., *Das Leben der Bilder*, Berlin 1981, S. 8. Ich werde im weiteren Verweisungen auf dieses Kapitel als Seitenzahlen in Klammern nach den jeweiligen Zitaten angeben.
3 Adriana Stassinopoulos, *The Female Woman*, London 1974; Weißbuch der britischen Regierung *Equalitiy for Women*, London 1974, Cmnd 5724.
4 *United Nations Report*, 1980.
5 Zitiert in Dale Spender, *Man Made Language*, London 1980, S. 41.
6 Siehe zum Beispiel Kate Young, Carol Wolkowitz und Roslyn McCulagh, Hrsg., *Of Marriage and the Market*, London 1981; Lydia Sargent, Hrsg., *Women and Revolution: The Unhappy Marriage of Marxism and Feminism*, London 1981; Elizabeth Whitelegg u.a., Hrsg., *The Changing Experience of Women*, Oxford 1982; Angela Davis, *Women, Race and Class*, London 1982.
7 Henrik Ibsen, *Nora: Ein Puppenheim*, Stuttgart 1959.
8 Vergl. Lorna Duffin, „The Conspicuous Consumptive: Woman as Invalid" in Sara Delamont and Lorna Duffin, *The Nineteenth Century Woman: Her Cultural and Physical World*, London 1978; Barbara Ehrenreich und Deirdre English, *For Her Own Good: 150 Years of the Experts' Advice to Women*, London 1979.
9 *Actuel*, 62 (Dezember 1984), S. 28, meine Übersetzung.
10 Siehe jede Analyse des Bewußtseins von Rassenunterdrückung und deren Unterschiede nach Geschlechtern, zum Beispiel Bell Hooks, *Ain't I A Woman: Black Women and Feminism*, London 1981; oder afroamerikanische und afrikanische Literatur, zum Beispiel Alice Walker, *You Can't Keep a Good Woman Down*, London 1982, Buchi Emecheta, *Adah's Story*, London 1983.
11 *Actuel*, 62 (Dezember 1984), S. 44-45.
12 Henry Schipper, „Filthy Lucre: A Tour of America's Most Profitable Frontier", *Mother Jones*, April 1980, S. 32.

7. Problem

1 Bernard Williams, „Pornography and Feminism", *London Review of Books*, 17.-31. März 1983, S. 23.
2 Ebda.

3 Ebda.
4 Henry Schipper, „Filthy Lucre: A Tour of America's Most Profitable Frontier", *Mother Jones*, April 1980, S. 60.
5 Williams, „Pornography and Feminism", S. 23.
6 Schipper, „Filthy Lucre", S. 62.
7 D.M. Thomas, „Different Voices" (ein Interview), *London Magazine*, Februar 1982, S. 27.
8 Susan Sontag, „The Pornographic Imagination", in *A Susan Sontag Reader*, New York 1982, S. 205-233.
9 Susan Griffin, *Pornography and Silence*, London 1981, S. 227.
10 D.M. Thomas, *The White Hotel*, Harmondsworth 1981, S. 3.
11 Thomas, „Different Voices", S. 32-33.
12 Ebda., S. 33.
13 Die deutsche Übersetzung liefert ein weiteres Beispiel, wie Thomas „literarisch" gehalten wird: Während sein „Gedicht" im englischen Original in lapidaren Alltagssätzen gefaßt ist, die lose in einem holprigen Versmaß geordnet sind (es soll ja von einer Frau verfaßt sein), bemüht sich der deutsche Übersetzer, es zu „poetisieren", mit poetisch umgesetzten Sätzen, Archaismen und Kleinschreibung. Ich habe deshalb die Zitate selbst übersetzt, gebe aber die betreffenden Seitenzahlen der deutschen Übersetzung.
14 D.M. Thomas, *Das weiße Hotel* München 1983, S. 19-29.
15 Ebda., S. 19-29.
16 *A Susan Sontag Reader*, S. 222.
17 Ebda., S. 220.
18 Ebda.
19 Roland Barthes, zitiert in Andrea Dworkin, *Pornographie: Männer beherrschen Frauen*, Köln 1987, S. 116. Die Originalquelle in französischer Sprache ist Roland Barthes, *Sade, Fourier, Loyola*, Frankfurt a. M. 1986, S. 163.
20 Thomas, *Das weiße Hotel*, S. 19, 22.
21 Siehe zum Beispiel Fatma Ait Sabbah, *La femme dans l'inconscient musulman*, Paris 1982, S. 47-59.
22 George Levine, „No Reservations", *The New York Review of Books*, 28. Mai 1981, S. 20.
23 *A Susan Sontag Reader*, S. 214.
24 Thomas, „Different Voices", S. 28, 30 und 30.
25 Levine, „No Reservations", S. 20.
26 Ebda.
27 Ebda.
28 Ebda.
29 Thomas, *Das weiße Hotel*, S. 220.
30 Ebda., S. 221.
31 Levine, „No Reservations", S. 20.
32 Ebda.
33 Ebda.

34 Ebda.
35 Ebda.
36 Ebda.
37 Ebda.
38 Ebda.
39 Ebda., S. 22.
40 Ebda., S. 23.
41 Ebda.
42 Ebda., S. 21.
43 Ebda., S. 23.
44 Ebda., S. 21, 23 und 23.
45 Ebda., S. 21.
46 Ebda., S. 23.
47 Ebda., S. 23 und 20.
48 Thomas, „Different Voices", S. 31-33.
49 Ebda., S. 36.
50 Ebda.
51 Levine, „No Reservations", S. 23.
52 Ebda., S. 29 und 23.
53 Ebda., S. 23.

8. Problem

1 Raymond Williams, *Communications*, 3. Auflage, Harmondsworth 1982, S. 109.
2 Matthew Arnold, *Culture and Anarchy*, in: Lionel Trilling, Hrsg., *The Essential Matthew Arnold*, London 1949, S. 473.
3 Ebda.
4 Siehe zum Beispiel A. Olrik, „Epische Gesetze der Volksdichtung", *Zeitschrift für Deutsches Altertum*, 51 (1909), S. 5; oder Vladimir Propp, *Morphology of the Folktale*, 2. Auflage, Austin, Tex., und London 1979, Übersetzung Laurence Scott, S. 63, 79f.
5 Propp, *Morphology*, S. 107.
6 Vladimir Propp, „Transformationen von Zaubermärchen", Übersetzung Karl Eimermacher, in seiner *Morphologie des Märchens*, Karl Eimermacher, Hrsg., Frankfurt a. M. 1975, S. 168. Siehe auch Alison Lurie, *Clever Gretchen*, London 1980.
7 Roland Barthes, „The Death of the Author", in: ders., *Image, Music, Text*, London 1977, Übersetzung Stephen Heath, S. 142.
8 Althusser schlägt eine „Trilogie des Überbaus" vor, die „Kunst" als gegebene Einheit beinhaltet. Für eine Kritik, siehe Tony Bennett, *Formalism and Marxism*, London 1979, besonders S. 120-126. Raymond Williams meint: „Ich bin sicher, daß *Lady Chatterley's Lover, als Kunst*, einer ganz anderen Klasse angehört als die große Masse der populären Arbeiten", *Communications*, S. 122, meine Hervorhebung.

9 Frank Kermode, „Obscenity and the Public Interest", in ders., *Modern Essays*, London 1971, S. 71.
10 Michèle Barrett, „Feminism and the Definition of Cultural Politics", in Rosalind Brunt und Caroline Rowan, Hrsg., *Feminism, Culture and Politics*, London 1982, S. 49.
11 *The Observer Colour Supplement*, 6. Dezember 1981.
12 Raymond Williams, *Keywords: A Vocabulary of Culture and Society*, S. 151.
13 Sculley Bradley u.a., Hrsg., *The American Tradition in Literature*, 4. Auflage, New York 1956, Band II, S. 1539-1540.
14 Ebda., S. 1562.
15 Ebda.
16 Ebda., S. 1679.
17 Ebda., S. 1741.
18 Ebda., S. 1749.
19 Ebda., S. 1692-1757.
20 Ebda., S. 1707.
21 Ebda., S. xvii.

9. Problem

1 Alle Zitate, die diese Episode betreffen, entstammen einem Interview mit Doris Lessing aus *Actuel*, 62 (Dezember 1984), S. 138-139, meine Übersetzung aus dem Französischen; hier S. 138.
2 Ebda., S. 139.
3 Ebda.
4 Ebda.
5 Ebda.
6 Siehe Judith Williamson, *Decoding Advertisements: Ideology and Meaning in Advertisements*, London 1978.
7 Raymond Williams, *Communications*, 3. Auflage, Harmondsworth 1982, S. 104.
8 Tony Bennett, *Formalism and Marxism*, London 1979, S. 58.

10. Problem

1 Roland Barthes, *Image, Music, Text*, London 1977, Übersetzung Stephen Heath, S. 142.
2 Angela Carter, *Sexualität ist Macht*, S. 51.
3 Ebda.
4 Roland Barthes, *Sade, Fourier, Loyola*, Frankfurt a.M. 1986, S. 163.
5 Joseph Heller, *Something Happened*, London 1975, S. 360-361.
6 Barthes, *Sade, Fourier, Loyola*, S. 163.
7 Ebda., S. 164-165.
8 Ebda.

9 Siehe zum Beispiel Roland Barthes, „The Death of the Author", in ders., *Image, Music, Text*, S. 142-148; Michel Foucault, „What Is an Author", in Josué V. Harari, Hrsg., *Textual Strategies: Perspectives in Post-Structuralist Criticism*, London 1980, S. 141-160.
10 Jane Gallop, *Feminism and Psychoanalysis: The Daughter's Seduction*, London 1982, S. 33.
11 Ebda.
12 Barthes, *Sade, Fourier, Loyola*, S. 172.
13 *The Guardian Weekly*, 3. Februar 1985, Nachdruck aus *Le Monde*, S. 14.

11. Problem

1 Kate Millet, *Sexus und Herrschaft*, Köln 1983, S. 457.
2 Ebda., S. 468.
3 Bell Hooks, *Ain't I A Woman: Black Women and Feminism*, London 1981.
4 Hooks, *Ain't I A Woman*, S. 127.
5 Ebda.
6 Ebda., S. 20.
7 Außer in den bereits erwähnten Arbeiten afro-amerikanischer und afrikanischer Feministinnen: hier findet sich Kritik an der Historiographie der Sklaverei.
8 Siehe Sandra Harding, „What is the Real Material Base of Patriarchy and Capital", in Lydia Sargent, Hrsg., *Women and Revolution: The Unhappy Marriage of Marxism and Feminism*, London 1981, S. 135-163.
9 Fatma Ait Sabbah, *La femme dans l'inconscient musulman*, Paris 1982, besonders „La femme omnisexuelle", S. 47-76.
10 Siehe Sandra Findley, „Pornography and British India: *Venus in India*, unveröffentlichte M.A. These, University of Essex, 1979.
11 Andrea Dworkin, *Pornographie: Männer beherrschen Frauen*, S. 244-269.
12 Als ich meine Analyse von *Das weiße Hotel* (Kapitel 7) als Artikel an die *New Left Review* sandte, enthielt das Ablehnungsschreiben den Rat, „mögliche Gegenbeispiele (meiner) generellen These (vielleicht die Romane von Erica Jong?)" zu berücksichtigen.
13 Julia Swindells, „Falling Short With Marx: Some Glimpses of 19th Century Sexual Ideology", *Literature, Teaching, Politics (LTP)*, 3 /1984, S. 57.
14 Ebda.
15 Ebda., S. 58.
16 Hooks, *Ain't I A Woman*, S. 25.

12. Problem

1 Raymond Williams, *Communications*, 3. Auflage, Harmondsworth 1982, S. 6.

2 Ebda., S. 12.
3 Ebda., S. 9.
4 Roland Barthes, *Image, Music, Text*, London 1977, Übersetzung Stephen Heath, S. 146.
5 Susanne Kappeler, *Writing and Reading in Henry James*, London 1980, Kapitel 7, „A Literary Taboo", S. 75-82.
6 P. Bogatyrev und Roman Jakobson, „Die Folklore als eine besondere Form des Schaffens". *Donum natalicum Schrijnen*, Nijmegen und Utrecht 1929. Für einen französischen Text siehe Roman Jakobson, *Questions de poétique*, Paris 1973.
7 Frank Kermode, *Romantic Image*, London 1971, S. 14.
8 Ebda., S. 15.
9 Zitiert in Kermode, *Romantic Image*, S. 18.
10 Ebda., S. 37.
11 Ebda., S. 16.
12 Zitiert in Kermode, *Romantic Image*, S. 18.
13 Ebda.
14 Ebda.
15 Ebda., S. 32, 15, 20 und 39.
16 Ebda., S. 19.
17 Ebda., S. 33.
18 Ebda., S. 36 und 37.
19 Ebda., S. 17.
20 Ebda.
21 Zitiert in Kermode, *Romantic Image*, S. 19.
22 Ebda., S. 24.
23 Marion Glastonbury, „Holding the Pens", in Sarah Elbert und Marion Glastonbury, *Inspiration and Drudgery: Notes on Literature and Domestic Labour in the Nineteenth Century*, London 1978, S. 34.
24 Ebda., S. 35.
26 Ebda., S. 35-36.
27 Ebda.
28 Ebda.
29 Ebda., S. 30.
30 Ebda., S. 36.
31 Ich habe dies ausführlicher in *Writing and Reading in Henry James* analysiert.
32 Kermode, *Romantic Image*, S. 17.
33 Ebda.
34 Ebda., S. 33, Walter Pater zitierend.
35 Terence Hawkes, *Structuralism and Semiotics*, London 1977, S. 112.
36 Dies ist nicht allein Barthes' Erfindung, sondern ist schon in romantischen und symbolistischen Traditionen begründet, vergl. Kermode, *Romantic Image*, S. 170.
37 *The Guardian Weekly*, 8. Januar 1984, Nachdruck aus *Le Monde*, S. 13.
38 Ebda., S. 13.

39 Julia Swindells, *Victorian Writing and Working Women*, Cambridge 1985, S. 176.
40 Vergl. E.P. Thompson, *Writing by Candlelight*, London 1982, Einleitung.
41 Williams, *Communications*, S. 13.
42 Ebda., S. 123.
43 Ebda., S. 124.
44 Ebda., S. 124-125.
45 Ivan Illich, zitiert in Swindells, *Victorian Writing*, S. 15.
46 Ebda.
47 Glastonbury, „Holding the Pens", S. 30.
48 Williams, *Communications*, S. 125.
49 Ebda.
50 Ebda., S. 128 und 134.
51 Swindells, *Victorian Writing*, S. 15.
52 Williams, *Communications*, S. 164.
53 Robert Sherrill, „Where There's Smoke, There's Money", *The Guardian Weekly*, 23. Dezember 1984, S. 6.
54 Ebda.
55 *The Guardian Weekly*, 23. Dezember 1984, S. 6.
56 Ebda.
57 Ebda.
58 Ebda.
59 Ebda.
60 Ebda.
61 Anne Karpf, „Oh, really? How Interesting! Grrr ...", *The Sunday Times*, 25. September 1983, S. 38.
62 Ebda.
63 Ebda.
64 Dale Spender, *Man Made Language*, London 1980, S. 46.
65 Ebda., S. 43.
66 Ebda., S. 42.
67 Ebda.
68 Pamela Fishman, zitiert in Spender, *Man Made Language*. S. 49.
69 Karpf, „Oh Really?", S. 38.
70 Ebda.

13. Problem

1 Jane Gallop, *Feminism and Psychoanalysis: The Daughter's Seduction*, London 1982, S. 2.
2 Ebda., S. 3.
3 Ebda.
4 Fredric Jameson, „Pleasure: A Political Issue", in Formations Collective, Hrsg., *Formations of Pleasure*, London 1983, S. 3.
5 Stephen Heath, *The Sexual Fix*, London 1982, S. 3.

6 Ebda., S. 1.
7 Ebda., S. 145.
8 Ebda., S. 66.
9 Ebda.
10 Ebda., S. 68.
11 Ebda., S. 4.
12 Siehe zum Beispiel Barbara Ehrenreich und Deirdre English, *For Her Own Good: 150 Years of the Experts' Advice to Women*, London 1979.
13 Heath, *The Sexual Fix*, S. 46.
14 Sigmund Freud und Josef Breuer, *Studie zur Hysterie*, Frankfurt 1974, S. 10.
15 Ebda., S. 41.
16 Jeffrey Masson, „The Persecution and Expulsion of Jeffrey Masson", *Mother Jones*, Dezember 1984, S. 43.
17 Ebda., S. 43-44.
18 Ebda., S. 44.
19 Ebda.
20 Heath, *The Sexual Fix*, S. 43.
21 Masson, „Persecution and Expulsion", S. 44.
22 Heath, *The Sexual Fix*, Fußnote auf S. 43.
23 Gallop, *Feminism and Psychoanalysis*, S. 146.
24 Ebda., S. 147.
25 Ebda.
26 Ebda., S. 89.
27 Ebda., S. 89-90.
28 Masson, „Persecution and Expulsion", S. 43.
29 Gallop, *Feminism and Psychoanalysis*, S. 143.
30 Siehe zum Beispiel Heath, *The Sexual Fix*, Fußnote auf S. 12-13; Liz Stanley, Hrsg., *The Diaries of Hannah Cullwick, Victorian Maidservant*, London 1984.
31 Gallop, *Feminism and Psychoanalysis*, S. 147-148.
32 Ebda., S. 148.
33 Ebda., S. 19-20.
34 Ebda., S. 20.
35 Ebda., S. 15.
36 Ebda., S. 21.
37 Lacan, zitiert in Gallop, *Feminism and Psychoanalysis*, S. 20.
38 Ebda., S. 34.
39 Gallop, *Feminism and Psychoanalysis*, S. 34.
40 Lacan, zitiert in Gallop, *Feminism and Psychoanalysis*, S. 44.
41 Ebda.
42 Ebda.
43 Ebda., S. 84.
44 Ebda.
45 Ebda., S. 84-85.
46 Ebda., S. 85.

47 Ebda.
48 Ebda., S. 48.
49 Ebda., S. 33-34.

Nachwort

1 *New Statesman*, 13. September 1985, S. 3.
2 Michael Ignatieff, „Torture's Dead Simplicity", *New Statesman*, 20. September 1985, „Weekend"-Teil, S. 24.
3 Ebda.
4 Ebda.
5 Ebda., S. 25.
6 Ebda., S. 24.
7 Ebda.
8 Tony Beeton, *New Statesman*, 13. September 1985, S. 32.
9 Ignatieff, „Torture's Dead Simplicity", S. 24.
10 Aus Robin Morgan, *Going Too Far*, New York 1977, S. 127, zitiert in Lydia Sargent, Hrsg., *Women and Revolution: The Unhappy Marriage of Marxism and Feminism*, London 1981, S. xiii.
11 Simone de Beauvoir, *Das andere Geschlecht: Sitte und Sexus der Frau*, Reinbek b. Hamburg 1968, S. 11.
12 *Emma*, Nr. 7, Juli 1988, „Herbert – das Männermagazin in der Emma", Editorial S. III.
13 Ebda.

Danksagung

Meinen Dank an alle Schwestern und ihre Arbeit. Ganz besonderen Dank an Diane DeBell, Lisa Jardine und Julia Swindells, die mir seit langem echte Gesprächspartnerinnen waren. Meinen Dank auch an meine Schwester und Lektorin, Michelle Stanworth, sowie an Helen Pilgrim, Jane Katjavi und Ann Hall.

Meinen Dank außerdem an meine marokkanischen Freundinnen und Freunde, Student/inn/en und Kolleg/inn/en, bei denen ich dieses Buch geschrieben habe.

Besonderer Dank für die Hilfe und Unterstützung bei der deutschen Ausgabe gilt Hilke Schlaeger und Gerlinde Kowitzke vom Verlag Frauenoffensive sowie Karen Nölle-Fischer. Für Ermutigung Dank an Luise F. Pusch.

Die Autorin bedankt sich für die Erlaubnis, folgendes bereits veröffentlichte Material in diesem Buch abzudrucken:

Mother Jones und Deirdre English für Ausschnitte aus: Deirdre English, „The Politics of Porn: Can Feminists Walk the Line?", *Mother Jones* (April 1980);
Mother Jones und Henry Schipper für Ausschnitte aus: Henry Schipper, „Filthy Lucre: A Tour of America's Most Profitable Frontier", *Mother Jones* (April 1980);
Writers and Readers Cooperative Society und John Berger für Ausschnitte aus: John Berger, *About Looking*, Writers and Readers Publishing Cooperative, 144 Camden High Street, London NW1, UK;
Macmillan, London und Basingstoke, und Jane Gallop für Ausschnitte aus: Jane Gallop, *Feminism and Psychoanalysis: The Daughter's Seduction*.

Ein größerer Abschnitt von Problem 7 ist mit kleinen Veränderungen in *Feminist Review 16* erschienen.